刑事证据关联性研究

XINGSHI ZHENGJU GUANLIANXING YANJIU

赵培显 著

中国检察出版社

图书在版编目（CIP）数据

刑事证据关联性研究/赵培显著. —北京：中国检察出版社，2018.7
ISBN 978-7-5102-2150-7

Ⅰ.①刑… Ⅱ.①赵… Ⅲ.①刑事诉讼-证据-研究
Ⅳ.①D915.313.04

中国版本图书馆 CIP 数据核字（2018）第 170314 号

刑事证据关联性研究
赵培显 著

出版发行：	中国检察出版社
社　　址：	北京市石景山区香山南路 109 号（100144）
网　　址：	中国检察出版社（www.zgjccbs.com）
编辑电话：	（010）86423704
发行电话：	（010）86423726　86423727　86423728
	（010）86423730　68650016
经　　销：	新华书店
印　　刷：	保定市中画美凯印刷有限公司
开　　本：	A5
印　　张：	8.125
字　　数：	224 千字
版　　次：	2018 年 7 月第一版　2018 年 7 月第一次印刷
书　　号：	ISBN 978-7-5102-2150-7
定　　价：	36.00 元

检察版图书，版权所有，侵权必究
如遇图书印装质量问题本社负责调换

序

证据是诉讼的核心问题，关联性是证据的必备属性。诉讼是为了定分止争，实现此目的需以准确认定案件事实为前提。在当前普遍采用不知情审判模式下，证据成为查明案件事实的唯一依据，案件事实的重构必须依据证据，因为证据具有使得待证事实的存在更有可能或者更不可能的证明倾向，此即为证据的关联性。正是因为证据有此属性，使得事实裁判者能够据此形成对案件事实的内心确信，进而作出裁判。所以，诉讼离不开证据，证据必须关联。关联性是证据的基本属性，也是证据可采的前提，然而关联性的判断除了依靠裁判者的理性与良心之外，仍需受到外部规则的约束，以防裁判权的恣意。研究证据关联性，明确其规则，是实现司法裁判公平公正的必要举措。

《刑事证据关联性研究》是赵培显近年来研究刑事证据的重要成果之一，他长期关注刑事诉讼中的证明问题，曾参与刑事证据规则国家社科重大项目研究，不仅熟知证据的基本理论，而且全面掌握证据规则的实然状态及构建路径，有较为深厚的证据学研究功底。他敏而好学，善于钻研，热心写作，发表了具有一定影响力的证据法学成果，对证据的分类、审查模式、证明标准等具有不少真知灼见，颇受好评。

《刑事证据关联性研究》书稿内容丰富，逻辑清晰，观点突出，具有三个显著的特点：一是选题得当，意义重大。与合法性相比，证据关联性没有得到学界应有的重视，缺乏系统的理论研究，选取证据关联性作为研究对象，并加以全面阐释，能够弥补这一理论研究的不足,为证据审查判断提供理论支持。二是层次分明,言之有据。全书内容涵盖了证据关联性的概念、构成、判断方法及规则,作者从概念入手,分析构成,得出方法,构建规则,层层推进、环环相扣,思路清晰,较为充分地展现了关联性的理论范畴。书中论述多借鉴域外经验,并结合现有国情,较好地实现了理论的本土化,说服力强。三是勇于创新,观点别致。作者不拘泥于当前理论界的已有观点,而是通过比较分析国内外相关理论,基于法庭适用证据的角度,提出证据关联性不仅包括实质性和证明性,还包括适格性的论断,让人耳目一新。

证据思维是司法工作人员的必备素养。《刑事证据关联性研究》一书对于树立正确的证据关联性理念、掌握科学的证据关联性判断方法具有积极意义,有助于深化证据理论认识,准确运用证据,精准实施裁判。因此,我诚挚地向研究证据法和从事司法工作的理论界、实务界人士推荐此书。

是为序。

中国政法大学诉讼法学研究院名誉院长

樊崇义

2018 年 5 月 23 日

目 录

序 ·· 1

绪论 ··· 1

第一章　证据关联性概述 ·· 7
　　第一节　证据关联性的内涵 ··· 9
　　第二节　关联性相关概念的辨析 ··· 33

第二章　证据关联性判断 ·· 48
　　第一节　关联性判断概述 ··· 49
　　第二节　关联性的构成与判断标准 ··· 66
　　第三节　证明性的判断方法 ··· 80

第三章　证据关联性规则 ·· 100
　　第一节　证据关联性规则概述 ·· 100
　　第二节　证据关联性规则的价值分析 ·· 109
　　第三节　证据关联性规则的域外概况 ·· 126

第四章　国外证据关联性规则概述 ··· 136
　　第一节　品格证据规则 ·· 136
　　第二节　类似事实证据规则 ··· 171
　　第三节　其他证据关联性规则 ·· 180

第五章　我国证据关联性规则之构建 ··· 190
　　第一节　我国证据关联性规则的现状 ·· 191

第二节　我国证据关联性规则的构建……………………… 200
  第三节　需要设立和完善的关联性规则……………………… 215

结论 …………………………………………………………… 233

参考文献 ……………………………………………………… 236

后记 …………………………………………………………… 250

绪　　论

一、研究问题的提出

党的十八届四中全会提出，要推动以审判为中心的诉讼制度改革，并要求贯彻证据裁判原则，保证庭审在事实查明以及证据认定中的决定性作用。证据裁判原则不仅要求案件事实的认定必须依据证据，同时要求所依据的证据必须具有证据能力和证明力，所以研究证据能力和证明力相关问题具有现实必要性。

在我国，关联性被普遍认为是证据的基本属性之一，证据能够证明案件事实的原因是其同案件事实具有关联性，关联性在证据属性中的地位仅次于客观性，对于保证准确认定案件事实具有重要意义。英美法系国家对关联性已经有较为成熟的研究，学者们将关联性作为证据可采的前提，从不同的角度对证据关联性予以了界定，并将关联性主要区分为逻辑上的关联性与法律上的关联性，同时指出逻辑上的关联性包括实质性与证明性两个构成要素。我国学者虽然也认识到了关联性在证据研究中的重要性，但只是将其作为证据的一种基本属性对待，只是强调关联性可以体现证据同案件待证事实之间存在客观联系，而没有将关联性同证据能力和证明力联系起来，使得关联性的研究仅仅停留在哲学认识层面，致使关联性研究脱离了诉讼实践，进一步导致关联性理论研究缺乏动力，如何判断关联性以及关联性应该包括哪些构成要素都缺乏相关的研究。事实上关联性是证据被采纳的前提，没有关联性的证据也就失去了证据能力；关联性是证明力的根源，正是因为证据对案件待证事实具有关联性，才使得证据可以对待证事实的有无产生一定的证明作用。我国当前对关联性的研究需要进一步深化，研究关联性应跳出只是将其作为证据基本属性的思路,从证据运用的角度来考察关联性,注重关联性的证据把关作用,研究关联性的判断方法以及判断标准,从而对关联性以合理的界定。

以审判为中心的诉讼改革要求保证庭审对证据认定的决定性作用,庭审决定性作用的实现离不开庭审权威的树立,而要想树立权威,让诉讼各方主体都认可庭审的裁决,则庭审必须公正,法官的审判行为是否合法合理对于庭审是否公正具有决定性意义。在证据的认定过程中,法官行为合法是指其依据法定证据规则采纳采信证据;法官的行为合理是指必须根据合理的逻辑与经验对证据同案件事实的关系进行判断。建立证据规则是保证法官证据认定行为合法、合理的重要途径,在证据规则体系中居于基础性地位的关联性规则对于保障法官合理认定证据具有重要意义。我国的法官在诉讼中具有自由裁量权,在证据关联性判断标准和规则缺乏的情况下,其可以依据自身的认识来自由评判庭审证据的关联性。我国在立法上对关联性的概念以及判断的规则缺乏规定,这就使得法官可以依据自身的认知理性来判断证据是否关联,因而出现了针对类似的情形不同法官会作出差别较大的判断,并且对于控诉方提出的证据,即使事实上同案件关联性不大并且可能对被告人造成不公正的偏见影响,法庭通常也会认为其具有关联性而加以采纳;而对于被告人提出具有关联性的证据,法官也会以同案件事实不具有关联性为由予以排除,这是法官对证据关联性裁量权的一种主观运用,影响了控辩的实质不平等。仅仅依靠法官自身的理性是无法保证法官合法合理地行使证据关联性判断的裁量权,必须设立关联性证据规则从外部对法官的关联性判断行为加以引导规制。另外,关联性规则的建立也可以对其他的诉讼主体的证据收集行为产生指引作用,使得其依据法定的关联性标准对收集的证据进行预判,提高证据收集的有效性。我国立法当前没有明确规定证据关联性规则,这就要求我们研究国外特别是关联性规则较为发达的英美法系的关联性规则,结合现实国情建立完善我国的关联性证据规则体系,因此,研究国外的关联性规则及其理论是构建我国关联性规则的前提。

二、研究现状的分析

对关联性及其规则的研究起源于英国,英国证据法学者斯蒂芬首次对关联性的含义进行了阐释,并将其对证据关联性的认识贯彻到《1872年印度证据法》的创制中,该法律首次正面规定了关联性的含义,并以成文法的形式规定了若干证据关联性规则,对英美法系关联性的研究产生了深远的影响。之后美国继受了英国的关联性理论,并对其进一步发展。美国证据法学者威格摩尔首次提出了法律上的关联性概念,从而将关联性区分为逻辑上的关联性和法律上的关联性①两种;摩根将关联性限制为证据对案件重要事项的证明作用;华尔兹对关联性的结构进行了论述,认为关联性应该包括实质性和证明性两个方面。还有许多美国学者都对关联性进行了富有成效的研究,他们的研究最终促使美国立法明确规定了关联性及其规则,集中体现在《联邦证据规则》之中。其他英美法系国家也在相应的立法中对证据关联性进行了规定,如澳大利亚《1995年证据法》就对关联性规定了若干规则;受英美法理论影响深远的日本也有学者对关联性发表了自己的见解,如日本学者田口守一将关联性分为自然的关联性与法律的关联性,②证据具有可采性的前提是必须同时具备以上两种关联性。

我国台湾地区学者较早地接触到英美法系的关联性理论,较之于大陆更早地对关联性进行了深刻的阐释。台湾学者陈朴生在论述

---

① 威格摩尔认为,只要某一证据经过逻辑推理,可以支持某项诉讼主张,那么该证据就具有逻辑上的关联性;法律上的关联性要求证据不仅能够对法官认定案件事实产生影响,而且这种影响还必须高于最低限度的影响。

② 自然的关联性是指对于将要证明的事实必须具有必要的最小限度的证明力;法律的关联性是指即使有自然关联性的证据,如果存在导致该证据的证明力可能出现错误的,则该证据没有法律的关联性。参见[日]田口守一:《刑事诉讼法》(第五版),张凌、于秀峰译,中国政法大学出版社2010年版,第286~287页。

关联性时提出关联性应分为证据能力关联性和证明价值关联性两类①,在证据法研究领域产生了较大影响,其对品格证据规则等关联性规则也有所研究。我国大陆传统上普遍认为关联性属于证据的一种基本属性,理论上鲜有对关联性的内涵以及关联性规则进行阐述的。近年来,随着英美法系证据理论的引进,学者逐渐开始重新关注证据关联性,有关证据关联性研究侧重于对国外证据关联性概念以及规则的介绍,而少有结合我国国情对关联性及其理论加以借鉴吸收。我国立法上缺乏证据关联性及其规则的规定,而这一现象似乎也没有引起立法研究的重视。近年来有关证据可采性规则的研究方兴未艾,《刑事诉讼法》也在修改的过程中明确了若干证据可采性规则,但是证据关联性及其规则在《刑事诉讼法》修改中却没有加以规定。虽然立法没有规定关联性及其规则,但是司法实践中却普遍认为关联性很重要,证据必须具有关联性才能够成为定案的依据,这就造成在诉讼中不同的主体依据自己的认识来判断证据的关联性,法官也依据自己的诉讼倾向来任意裁判证据的关联性,导致司法有失公允。证据关联性及其规则的缺失并非偶然,这同我国长期坚持绝对真实的诉讼理念有关,这种理念过分强调证据关联性的哲学上的客观含义,而没有关注其他国家以及诉讼模式下关联性的合理内涵,以及关联性在司法实践中的具体表现。这就造成了我国关联性理论研究同司法实践需要之间的隔阂,限制了关联性理论的进一步发展。同时,我国之前的诉讼模式偏职权主义,在此种诉讼模式下发展起来的关联性理论更多的是为司法机关认识诉讼案件事实服务的,事实裁判主体可以依据自己认识案件事实的具体需求选择任何其认为同证明案件事实具有关联性的证据,这样以限制证据的可采性为主要目的的关联性规则就没有太多的存在必要,对关联性及其规则的研究随之也失去了研究的必要性。我国已经认识

---

① 证据能力关联性属于调查证据的范围,是指法庭调查证据之前对其关联性所作的评价;证据价值关联性属于判断的范围,是指在法庭调查程序之后对证据关联性所作的评价。

到纯粹的职权主义诉讼模式并不能很好地实现司法公正，并通过一系列的诉讼改革引入当事人主义诉讼模式的合理成分，试图建立控审分离、控辩平等、法官居中裁判的理想诉讼格局，强调通过证据规则对法官审判行为加以合理限制。因此，理论界应结合司法实践需要，加强对关联性及其规则的研究，对关联性的判断设置一定的标准和规则。

三、研究的范围及方法

证据规则以其博大精深的内涵和至关重要的作用，吸引着众多学者去探寻其中的奥妙。作者在所参与的刑事证据规则项目研究过程中，也切实感受到了证据规则的缺失对刑事诉讼的不利影响，以及司法实务部门对完善证据规则的渴求。特别是在近来披露的刑事冤假错案中，司法人员滥用自由裁量权的情形时有发生，急需有效的规则来规范法官裁量权的行使。纵观现有的证据规则体系，发现对于基础性的证据关联性规则缺乏研究，现有关于证据关联性的研究也偏离了司法实践的需要。防范刑事错案，一方面要通过证据排除规则保证取证过程的合法，另一方面还要通过关联性规则保证所采纳的证据能够证明案件事实，保证取证结果合理，这二者分别从程序与实体两个方面保证法官所采纳的证据真实可靠。因此，有必要对刑事证据的关联性及其规则加以认真研究，在我国刑事诉讼领域构建关联性规则体系，需要对以下事项进行研究。首先，必须对关联性的概念加以准确界定，认定关联性的概念离不开对关联性构成要素的研究，只有明确了关联性包括哪些构成要素，才能够准确找出关联性的内涵。同时关联性构成要素也为研究关联性的判断标准与方法提供了指引。其次，必须对关联性规则的概念、实质以及价值功用作出分析，明确关联性规则发挥作用的方式。我国当前的立法并没有明确规定关联性规则，研究关联性规则必须借鉴国外的关联性规则，所以需要对英美法系以及大陆法系的关联性相关规定进行介绍，并重点研究对我国具有借鉴意义的若干关联性规则。最后，必须研究如何构建符合我国国情的关联性证据规则。要对我国当前关联性的立法与司法现状进行考察，揭示关联性规则对于实现案件实体公正的重要意义，研究我国的关联性规则的体系，并对主要的关联性规则加以详细阐述。为了实现上述研究，本书主要采用了比较分析与实证分析两种研究方法：比较分析法主要用来对不同法系、不同国家的关联性理论及规则加以分析，找出其中的异同，分析关联性所依赖的诉讼制度背景，并对比我国和国外的具体司法制度，厘清在我国的国情下构建关联性理论及规则的特殊性；实证分析法建立在通过调查、实验观察、调查分析等实证研究方法获得数据之上，是在分析实证研究成果的基础上得出结论的研究方法。证据法学是一门具有较强适用性的学科，这就使得证据理论、原则、规则的构建必须从现实生活中寻求证明，必须联系司法实践、解决实际问题，所以证据法学研究通常要求采用实证研究方法。[①]证据关联性属于证据法学研究的重要对象，对其研究也必须借鉴实证研究方法，本书所采用的是借助他人实证研究成果来分析我国关联性司法现状的方法，从整体上把握刑事诉讼相关主体对关联性的认识，进而根据司法现状来构建关联性理论与规则。

[①] 参见樊崇义主编：《刑事证据规则研究》，中国人民公安大学出版社2014年版，第38页。

第一章　证据关联性概述

人类认识真理的基本途径包括两条:"告知真理"和"发现真理"。① 前者是指由他人来告诉探求真理的人什么是真理;后者则是人们借助一定的方式、手段去主动发现真理。从认识论的角度来说,查明案件事实的行为也是一种探求事实真理的行为,也必须遵循真理发现的基本途径:从他人处获知真理或者通过自己的行为发现真理,人类诉讼证明方式也经历了从被动地"告知真理"到主动地"发现真理"的发展过程。

西方早期社会中的司法人员并不具有查明案件事实并据此适用法律的职责,法庭设立的目的不是为了让法官来发现案件事实真相,而是为法官获得神明的指示提供场所,司法裁判的作出不是依靠法官所发现的案件事实,而是来自神明的告知,由此产生了"神灵裁判""神誓法"等较为感性的诉讼证明方式。这同当时人们对神明怀有无可争议的崇拜与信仰的社会环境有关,在神明的旨意被视为真理的情况下,案件当事人更多的是借助神灵指示等超自然力量来说服法官或者陪审团接受其诉讼主张,法庭只是神明"告知"案情的一种平台。这在当时生产力低下、认识能力较低的社会条件下,具有一定合理性,因为当时人们对合理性和正义的理解都服从于对神灵的信仰和崇敬。

社会生产力的发展提高了人们认识世界的能力,也使得人的自我意识觉醒,神明对人类认识活动的影响越来越小,表现在司法领

---

① 参见何家弘、张卫平主编:《外国证据法选译》(上册),人民法院出版社 2000 年版,第 1 页。

域就是主动发现案件事实取代了神明的告知，成为诉讼证明的主要方式。另外，司法审判逐渐成为国家统治阶级控制民众和镇压对抗社会行为的工具，统治阶级开始不满于结果难以预料的非理性司法证明方式，寻求司法者能够享有更大话语权的司法证明模式，所以，理性的司法证明方式应运而生。理性的证明制度裁决诉讼争议事实和适用法律问题的方法是借助推理，法庭通过衡量证词或者其他证据，在理性的天平上来决定讼争问题。依靠证据来探求案件客观事实真相的司法证明方式就是"证据裁判主义"，区分理性证明与非理性的标准就是是否遵守以事实为内在核心的证据裁判主义。①

现代司法证明制度是理性的司法证明制度，普遍坚持证据裁判主义，认定案件事实必须依据证据，无证据不得定案，证据成为了案件事实认定的基础、正确定罪量刑的前提。然而，诉讼证明具有历史证明的特征，在证明方式上属于由结果推知原因的回溯性证明，对已经发生的案件事实的认识只能借助于案件事实所遗留的包含有案件事实片段的证据。同时，诉讼证明的最终结论是否正确由诉讼证明活动之前已经发生的案件事实来决定，并不是由诉讼证明活动本身来决定，诉讼证明依据证据所构建的事实越接近于案件事实，则诉讼证明准确性就越高。但是司法实践中，证据经常是按照一定的观念收集的，"以特定诉讼主体认为该证据材料对证明有用为前提条件"②，能够获得的证据数量有限，质量参差不齐，这就需要一定的证据筛选标准，使得作为构建诉讼证明材料的证据真实、可靠，保证诉讼认识的准确性。

证据裁判原则不仅要求认定案件事实必须依据证据，同时要求证据必须满足一定的采纳条件。关联性作为证据能够被采纳的首要条件，是从纷繁复杂的证据材料中筛选证据的依据，明显没有关联

---

① 参见约翰·W.斯特龙主编：《麦考密克论证据》，汤维建等译，中国政法大学出版社2004年版，第2页。

② 吴宏耀、魏晓娜：《诉讼证明原理》，法律出版社2002年版，第25页。

性或者关联性微弱的证据,不能被称为具有证据资格,也不能作为诉讼证明的证据加以采纳。除非法律有特殊规定,所有具有关联性的证据都应当采纳,没有关联性的证据不应当被采纳,理性证据法体系的大前提就是一切没有关联性的证据都不能被采纳①。关联性是证据的第一位属性,证据规则体系整体的根基就是证据关联性规则。

第一节　证据关联性的内涵

证据法学意义上的关联性是证据法的特有用语,其含义同其他领域中的关联性概念有所差别。国内外学者对证据关联性的概念认识并不统一,然而概念是解决法律问题不可或缺的工具,概念没有严格限定,就无法理性、准确地思考法律问题②。研究刑事证据的关联性,必须首先澄清证据关联性的概念,求同存异,而后才能抽丝剥茧,深入分析关联性的有关问题,进而构建关联性的有关规则。

一、证据关联性的界分

英美法系国家通常将证据的关联性称为相关性,名称不同但是内涵与关联性基本一致,都是为了表征证据同案件待证事实之间存在证明关系。英美法系的学者对证据关联性不仅研究的早,而且研究成果也非常丰富,这也造成了在关联性定义上的诸多不同;大陆法系因奉行自由心证的证据认证规则,对证据关联性较少作出定义。我国学者对证据关联性的研究较晚,随着国外证据理论引进,国内学者对证据关联性的认识经历了从传统哲学认识论视角到多元化视角的转变。

---

① 参见沈达明:《英美证据法》,中信出版社1996年版,第130页。
② 参见[美] E. 博登海默:《法理学 法律哲学与法律方法》,邓正来译,中国政法大学出版社2005年版,第504页。

(一) 英美法系国家对证据关联性的定义

在关注英美法系学者提出的证据关联性概念之前,有必要了解支撑英美法系证据法的理性主义传统,在证据方面理性主义传统不仅包括证据规则的发展,同时也包括了证据法则的发展,如修辞学、数字式证明方式、法庭辩论术、审判心理学、盖然性理论等多种学科的发展,特别是盖然性理论,为证据关联性的发展提供了重要的理论基础。盖然性理论认为,如果前提条件认为某个情况在一个既定的案件中为真,那么推理者就可以从这个情况中推出某个结论可能为真。即使推理者承认推理的前提可能因为各种原因而不真实,他仍然可以将这个前提以一定的盖然性分量加以接受,并将对前提真实性的接受程度转移为对结论的接受程度。① 吉尔伯特作为英美法系最早的一位研究证据法的专家,他力图将证据法的理论奠定于盖然性观念之上,在其1754年出版的《证据法》著作中指出:"已经为人类智慧所观察到的是,存在着数种刻度:从完善的确定性和确实性,到不大可能和未必可能,直到不可能的范围。相对于这种证据的刻度,人类理智也存在相应的几种刻度,这可以称作为'同意的程度':从完全的确信和信赖,到猜测、怀疑、不信赖和不相信。"② 这种对盖然性进行层次划分的理论为之后判断证据关联性提供了理论依据,也被另一位英国学者边沁所继承,最终被英美法系证据法学主流所接受。

功利主义法学代表人物边沁关于证据概念的论述,对后世学者解释关联性提供了帮助。边沁指出:"任何一件事实一旦进入人的头脑,其效力、倾向性或宗旨就是产生对某一件事实的存在的说服力。"其中"证据性事实"指的就是该论述中所提及的前一种事实,而其能够产生说服力的对象事实则是"第一位事实",

---

① 参见俞亮:《证据关联性研究》,北京大学出版社2008年版,第13页。
② 转引自:约翰·W.斯特龙主编:《麦考密克论证据》,汤维建等译,中国政法大学出版社2004年版,第10页。

之后人们将"证据性事实"同"第一位事实"之间的这种说服关系称为关联性。① 边沁使用上述话语的目的是为了解释证据的概念，但是他所提及的证据性事实拥有使人信服第一位事实存在的倾向性和证明效力，故而对后人研究关联性提供了启发，之后学者对关联性研究的焦点也是证据性事实与案件待证事实之间的关系，所以，边沁对证据的解读无意间为证据关联性的研究指明了方向。

19世纪英国法官斯蒂芬在1876年出版的《证据法摘要》一书中对证据的关联性的概念作了经典阐释："关联性一词意味着任何两个事实是如此的紧密联系，使得按照事情的通常发展过程，其中一个事实本身或者与其他事实结合，能够证明另一事实在过去、现在或者将来是否存在，或者使得另一事实在过去、现在或者将来的存在更有可能。"② 虽然斯蒂芬将关联性仅限于事物之间的因果联系方面，有一定的局限性，需要进一步地补充完善，但是它却有以下三个特征值得我们注意。第一，该定义强调关联性指的是待证事实与证据所展示的事实之间的关系。一个给定的证据在一个具体案件中是否具有关联性，不能抽象地回答，这个证据必须与案件中的某个需要证明的事实具有关联，因而，判断证据的关联性必须精确地分析证据所展示的事实与待证事实的关系。第二，根据斯蒂芬的定义，关联性需要根据事物通常的发展规律进行判断。正如赛耶所说："法律不能检验关联性。"③ 在决定A事实是否能够证明B事实存在时，人们只能依靠通常的知识储备来进行判断，也即依靠逻辑、常识和一般的经验进行判断，辨别事实之间是否存在关联只能

---

① 参见沈达明：《英美证据法》，中信出版社1996年版，第15~16页。
② See James Fitzjames Stephen, A Digest of the Law of Evidence, 12th ed, London: MacMillan Co. 1948.
③ See J. B. Thayer, A Preliminary Treatise on Evidence at the Common Law (1898), p. 265.

依据自然法则和人类行为准则。第三，斯蒂芬的关联性定义暗示着一项事实的关联性可以通过其自身或者与其他事实结合，来得以判定。案件中某一证据的关联性不应该孤立地加以考虑，案件中其他的证据很可能影响着案件背景的构建，而案件背景在决定是否存在关联性以及关联性的大小时异常重要。故而，某一证据是否与待证事实关联，不仅要看该证据本身是否能够自我证明，更应该注意该证据能否与其他证据结合起来，产生证明关联性的合力。

西蒙勋爵（Lord Simon）在 DPP v Kilbourne 案中，对关联性作了一个简洁但很实用的定义，"如果证据能够在逻辑上证实或者证否某项需要证明的事实，则该证据就是关联的。有关联性的证据就是能够使得待证事实更有可能或者更无可能的证据"①。据此，证据只要对待证事实具有逻辑上的证明能力，则其就是关联的，该定义中逻辑规则对证据关联性的判断至关重要。

美国 19 世纪著名学者詹姆斯·B. 赛耶在论述证据关联性概念时对证明力有所涉及，其指出，证据关联性指的是"证据性事实"与案件"待证事实"之间的某种联系，某项证据事实能够证实或者推翻案件中的某个具有争议性的待证事实，则该证据具有一定程度的证明力，包含该证据事实的证据也具有关联性。②

美国在 20 世纪 30 年代兴起了一场关于证据关联性的大讨论，其中的代表人物包括米切尔和阿德勒二位学者。他们试图从归纳、演绎等形式逻辑的视角给关联性以定义，并引发了学界对法律关联性与逻辑关联性的区分和界定。这两位学者认为，关联性在司法证明中表示"对任何属于最终需要证明的事实的实质性主张具有直

---

① See DPP v Kilbourne（HL）(1973) A. C. 729 at 756.

② See Ratanlal Ranchhoddas & Dhirajlal Keshavlal Thakore, The Law of Evidence（Act I of 1872）, 23rd ed.（2010）LexisNexis Butterworths Wadhwa Nagpur, p. 14.

接的或者间接的证明效力"①。由此,证据证明效力的来源是在逻辑上论证成立的程度,而间接的证明效力也就是由数个逻辑论证组合成的逻辑推理链条。

美国著名证据法学者威格莫尔在其所著的《普通法审判中的证据》(Evidence in Trails at Common Law)② 一书中对证据关联性进行了详细地论述,威格莫尔将证据关联性分为逻辑上的关联与法律上的关联两类,并介绍了大量试图通过逻辑方法来规范法律上的关联性的理论。基于古典盖然性理论,威格莫尔认为,只要某个主张经过逻辑推理后,能够支持某项结论,则该主张就是有证明价值的,也就具有了逻辑上的关联性。但他同时指出,逻辑上具有关联性并不能必然性地推出在法律上也具有关联性,某一证据如果具有法律上的关联性,则它不仅能够对法官认定案件事实产生影响,并且这种影响必须高于最低限度的影响,在此威格莫尔对证据的证明效力提出了底线要求。

美国学者格雷厄姆·莉莉将证据的关联性限制为证据事实与待证事实之间的重要因果联系,其认为:"关联性是统一确认证据规则的基本规则。首先,它指当事人提出的言词或者实物证据与该证据所要证明的事实之间的可以加以证明的关系,其次,关联性包含对证据所证明事实问题与实体法之间存在的实质性或者因果性关联的判断。"③ 该定义进一步限缩了证据与待证事实之间的关联范围。

美国证据法学者埃德蒙德·摩根在其著作《证据法之基本问题》中,对关联性作了以下解释,"'关联之证据'系指证据之具有任何之趋势,足以证明任何重要之事项者",其中"重要之事

---

① 俞亮:《证据相关性研究》,北京大学出版社2008年版,第15页。
② Wigmore, Evidence in Trails at Common Law, Tillevs Rev. Boston, 1983.
③ [美]格雷厄姆·莉莉:《证据的相关性》,蒋恩慈选译,载《法学论丛》1984年第2期。

项"是指某一事项，如果其存在，就必须在诉讼中加以证明。① 据此，摩根认为，逻辑上有关联性之证据也有可能被法庭拒绝，因为在特定的案件中，该证据可能对"重要事项"的说服价值甚是轻微。美国联邦证据规则立法吸收了摩根将关联性定性为证据同"重要事项"之间关系的观念。

美国学者乔恩·R.华尔兹从关联性判断的角度，将"实质性"与"证明性"引入关联性的定义，其中"实质性"是指证据所针对的问题属于案件中的重要问题，其范围与案件的范围相关，在一定意义上涉及诉讼当事人双方的争议范围以及实体法的规定。华尔兹同时指出实质性与证明性之和即为关联性，如果所提出的证据指向的问题是案件中的实质性问题，并且该证据对其指向的问题存在证明性，则可以称该证据具有关联性。② 用实质性和证明性相加的方法来判断证据的关联性已经成为当前英美法学者共同接受的准则，并被《美国联邦证据规则》第401条的关联性定义所采纳。

美国证据法学者保罗·F.罗斯坦对关联性的分析也是侧重于关联性的判断，其指出："关联性是证据可以被采纳的首要条件，假定证据为真的前提下，如果一个理智健全的调查人员能够确认，提出此证据比不提出此证据能够在某种程度上确认争议事实，并能使得该争议事实运用相关实体法的可能性更大或者更小，则该证据具有关联性。"③ 罗斯坦认为证据的关联性概念本身并不应涉及证据的真假问题，证据首先必须被采纳，而后才由事实裁判者对其真

---

① 参见[美]摩根：《证据法之基本问题》，李学灯译，世界书局1983年版，第198页。
② 参见[美]乔恩·R.华尔兹：《刑事证据大全》，何家弘等译，中国人民公安大学出版社2004年版，第19页。
③ Paul F. Rothstein, Evidence in a nutshell: State and Federal Rules, 2nd ed. 1981, p. 2.

假进行判断，关联性仅仅是指证据同证明对象的形式联系，也即证据是否可以对案件中的待证事实产生证明效果，这种认识在英美证据法学界占主流地位。

经典的法律知识工具书《布莱克法律词典》也指出，关联性通常是指"相关的事实、品质或陈述；与当事人当前争议事项的关系或者关联。也可以称为相关性"。[①] 关联性是证据的那种对证明有关假设有帮助作用的属性，该种假设如果成立，将能够影响争议事项的逻辑认定。因此，如果证据与案件争议事实或者诉讼主张直接地或者间接地存在联系，并且能够或者可能对案件的待证事实加以证明，那么该证据就可以称为具有关联性的证据。《布莱克法律词典》对证据关联性进一步阐释为关联性表示证据能够对案件事实加以证实的证明价值，其所描述的重点是提交法庭的证据同需要证明的案件某一命题的逻辑关联，从证据与待证事实之间的逻辑关系方面对证据关联性的定义进行了解读。

（二）大陆法系国家对证据关联性概念的理解

大陆法系国家历史上曾经出现过"法定证据制度"，法官在此种证据制度下没有采纳证据的自由裁量权，因为法律已经对具体证据的采纳标准和证明力大小进行了详细规定，法官所能做的只是严格按照法律机械地采纳或者排除证据。犯罪者口供在这种证据制度中被赋予了极大的证据价值，因而促使司法机关竭力获取犯罪者的认罪口供，导致刑讯逼供等严重侵犯人权的诉讼现象普遍发生。随着社会的发展，大陆法系普遍认识到"法定证据制度"的缺陷，并逐渐抛弃了这种证据制度，转而实行以自由心证为内核的证据制度，法官不仅可以自由裁量证据的取舍，而且可以仅凭经验、理性和良心来评价、判断每个证据的证明力。证据的关联性与证明力之

---

① See Bryan A. Garner, Black's Law Dictionary, 8th ed, editor in chief. West c2004, p. 1316.

间的密切关系使得任何试图具体规范关联性的规则，都可能被认为影响法官自由判断证据证明力，为了维护法官的自由裁量权，大陆法系国家的立法在证据关联性的立法上采取了回避态度，相关诉讼法律都避免对证据及其属性等作出明确的规定，因而大陆法系国家的立法上并没有明确的证据关联性概念。

大陆法系国家缺乏证据关联性立法规定与其独特的诉讼制度有关。一方面，大陆法系国家没有陪审团审判制度，案件事实的认定与法律的适用都是由法官来完成，这就导致对证据的审查判断也由专业法官来进行。在英美法系，陪审团负责事实审理，法官负责法律适用，关联性、可采性等具有区分法官与陪审团职能的重要功能。而在只有法官审判的大陆法系国家，法官一人就同时决定了证据的采纳和采信，因而没有必要再区分关联性与可采性对证据能力的不同影响，作为证据能力前提的关联性没有得到应有关注。另一方面，职权主义诉讼模式在大陆法系国家盛行，该种诉讼模式下法院主导着事实的调查程序，只要是法院认为与案件待证事实有联系的证据，都需要加以调查，这就导致证据关联性的标准较为宽泛，以致大陆法系国家直到现在也没有形成系统性的证据关联性规则。制度保障的缺失使得证据关联性这一理念在大陆法系国家的司法中没有表现出充分的适用性、操作性，导致大陆法系的立法及理论界对证据关联性缺乏应有重视。[①]

二、证据关联性的种类

类型化研究方法是德国学者韦伯提出的现代人文社科领域研究的基本方法，它通过以建立"理想类型"的形式进行理论研究，建构社会理论。类型化研究方法的意义在于通过比较实践中的研究对象与合乎逻辑所建构的模式，确定研究对象的同一性与差异性，

---

① 参见俞亮：《证据相关性研究》，北京大学出版社2008年版，第12页。

并且以逻辑规则对它们进行解读，使得理想模型更接近研究的原型。①对证据关联性的含义进行类型化研究，有助于从整体上准确把握关联性的内涵，完善证据关联性的理论研究，区分不同情形下关联性判断的不同标准，使得刑事证据审查判断的过程更加精细化。参考国外学者对关联性的分类，关联性的种类主要包括：

（一）逻辑关联性与法律关联性

逻辑关联性与法律关联性是按照关联性的属性进行划分的。逻辑关联性的概念最早由塞耶提出，其认为关联性属于经验和逻辑问题，而并非法律问题，关联性所指的是证据性事实与案件待证事实之间的这样一种联系：如果某项证据事实可以证明或者否定案件某一争议事实的存在，则该证据即具有关联性。塞耶主张禁止采纳与案件无关联的证据，认为证据采纳必须遵循以下原则："与案件事实在逻辑上不存在证明作用的材料都不能作为证据使用"；"除非有明确的法律或者政策上的原因加以排除，任何有逻辑证明作用的材料均可以作为证据采用"②。证据规则的作用只在于帮助筛选用于推理所需要的证据材料，而不能约束推理的过程，证据的判断必须符合推理的经验与逻辑。

威格摩尔首先主张在证据法中引入法律上关联性的概念，以区别于逻辑关联性。理由是尽管关联性的判断依赖法官的经验和逻辑，但是，对于某些特定的事实与事项之间关联性的认定法官具有一定的司法裁量权，所以某些证据被普遍认为具有关联性并取得法律效力是因为法官和律师共同的逻辑，故而威格摩尔提出法律关联性的概念，认为法律关联性是指证据具有的一种高于最低限度的证明价值，案件中的每一个单独的证据对案件事实的证明必须高于最低限度的证明价值，因而法律关联性对证据的要求不仅包括同案件

---

① 参见吴晓：《论类型化方法对宪法学研究的意义》，载《政法学刊》2006年第1期，第40~41页。

② See J. B. Thayer, A Preliminary Treatise on Evidence at Common Law, Sweet and Maxwell, London, 1983: 265.

争议事实具有逻辑上的关联性,还要求证据具有某种"正面价值"(Passive value)。① 法律关联性与逻辑关联性可以用以下等式表达:法律关联性 = 逻辑关联性 + 正面价值②。法律关联性为证据的采纳设置了障碍,从此有逻辑关联性的证据并不必然具有可采性,只有具有法律关联性的证据才更有可能被最终采纳。我国台湾地区学者李学灯在其著作《证据法比较研究》中对威格摩尔所提出的法律关联性解释为"已有逻辑上之关联性,复不受排除法则之排除者,谓有法律上之关联"③。但是,证据不仅会因为法律的明确限制而被排除,也会因为各种证明价值方面的理由被限制。有论者指出,如果采纳威格摩尔的"法律关联性"观点,将会使得证据可采性的判断标准模糊化,会使得人们无法明白证据是因为没有证明价值还是因为与证明价值没有关联性的其他因素而导致了证据没有法律上的关联性。④ 所以,本书认为威格摩尔法律上关联性的概念,应明确为法律对证据立证价值的一种判断,使得法官可以基于公正、效率等价值而行使自由裁量权排除关联性不足的证据。

霍夫曼法官认可法律上关联性的概念,在 Vernon v. Bosley 一案中,从法官价值权衡的角度对法律关联性进行了解读,他认为:"达至可采性标准的关联性程度并非一个比例尺上的某一固定刻度,而是根据证据性质尤其是便利程度、费用、或者延迟等有所变化的。尽管在民事诉讼中,法官无权排除有可采性的证据,但是他

---

① 参见郭志媛:《刑事证据可采性研究》,中国人民公安大学出版社 2004 年版,第 14 页。

② 正面价值是作为一种法官排除证据的理由而出现的,其本质是为了使证据的证明价值超过其对被告人可能产生的偏见、引入琐碎事项、延误审判时间、误导陪审团等因素而要求的额外的证明价值。See R O Lempert and S A Saltzburg, A Modern Approach to Evidence: Text, Problems, Transcripts and Cases (2nd ed 1982): 153.

③ 李学灯:《证据法比较研究》,五南图书出版公司 1999 年版,第 470 页。

④ E. W. Cleary, McComick on Evidence, 3rd ed. 1984, 584 n 45.

对可采性的裁决可能涉及在证据关联性程度与其他应考虑因素之间的权衡,这种权衡在司法实践中很难与裁量权彻底区分开来。"①其同时指出逻辑关联性可以通过公共利益或者私人利益来限制案件一方当事人的举证方式选择权的危害,例如,民众和当事人有权要求法庭压缩诉讼的时间,减少诉讼的社会成本,从而实现诉讼的效率价值。法官为了实现诉讼效率价值,会对某些同案件事实可能存在潜在的关联性但是不具有重要性的证据加以排除,原因是确认这些证据关联性所需要的诉讼成本将远远大于其本身可能存在的关联性证明价值。另外,法官还必须平衡关联性与其他重要的利益,例如,如果要求证人作证会对证人的宗教信仰或者因特殊职业、社会良知所产生的保密义务产生危害时,法官必须平衡证人特殊利益的保护与证据的关联性价值。② 由此可见,霍夫曼法官并非完全赞同逻辑关联性的观点,其所认同的是逻辑关联性经过法官评价之后而形成的法律上的关联性,这也表明了威格摩尔所倡导的"法律关联性"是法官经过利益衡量后所作出的一种考量。

考察当代国外的证据立法可以发现,《美国联邦证据规则》与《澳大利亚1995年证据法》中对证据关联性的规定同时包含了逻辑上的关联性与法律上的关联性的内容。《美国联邦证据规则》第401条从逻辑上对证据的关联性进行了解读:证据存在关联性表明"该证据具有与没有该证据相比,使得某事实更可能存在或者更不可能存在的任何趋向",同时证据所指向的事实对于诉讼应具有重要性。随后在第403条对证据法律上的关联性提出了要求:法官如果认为相关证据的证据价值远远小于其可能造成的以下一项或者数项危险时,可以对此相关证据加以排除,这些危险包括:损害诉讼公平、混淆案件事实争议、误导陪审团、不合理的诉讼拖延、诉讼

---

① Vernon v. Bosley (1994) P. L. Q. R. 337, 340; Vernon v. Bosley (1997) 1 All E. R. 577, CA; Vernon v. Bosley (No. 2) (1997) 1 All E. R. 614. CA.

② 参见郭志媛:《刑事证据可采性研究》,中国人民公安大学出版社2004年版,第16~17页。

时间的浪费或者重复性出示证据。① 《澳大利亚 1995 年证据法》第 55 条规定了关联性的概念，"诉讼程序中有关联的证据，指如果该证据被采纳时，可以合理地（直接或间接）影响对诉讼中系争事实存在的可能性进行评价的证据"，之后在第 135 条对证据的关联性进行了法律上的限制，法官有权排除可能对案件事实认定产生误导或者迷惑，对诉讼当事人一方带来不公正偏见或者可能造成不当诉讼延误的证据的关联性。② 在英国，证据法学界并没有普遍接受"法律上的关联性"的概念，证据能力的判断还主要是依靠逻辑上的关联性和可采性的概念。

（二）附条件关联性、多重关联性及有限关联性

判断证据的一条基本原则是相关证据可以采纳，不相关证据不得采纳。在英美法系判断证据是否可采的内容包括对证据关联性的判断，证据没有关联性或者关联性不足的，都将被法庭排除出定案证据的范围。然而，某些证据只有在特定条件下才具有关联性，从而产生了附条件关联性问题。所谓附条件的关联性是指证据的关联性有赖于一定的前提条件，只有当前提条件满足时，证据的关联性才能够得到证实。《美国联邦证据规则》第 104 条（b）项规定了"取决于某事实的关联性"，如果证据的关联性取决于某事实是否存在时，则必须提供足以支持确认该事实确实存在的证明。法院可以根据随后提出该证明为条件采纳该准备提出的证据。③ 该条本质上是对附条件关联性的规定，如果就某一证据 A 的关联性而言，其关联性取决于另一事实条件 B 的成立，则在提出了另外的证据足以证明 B 成立之后，法院必须采纳证据 A。例如，如果医生提供

---

① 参见王进喜：《美国〈联邦证据规则〉（2011 年重塑版）条解》，中国法制出版社 2012 年版，第 56 页、第 65 页。

② 参见何家弘、张卫平主编：《外国证据法选译》（上），人民法院出版社 2000 年版，第 231 页、第 273 页。

③ 参见王进喜：《美国〈联邦证据规则〉（2011 年重塑版）条解》，中国法制出版社 2012 年版，第 20 页。

证言，说某一妇女得了甲状腺癌，原因是可能因放射物的照射量达到了6.5拉德所导致的，则根据《美国联邦证据规则》第104条（b）项，只有在能够证明该妇女确实受到了如此剂量的照射的情形下，医生的证言才具有关联性。①《澳大利亚1995年证据法》第57条规定了"暂时关联性"，其实质是对如何采纳具有附条件关联性证据的规定，在第57条的第1款有规定，"如果确定当事人提出的证据是否具有关联性依赖于法院对另一事实之认定（包括对此当事人提出的证据的认定），则法院可以在符合如下情形下认定该证据具有关联性：（a）如果法院可以合理地作出事实认定；或者（b）根据诉讼以后阶段采纳的进一步证据，法院可以合理作出事实认定的"。考察该条文的内容可以发现，暂时性关联性即是附条件关联性，该条是对附条件关联性证据证据能力的规定。

多重关联性是指证据不仅仅与一个案件争议事实具有逻辑上的联系，而且对案件的多个争议事实都具有证实或者证否的能力，从而具有了多个方面的关联能力。在有陪审团参与审判的庭审中，法官应当指示陪审团有关多重关联性证据的判断标准，明确告知陪审团对具有多重关联性的证据进行判断时，只应考虑该证据与案件某一具体争议事实相关联的部分，而不能抛开争议事实单纯考虑证据的关联性。例如，庭审上出现了有关被告人品格的证据，该证据同时能够对被告人的行为动机、犯罪人格、犯罪意图以及行为习惯加以证明，对于该品格证据，法官为了防止陪审团偏离争议事实形成误判，就必须对陪审团作出指示，要求陪审团成员只能对该品格证据同庭审中的犯罪动机争议之间的关联性进行衡量，或者衡量该品格证据同处于案件争议的该被告人的习惯之间的关联性。

对于非法刑讯得来的犯罪嫌疑人、被告人供述，尽管不能被采纳来证明犯罪嫌疑人、被告人有罪，但是对于证明存在刑讯逼供行为是具有关联性的。同样，证人在法庭之外所作的与法庭上不一致

---

① See In re TMI Litigation Cases Consolidated II, 922 F. Supp. 1038, 1054 (M. D. Pa. 1996).

的陈述,尽管不得用来证明案件事实,但是可以用来证明证人证言的前后不一致,从而对证人的可靠性进行质疑。所以,证据可能仅仅与有限的诉讼目的有关联,也会为了该特定的诉讼目的而被采纳。

有限的关联性指的就是证据仅仅因为有限的诉讼目的而具有关联性的情形,包括两种情形:一是某一证据可能对于某一事实的证明具有可采性,而对于另一事实的证明不具有可采性,例如非法刑讯口供和证人庭外不一致证言的有限关联性问题;二是某项证据可能对于该被告人的指控具有可采性,而对于另外被告人的指控则不具有可采性,例如涉及共同犯罪案件的审判中,如果共同被告人中有人在审判前不仅供述了自己的罪行,还供述了其他共同被告人的犯罪行为,则该共同被告人对自己罪行的供述是可以被采纳的,而关于其他共同被告人犯罪行为的供述则对于证明其他被告人的罪行不具有可采性。同时,证据可能与起诉书中的某一指控有关联,而与另一指控没关联;有些证据可能对于辩护的反驳具有可采性,而对于指控的加强不具有可采性,例如前文所提到的证人庭外所作的与其当庭不一致的陈述,对于质疑证人陈述的真实性,从而反驳其证人陈述的可靠性而言具有可采性,但是对于证明证人证词内容的真实性而言是没有可采性的。立法上,《美国联邦证据规则》在第105条对"有限关联性"有明确规定,"如果法院采纳的证据就反对某当事人或者某种目的而言具有可采性,而就反对其他当事人或者其他目的而言不可采,那么根据及时请求,法院必须将该证据限制在其适当的范围,并就此对陪审团作出指示"[①]。在司法实践中,陪审团很难把握有限关联性的概念,因为对有限关联性的理解不仅需要社会常识,也需要准确把握法律的各种价值,并予以权衡,对于普遍缺乏专业法律素养的陪审团成员而言,准确理解有限关联性较难,而对于专业法官而言,应准确把握有限关联性的概念,以防

---

① 王进喜:《美国〈联邦证据规则〉(2011年重塑版)条解》,中国法制出版社2012年版,第29页。

止在证据审查判断中出现疏漏。

(三) 自然关联性与审判关联性

大部分审判上的证据基本上是经过证据规则修整过的自然证据。[①] 证据关联性不仅涉及法庭审判中证据的认定，而且在科研实验、史学研究、经济活动以及社会生活中都涉及证据关联性的确认，前者的证据是用于法庭审判，可以称之为审判上的证据，而后者是法庭之外未经证据规则限制或修改过的自然状态的证据，可以称之为自然证据。自然证据和审判证据是根据证据所涉及的范围不同而作的划分，并且判断自然证据和审判证据的关联性标准也存在差异，据此可以对关联性作自然关联性和审判关联性两种分类。自然关联性主要是指法庭审判之外的社会生活中的自然状态下的事实之间的关联性，审判关联性是指用于法庭审判的证据之间的关联性。关联性的这种分类提醒法官在审判中依据自然关联性的标准来判断证据关联性的同时，也要考虑法律、公共政策等因素对关联性判断的影响。

为了更好地了解自然关联性和审判关联性，可以参考日本学者田口守一对二者的阐述。他认为证据具有可采性必须满足以下三个条件："一是有自然的关联性；二是有法律的关联性；三是没有违反禁止证据的规定。"自然关联性是指证据对于案件的待证事实所具有的最低程度的证明能力。如果证据不具有这种证明能力，就没有自然关联性，对其调查也失去了诉讼的意义，所以没有自然关联性的证据也不具有证据能力。法律关联性则是指有自然关联性的证据，如果存在导致对其证明力判断产生错误的因素时，则该证据不具有法律上的关联性，同时也不具有证据能力。禁止的证据所禁止的是有关联性证据的采纳，如果采纳具有关联性的证据可能危害程序的正当性或者某些需要保护的重要利益时，就应禁止采纳该关联

---

① 参见沈达明：《英美证据法》，中信出版社1996年版，第15~16页。

证据。①

比较可以发现，田口守一关于自然关联性的认识与前述自然关联性的内涵有所不同。田口守一所述之"自然的关联性"某种意义上借鉴了美国学者威格摩尔"法律上的关联性"含义中的"最低限度证明力要求"这一限制性条件，属于对证据证明力方面的要求；其对"法律关联性"的解释也有别于"审判上的关联性"，前者是对证据力明显薄弱的证据进行限制，后者则是侧重于诉讼因素以及社会政策对自然证据的制约。而日本学者将这种出于维护诉讼正当程序或者重要诉讼利益对证据进行的限制，解释为证据禁止问题。故而，本书所提倡之"自然关联性"与"审判关联性"的含义与田口守一所述之"自然的关联性"和"法律的关联性"是不同的。

三、我国学者对关联性的理解

我国学者对证据关联性的关注最早起源于20世纪80年代的证据属性大讨论。理论界对证据关联性的认识依附于对证据属性的划分。对证据的属性，我国学界先后提出过多种概念，如关联性、客观性、合法性、证明性、真理性、可采性、制约性等，并因对证据基本属性认识的不同，而形成了证据属性"三性说""两性说""一性说"等多种学说，从而形成了对证据关联性概念的多种认识。

（一）传统意义上的证据关联性

在20世纪80年代的证据属性大讨论中，学界主要是基于哲学认识论的视角来阐释证据的关联性。认识论认为世界是可以认知的，案件事实尽管属于不可再次发生的过去事实，但是也是可以通过证据加以认知的。证据是已经发生的犯罪事实在客观世界留下的

---

① 参见［日］田口守一：《刑事诉讼法》（第五版），张凌、于秀峰译，中国政法大学出版社2010年版，第286页。

痕迹、物品等映象，犯罪行为在逻辑上遵循一定的顺序规律，所以由犯罪行为所产生的证据也包含着某种规律，通过分析所收集的犯罪证据可以对发生在过去的犯罪事实加以推理，以证据对案件事实进行推理的基础就是证据与案件事实之间的关联性。传统意义上对证据关联性的理解正是基于这种依赖证据重构犯罪事实的逻辑链条，对证据的关联性形成了以下几种认识。

1. 内在联系说。该种学说主张关联性证据所包含的证据性事实，必须是同案件存在内在联系的客观事实。具体言之，证据所包含的证据事实必须同对被告人的定罪或者量刑具有关联，证据所包含的客观事实如果与案件没有关联，就不得作为案件的证据，通常也必须加以排除；例外情况是如果证据所包含的客观事实能够对证明被告人无罪具有意义，那么就可以采纳该证据。[①] 此种观点的不足之处是将关联性仅仅限制在证据能够积极证明犯罪主要事实的属性，忽视了能够以消极方式证明所指控的犯罪事实不存在的证据的关联性，例如证明被告人不在场证据，也忽视了能够对程序性事实等具有证明属性的证据的关联性，因而是一种有待完善的证据关联性定义。

2. 内在必然联系说。该学说将证据同案件事实之间的关联性限制为证据所包含的证据事实同案件事实之间的一种内在的、必然性联系。不仅有罪证据，而且无罪证据都要同案情存在客观联系；用来指控被告人有罪的证据，必须与案情存在内在的必然的联系。所谓内在联系是指事物之间客观存在的联系，不以人的意志为转移，也不是人们生拉硬扯地建立的联系。必然联系是指事实的原因与结果之间所存在的那种具有客观规律性的联系，而不是违背人类常识的勉强联系或者偶然性联系。如果某一证据性事实与案情只是偶然的联系而没有内在的必然的联系，则该证据不能用来证明被告

[①] 参见张子培：《略论刑事证据的属性》，载《政法论坛》1981年第1期，第20~25页。

人的犯罪事实。① 该定义的可贵之处在于：一是考虑到无罪证据也有助于查明案件事实的情形，而对关联性作了广义上的理解，使得关联性的定义覆盖了有罪证据与无罪证据，扩大了关联性定义的外延；二是符合认定有罪的标准，即用来证明被告人有罪的证据同案件事实之间的联系必须是客观内在的联系。然而，如果采纳内在必然性说的观点，则对证据的关联性程度提出了较高的要求。在刑事诉讼中，处理与定罪量刑有关的事实之外，某些程序性争议事实的证明，并不适用与定罪同样高的标准，往往只要达到优势证据的标准即可，此时证据尽管与该类争议事实之间不存在内在的必然的联系，但是也不影响其关联性的确立，关联性在此状态下可能是或然性的。

3. 客观必然联系说。曾经多数学者赞同该观点，认为关联性作为刑事证据的一个基本特征和因素，指的是用于证明的证据所包含的事实必须同刑事案件事实存在客观必然联系，该事实同时应该对刑事案件情况的查明具有意义。② 该学说注重强调关联性的客观性，具有客观性就不会受到外在的、主观的影响，也就是具有内在必然性，因而，客观必然性联系说本质上与内在必然性联系说是一致的。

4. 具有客观功用说。持有此种观点的学者主张证据关联性表示的是证据事实同刑事案件必然相关联，因而可以对查明刑事案情产生客观实际的作用，即具有实际的证明案情的功能。③ 该学说对关联性的定义较为模糊，只是从证据能够证明的事实对刑事案情的证明是否存在有用性来解释关联性，可以理解为证据能够证明的事

---

① 参见陈一云：《证据学》，中国人民大学出版社 2007 年版，第 76~77 页。

② 参见程荣斌：《中国刑事诉讼法教程》，中国人民大学出版社 1993 年版，第 169 页。

③ 参见徐友军等：《刑事诉讼法通论》，光明日报出版社 1985 年版，第 110 页。

实必须是具有实质性的事实,这与英美法系中关联性所包含的实质性方面要求类似,因而具有一定的进步意义。

5. 内在客观必然关联说。该观点认为某一证据同案件事实的关联性具有客观性、必然性以及内在性三个方面的属性,所以证据与案件事实之间的关联属于客观的、必然的、内在的联系。[①] 该学说的突出特征是试图弥补内在联系说、内在必然联系说、客观必然联系说的不足,全面地吸纳了以上学说的合理要素,从而形成了大而全的关联性释义。但是,该定义只是宏观地指出了关联性应具备内在、客观、必然的属性,对于何为关联性这个具体微观问题没有给出明确的解答。

6. 证明性替代说。证明性替代说这一观点认为关联性是优于证明性的证据属性,属于证据最核心的属性。因为证据的证明性仅仅代表了证据对案件事实的肯定关系,但关联性则不仅体现为"证据同案件事实之间的证明和被证明关系",也表现为证据既可以肯定的形式也可以否定的形式证明案件事实。[②] 例如,被告人不在犯罪现场的事实对被告人是否实施犯罪行为这一案件事实的证明存在某种关联,因而其对被告人是否实施犯罪行为这一案件事实具有证明性。该学说为当时学界理解关联性提供了一种新的思路,将证据对案件事实的否定性证明也作为具有关联性的表现,拓宽了研究的视野。然而,囿于时代的局限,该观点只关注证据与案件事实之间的证成或者证否的逻辑上的关联,而没有洞悉法律对证据关联性的影响,没有将证据事实能够证明的案件事实限制在案件争议事实的范围内,因而具有一定的局限性。

(二) 现代意义上的证据关联性

我国台湾地区证据理论界关于关联性的经典论述,为大陆学界的研究提供了丰富的营养。台湾著名学者陈朴生早在20世纪80年

[①] 参见吕萍:《证据关联性的思考》,载《理论月刊》2007年第2期。
[②] 参见苏尚志:《关于刑事证据基本特征的争论》,载《法学》1983年第1期。

代即对证据关联性作了现代意义上的论述。陈朴生将证据的关联性分为两类:证据能力方面的关联性和证据价值方面的关联性,并指出严格意义上的关联性是证据被采纳后的证据价值判断问题,而不是有关证据采纳的问题。一般而言,证据同案件待证事实不存在关联,则该证据就没有证明案件事实的价值,也就失去了作为定案根据的资格。可以被采纳为定案依据的合法证据,需要同时具备关联性与证据能力。他同时对证据关联性作了如下的论述:证据同要证事实之间存在关联性是调查证据的必要前提。关联性既是证据能力的前提条件,又可以对法庭调查证据的范围进行限制。证据能力的相关规则属于法律规则,关联性表示的是事物之间的经验性逻辑论证关系,受制于事物之间的客观规律,人们不能主观创造。只有作为评价证据价值的关联性,"乃证据经现实调查后之作业,系检索其与现实间之可能的关系",属于具体的、现实关联;而用作规范证据能力的关联性,"系调查与假定之要证事实间具有可能的关系之证据,为调查证据前的作业",属于抽象的、不确定意义上的关联性。因而,调查证据之前所涉及之关联性乃指证据能力关联性,其属于对证据加以调查的范围;而在证据调查之后的证据判断阶段所涉及之关联性乃指证据价值关联性,属于采信证据需要判断的范围,据此可以从证据能力和证明价值出发将关联性分为上述两类。[①]

从以上论述可以看出,陈朴生只考虑了审判阶段对关联性的评价机制,而没有将侦查与审查起诉阶段的证据关联性评价筛选机制予以考虑。他根据证据关联性评价在不同审判阶段的后果将关联性分成证据价值关联性和证据能力关联性两类,证据价值关联性是在证据经受法庭质证等调查程序之后对证据的关联性的大小予以评价,此时法律对证据证明案件的程度具有较高的要求;证据能力关联性的评价发生在法庭调查证据之前,侧重对证据能力有无的规

[①] 转引自沈德咏:《刑事证据制度与理论》,法律出版社2002年版,第521~522页。

制，法律上对其证明程度没有较高的要求，同可采性的要求类似。从法庭采纳、采信证据方面而言，证据能力关联性决定证据是否可以进入法庭调查的范围，属于法庭采纳证据的条件之一；证据价值关联性决定了法庭调查之后的证据对法官形成心证的影响程度，是对法官采信证据的规制。所以，证据能力关联性的功能表现在通过关联性来评判证据能力，进而对法庭调查证据的范围进行限制；证据价值关联性涉及的是对证据证明案件事实程度的评判，证据价值就是证据对案件事实的证明效用，证据价值关联性所关注的是进入法庭调查的证据之证明力有无与大小问题，与逻辑上的关联性相似。

20世纪90年代，伴随着我国司法体制改革的东风，大量英美法学理论被介绍到我国大陆，国外证据关联性理论也逐渐被我国大陆学界所吸纳并改造，证据关联性研究得到了理论界的重视，英美法系中的关联性规则也被证据法学界所推崇，我国学者结合自身对关联性的理解，形成了以下几种关联性理论。

1. 证据能力说。持有该学说的学者认为证据的关联性是指证据同案件事实具有这样一种联系，即证据可以"全部或者一部（单一证据多数情况下是一部）地证明案件的有关事实是存在还是不存在"，在具体案件的诉讼中，用于诉讼证明的证据必须对案件待证事实的真实与否具有证明作用。同时，证据材料也必须具有证据能力，才有被采纳为证据的资格。缺乏合法性要件的证据不应该被采纳，形式要件符合但是证据所证明之事实同处于争议的案件事实无关的证据，同样不能作为认定案情的证据。[①] 该证据关联性学说具有一定的独特之处：一是具有较广的外延，将证据的关联性解释为证据与案件待证事实之间的证成与否定关系，从而不仅将证明案件要证事实存在的证据包括在内，也涵盖了否定案件要证事实存在的证据；二是在对单个证据的关联性予以规定的同时，也对多个证据综合运用时的关联性提供了判断标准；三是该观点将合法性与关

---

① 参见江伟：《证据法学》，法律出版社1999年版，第210页。

联性一同列为证据能力的基本要求,将合法性作为证据的形式要件,而关联性作为证据的实质要件,只有证据形式合法并且所反映事实与案件待证事实有证成或者证否的关联,该证据才具有被采纳为定案依据的资格。

2. "自然的关系"说。该学说依据威格摩尔关于关联性与重要性概念的论述来解释"自然的关系",认为自然的关系属于逻辑经验、客观规律、或然性问题,判断证据同案件待证事实之间的关联应该依据事物之间的自然条理。证据因为自身不重要而被拒绝采纳是因为证据所试图证明的事实,不是因实体法规定或者当事人选择而成为法院处理的争议事实之点,证据因为与案件待证事实不存在自然的、具体的、历史上的联系而不具有关联性,也会被拒绝采纳。① 该学说不仅将关联性解释为证据与待证事实的客观、自然联系,也强调证据所能够证明的事实必须是案件的争议事实,必须对案件的查明具有重要性,这为证据法学界研究关联性提供了新的视野。

3. 证明倾向说。该学说认为证据的关联性是一种倾向性的确信心态,具有善变性,随着案件诉讼的进程,关联性之有无可能发生转变。"所谓证据的关联性,是指由某一证据所决定的与案件事实之间产生的具有某种内心倾向性的确信状态。"② 判断证据是否同案件事实存在关联性的过程,是对证据的证明价值进行评价的过程。在诉讼实践中存在一些证据在开始调查案件时被认为同案件的证明具有关联,但是在定案时却因没有关联性而排除的情形。该学说的独特之处在于以动态的诉讼视角来观察证据关联性在具体诉讼中的变化,揭示了证据关联性的复杂本质。

4. "实质性+证明性"说。该学说对关联性的解释类似于

---

① 参见沈达明:《英美证据法》,中信出版社1996年版,第19页。
② 毕玉谦:《证据法要义》,法律出版社2003年版,第62~63页。

《美国联邦证据规则》第 401 条对关联性的界定①,持有该学说的学者认为关联性所表示的是证据同案件事实之间存在的、可以对案件事实的存在加以支持或者否定的关系或者联系,同时关联性是证据的自然属性,证据同案件事实的关联是一种不以人的意志为转移的客观关联,关联性在作为证据可采的前提条件时应该对案件待证事实的证明具有实质性意义,即证据必须从逻辑上可以证明案件的待证事实。② 其中证明性是指证据同案件事实的逻辑关联,实质性是指证据所证明的事实属于案件的待证事实范围,实质性和证明性共同构成了证据的关联性。该学说为证据关联性的判断提供了方法,具有一定的进步意义。

5. "自然、实质性、证明性"说。该观点借鉴了《美国联邦证据规则》对关联性的规定,并融合了我国证据理论界的关联性与客观性关系密切的观点,认为关联性是指证据与案件待证事实之间所存在的实质性关联,并且有证明案件待证事实的能力。证据关联性的内容通常应该包括以下三个方面。一是证据同案件要证事实、争议事实之间的联系必须是一种"自然的、客观的"联系,应依据事物之间的客观规律或者自然之原理来判断当事人所出示证据的关联性,而不得任意妄断。二是证据的关联性应强调证据的"实质性证明力",即证据同案件待证事实、争议事实之间的根本性的、实质性的联系。三是强调关联证据对案件事实的证明作用。③ 该种界定关联性的学说在吸收国外理念的同时,融入了中国

---

① 《美国联邦证据规则》第 401 条规定:"在下列情况下,证据具有关联性:(a)该证据具有与没有该证据相比,使得某事实更可能存在或者更不可能存在的任何趋向;并且(b)该事实对于确定诉讼具有重要意义。"参见王进喜:《美国〈联邦证据规则〉(2011 年重塑版)条解》,中国法制出版社 2012 年版,第 56 页。

② 参见何家弘:《从应然到实然——证据法学研究》,中国法制出版社 2008 年版,第 33~34 页。

③ 参见谢佑平:《刑事司法程序的一般理论》,复旦大学出版社 2003 年版,第 278~280 页。

学界的自我认识，具有一定的包容性。然而，该学说所定义之关联性，只涵盖了逻辑上关联性的要求，并没有涉及法律对关联性的规定。

纵观英美法系、大陆法系以及我国学者对关联性的理解可以发现，学者们研究关联性的出发点不同，导致对关联性的理解也有所差异。英美学者研究证据关联性的出发点是证据的可采性或者证据能力，试图将关联性作为证据可采的首要条件，不仅强调证据对案件事实的证明性，而且要求证据的关联必须对案件诉讼具有实质上的意义；大陆法系由于采取自由心证的评判证据原则，法律没有明确规定证据的关联性概念及相关证据规则，只是存在个别的关于证据的禁止性规定；我国传统上的证据学研究是将关联性置于证据特征属性的意义范畴内进行研究，试图从哲学认识论的角度找寻证据关联性的含义。随着对英美法系证据关联性的接触，我国学者对关联性的理解逐渐受到英美证据相关性理念的影响，研究的视角逐渐宽广起来。但是，国内理论界普遍认为：关联性所注重的是证据同案件待证事实之间的联系。对着证据同案件事实这种联系的属性是仅有逻辑上的关联，抑或兼有逻辑上的关联和法律上的关联；证据同案件事实的关联是只对主要案件事实具有直接证明的关系，还是包括对案件次要事实、辅助性事实、中间事实的间接证明关系；只是对案件事实具有肯定性的证明关联，还是包括对案件事实的否定性证明关联；只是包括证据与案件事实的必然性联系，还是包括可能性联系等问题，理论界还存在分歧。

证据不完全等同于客观事实，只有同案件事实具有某种关联的事实才可以称为证据。① 由于证据伴随着刑事案件的发生过程而生成，因而包含了案件的事实信息；由于案件事实属于历史性事实，故而对其的认识属于回溯性的历史认识。这就需要我们依靠包含案件事实信息的证据来重新还原案件事实，解决案件争议。证据所包含的证据性事实具有客观性，其与案件争议之间的联系也应是客观

---

① 参见樊崇义主编：《证据法学》，法律出版社2012年版，第151页。

的联系；对证据关联性的认识依赖于人的思维判断，因而证据关联性的判断必须服从人类的认识规律，必须符合逻辑法则与经验法则；诉讼的目的并非是一元化的查明案件事实，而且也包含着对公平正义价值的追求，因而证据关联性也必须符合法律基于所珍视之价值而作出的特殊规定。法官不仅会依据关联性来决定是否准许证据进入法庭调查程序，还会依据关联性的强弱来判断证据的证明价值，进一步决定是否采信该证据为定案的根据，作为最终被法官采信为定案根据的证据所具有的关联性，必须符合证据采纳、采信的法律规定。本书所定义的关联性是指证据在被采信为定案依据时所具有的关联性，此时证据的关联性是指在具体诉讼中，证据依据逻辑、经验以及法律的规定，具有的与案件争议事实一定程度上的证成与证否的联系。这种联系本质上是一种客观的、逻辑、经验上的联系，诉讼中需要依据逻辑、经验进行判断，同时也是法律上的联系，在诉讼中需要得到法律上的认可。证据的关联性既包含证据与案件主要争议事实、次要事实、辅助性事实以及程序性事实的联系，又包含肯定性的联系、否定性的联系以及必然联系、可能性联系等，凡是与案件争议事实具有自然的、客观的联系的证据，无论联系的种类、方式，都有具有关联性的可能。在对具体证据有无关联性的判断上，需要依据逻辑法则与经验法则，同时也必须依靠法律的某些规定，如法律规定的证据能力规则、证明力规则以及其他与关联性采纳、采信相关的规则。因而，对证据关联性的把握必须从逻辑判断、经验法则以及法律规定的角度，结合具体案情综合加以判断。

第二节 关联性相关概念的辨析

大陆法系国家的法官根据自由心证原则对证据的证明价值进行判断，证据对案件事实是否具有证明力是法官所关心的重点，证明力成为证据法中的重要概念。在英美法系国家的证据法研究中，证据是否能够在法庭上作为证据出示是研究关联性的重要动因，证据关联性被作为具有证据能力的前置条件。在运用证据证明案件事实的过程中，法律往往会对定案证据是否达到充分进行规定，从而引出证据的充分性问题。在我国证据法学界以往的研究中，合法性被普遍认为是证据的基本属性之一，合法性与关联性哪一个属于证据的本质属性需要予以明确。因此，准确理解关联性的概念就需要辨析关联性与证据能力、证明力、充分性、合法性这几个概念的关系，明确关联性是证据基本属性的本质。

一、证据能力

对证据的证据能力之定义，日本学者认为所谓证据能力是指证据能够被用来进行严格证明的形式资格，表明该证据能否被用来对需要严格证明①的案件事实进行认定的资格。② 我国台湾有学者也认为证据能力就是某种材料具有的可以作为证据的能力，可以被称为证据的适格性，指出证据能力就是证据能够作为对案件争议性实体法事实进行严格证明的资料的能力。③ 我国大陆有学者指出，证据能力等同于证据力，指的是证据具备了成为法律上认可的定案依据的条件和资格。例如，言词证据采纳的条件，各种证据来源之程序和运用主体是否合法等。④ 综上所述可以发现，证据能力主要是关于证据能够被法庭采纳为认定案件事实的资格问题，注重的是证据的形式资格。

证据能力与英美法系的可采性有一定的关联，可采性某种程度

---

① 所谓严格证明是指法院使用的证据方法与证据调查程序受到严格的形式性支配的法则，严格证明之下，证据方法及程序受到双重的限制，主要适用于对犯罪事实之经过及行为人有无罪责等实体事项的证明。参见林钰雄：《严格证明与刑事证据》，新学林出版股份有限公司 2002 年版，第 8~9 页。
② 参见土本武司：《日本刑事诉讼法要义》，董璠舆、宋英辉译，五南图书出版公司 1997 年版，第 307 页。
③ 参见林山田：《刑事诉讼法》，三民书局 1990 年版，第 204 页。
④ 参见樊崇义主编：《证据法学》，法律出版社 2012 年版，第 150 页。

上也可以称为证据能力①。证据能力概念的提出，有提高诉讼效率、防止法官误判，以及实现法庭审判之公正、维护诉讼程序之安定的重要意义，所以在职权主义的刑事诉讼体制下，仍然是受到重视的证据概念。② 在证据能力概念的规制下，没有证据能力的证据，不能提交给法庭，即便已经在法庭上提出，也必须予以排除，不能对其进行证据调查，也不能将该证据作为定案的基础。③ 从限制法庭采纳证据的角度来讲，证据能力基本上等同于英美法系证据法上的可采性。

英美法系国家采取由非法律专业人员组成的陪审团进行案件的事实审理，为了防止陪审团因偏见、感情、专断等因素形成误判，法律规定了严格的证据可采性规则来限制陪审团对证据的采用。大陆法系国家法官尽管被赋予了是否采纳证据的自由裁量权，但是证据能力作为证据被采纳的形式资格要件，法官不能自由判断。即便职业法官拥有丰富的法律知识和司法经验，有做出合乎法律的适当证据裁判的可能，大陆法系也对证据能力进行了一定的限制。通常而言，取证违反以下原则的证据，没有证据能力：一是直接言词审理原则；二是自白任意性规则；三是相关性法则；四是合法性原则；五是信用性原则，违反信用性原则的证据主要是指基于缺乏正当性的方法所取得的证据；六是意见证据规则。④ 由此可知，大陆法系针对证据能力的判断采用的是自由裁量同法律规定相结合的模式，尽管大陆法系仍然以自由裁量作为处理证据能力问题的主要手段，但是法律对证据能力的规定却越来越多，从而对证据的出示和调查程序带来了一定影响，基于法律的规定而形成了法定证据能力

---

① 参见郭志媛：《刑事证据可采性研究》，中国人民公安大学出版社2004年版，第20页。
② 参见黄东熊：《刑事诉讼法论》，三民书局1987年版，第383页。
③ 参见李学灯：《证据法比较研究》，五南图书出版公司1992年版，第437页。
④ 参见陈朴生：《刑事诉讼法实务》（增订版），三民书局1984年版，第205~206页。

制度。法律明文规定了证据在法庭上的出示方式、出示顺序，以及诉讼各方对证据进行质证、辩论的程序，同时对于没有证据能力的证据，不仅不能作为定案的依据，而且法官也不能知晓该证据的内容或者调查该证据，防止因接触该证据而对案件事实产生偏见。所以，通常在证据程序前设置有证据裁定程序，目的是直接排除没有证据能力的证据。

关联性与证据能力存在密切联系。在刑事诉讼中，对证据的审查包括采纳与采信两个阶段。对证据能力的审查属于证据的采纳阶段，而证据具有关联性往往被作为证据采纳的首要条件。关于证据关联性与证据能力之关系，塞耶曾认为，现代证明制度的本质是理性证明制度，法律论证的整个过程以及相关的规则尽管非常重要，但却不是法律规制问题，而属于逻辑与一般经验问题。法律推理同日常推理相比，只是增加了某些规则方面的约束，即将证据的资格、限制以及排除问题考虑在内，而并没有创造不同于日常生活的新思想或者论证方法。[①] 从塞耶的观点可以看出，证据能力是从法律方面对证据附加的某些规制，证据与案件事实存在客观联系才是证据具有证据能力本质原因，因而关联性是证据能力的重要判断要件。

关联性是判断证据能力的基础和前提，存在关联性的证据可能具有证据能力，但是缺乏关联性的证据一定不具有证据能力。在有陪审团审判的案件中，法官在考虑是否将证据展示给陪审团时，首先考虑的是证据的关联性，其次才考虑证据的证据能力问题。尽管作为证据能力前提的关联性强调的是从一般抽象意义上证据所必须具备的要件，属于对证据与案件事实形式性关联的要求，需要用通常的逻辑法则和经验法则标准进行评断，但是随着英美法系国家证据立法的不断完善，某些特殊类型证据的证据能力规则被法律以规则的形式明确规定下来，比如《美国联邦证据规则》所确立的品

---

① 参见俞亮：《证据相关性研究》，北京大学出版社2008年版，第21~22页。

格证据排除规则、类似事实证据规则、类似行为证据规则，等等。这些特定类型证据的证据能力已经被法律事先规定，因而判断这类证据的关联性也变为了法律问题，与此相对应的判断关联性的具体规则也成为了证据能力规则的一部分，所以关联性规则也可能与证据能力规则相交叉。当出现上述类型的证据时，法官通常会合并审查证据的关联性与证据能力，从理论上来讲，关联性的审查应当先于证据能力的审查，但是如果某个证据明显违反了某一证据能力规则，可以加以排除的话，即使证据内容可能与争议事实相关，也可以不经关联性判断，而直接以缺乏证据能力加以排除。

关联性是证据能力规则的前提和核心。没有关联性的证据是一定不具有证据能力，因而证据能力规则的构建首先要考虑证据的关联性。从大陆法系国家和英美法系国家的证据立法来看，证据能力的相关理论通常以证据关联性为基础，另外设置一些排除规则来构建系统理论。英美法系国家通过可采性规则来规制证据能力，关于证据可采性的规则可以分为以下三类：一是以关联性为核心的采纳证据的规则，这又可以分为以证据的逻辑关联性为中心的证据采纳规则和法律对关联性的限制规则；二是基于证据可靠性考虑而设置的证据可采性例外规则；三是出于政策之考量而排除证据能力的规则，例如非法证据的排除规则等。[①] 上述三类规制证据能力的规则中，以关联性为核心的采纳规则本身就是对证据关联性逻辑与经验上的某种确认；基于证据可靠性排除证据能力首先就要对证据的可靠性进行评价，而评价证据的可靠性就必然要评判证据与待证事实之间联系的可靠性；基于政策考量而排除证据能力的前提是证据的证明价值没有达到能够满足政策要求的程度，所以上述三类证据能力规则都是以关联性为前提的判断规则。

[①] 参见纪格非：《证据能力论——以民事诉讼为视角的研究》，中国人民公安大学出版社2005年版，第45页。

二、证明力

证明力是起源于大陆法系证据学理论中的一个重要概念,指的是证据所包含的事实对案件待证事实有无证明的作用以及证明作用的大小。证明力即是"证据资料得为证明之价值",具体而言,就是"审理事实之人对于外部原因之证据,所发生内部意识作用之力量";"依证据事实对于待证事实所置信其真伪存否之力量或程度"。[①] 所以,证明力是由内层和外层双重结构构成的:从内层结构而言,证明力是指证据自身的可靠性,属于事实判断问题,本质上是证据的关联性在诉讼证明过程中的一种表达;从外层结构而言,证明力表现为案件事实裁判者对证据证明价值的评判,是证据对法官心证形成的影响程度,以及证据本身能够发挥的实质性证明价值的一种评断。

(一)证明力的相关学说

1. 证明力客观说。该学说论证的出发点是证据本身所具有的自然属性和证明效力,将证据同案件待证事实自然的、客观的联系的强度作为研究焦点。证明力是指"证据所包含的事实对案件事实所产生的证明功用和价值",也就是人们通常指称的证据的可靠性与可信性;[②] 证据之证明力,指的是证据的真实可信价值,即证据具有使人相信其真实并且能够依据其认定案件事实的说服力。[③] 因此,证明力客观说侧重从证据同待证事实之间客观联系的强弱程度,以及证据对案件事实之确认效力来解释证明力,注重证明力的客观功用。

2. 证明力主观说。该学说是从事实裁判者的角度出发,强调

---

① 李学灯:《证据法比较研究》,五南图书出版公司1998年版,第464页。
② 参见樊崇义主编:《证据法学》,法律出版社2003年版,第3页。
③ 参见陈朴生:《刑事诉讼实务》,海天印刷厂有限公司1982年版,第239页。

作为证明力判断主体的人在判断证明力过程中的主观能动性以及理性思维作用的发挥,是以自由心证为依据来考察证明力,认为证据对判断案件事实之存在与否的心证之效用就等同于证明力。学者墨菲认为证据的证明力属于对具有关联性并且可采的证据的证明价值的一种评价。①

3. 综合说。该观点综合了证明力客观说与主观说的观点,认为证据的证明力由主客观两个方面构成,并认为证据的证明力指的是证据对于案件待证事实存在与否的认定具有实质的价值,同时,证据是否具有证明力必须经过法院的评价,只有在法院对证据进行评价之后,才能断定证据证明力之有无及强弱。②

纵观以上学说可以发现,对证明力的理解必须从两个方面展开:一是从作为证据评价客体的证据的角度;二是从证据评价主体的角度。事实裁判者是评判证据证明力的主体,因此对证明力的理解不能脱离其评价主体事实裁判者,也不能脱离作为证据评价客体的证据。证明力所考察的是证据从实质上能够证明案件事实真相的程度,即证据同案件待证事实关联之程度问题。证明力之大小将对能否查明案件事实真相产生决定性的制约作用,案件事实的认定以及诉讼纷争的化解也因此受到影响。故而,对证明力的理解必须包含两个方面:一是某一证据同诉讼案件主要事实之联系;二是某一证据对案件要证事实所产生的证明效果。③ 因而,证据的证明力指的是证据对于案件争议事实证明作用之有无以及证明强度之大小。

(二) 关联性与证明力的关系

证据的关联性与证明力之间的差别因两者之间的联系较为密

---

① See Peter Murthy, A Practical Approach to Evidence, Blackstone Press Led. 4th Ed, 1992, p. 15.

② 参见林山田:《刑事程序法》,五南图书出版公司1998年版,第248~249页。

③ 参见李蓉:《证据能力与证明力辨析》,载《河南政法管理干部学院学报》2000年第5期。

切，而经常被忽视。关联性与证明力在本质属性上是一样的，都是产生于证据同案件争议事实之间的关联，也都属于需要依赖逻辑规则和经验法则进行判断的问题。关联性通常与证明力密切相连，假如某一证据是因为关联性不足而没有被采纳，则一定涉及对该证据的证明力之评判。① 关联性与证明力的紧密关系体现在以下几方面。

首先，证据关联性及其程度是证明力的来源。关联性是证据对案件待证事实客观上的证成或者证否的联系，具有客观性，因而，证据只有直接或者间接同案件待证事实具有关联性，才能产生诉讼上的证明力效果。那些同案件事实不具有直接或者间接的关联性，或者与案件之联系是主观的、臆断的、想象的证据，因为缺乏证据法学意义上的关联性，不会产生诉讼上的证明力之效果。关联性是证据采纳的首要前提，没有关联性的证据不应被采纳为定案证据，法官也无法接触到这些证据，因而没有关联性，也就没有判断证明力的必要；同时，关联性证据的证明力也会受到有关证据关联性有无的诉讼主张的影响。所以，证明力之所以是源于关联性，关键就在于证据同案件待证事实之间的客观的、普遍的证明关系。

其次，关联性与证明力之间具有一定的包含关系。只要是证据在逻辑上可以证明案件的某一主张，其就具有关联性；但是证据必须对其证明的事实主张存在确信程度的影响时，才可以说该证据具有证明力。如果某一证据性事实存在证明力，那么该证据就具有关联性。② 也就是说某一证据有证明力，就意味着该证据一定与案件待证事实具有关联性；反之，有关联性的证据，却并不一定具有证明力，原因是证明力要求证据必须对案件事实的认定产生足够程度的影响，证明力的判断属于证据采信方面的问题。

---

① See Peter Murthy, Murphy on Evidence, 7th Edition, Blackstone Press Limited, 2000, p.25.

② See Wigmore, Evidence in Trails at Common Law, Tillevs Rev. Boston. 1983.

第一章 证据关联性概述

最后,关联性与证明力存在正相关联系。证明力之程度决定于"该证据是否同待证事实存在关联以及关联的程度"①,也就是由关联性的强弱程度决定。证据证明力的大小与关联的密切程度具有正相关性,关联性增强,则证明力变大,关联性减弱,证明力变小。所以,在诉讼中对证明力的判断往往需要从关联性的判断入手,以逻辑和经验法则首先确定证据的关联性之有无与大小,而后证明力问题便可一目了然。

在英美法系的理论和实践中,关联性与证明力从严格意义上而言还是具有一定的差异,表现在以下几个方面。

首先,二者适用的诉讼阶段和主体不同。在英美法系采用陪审团审判的案件中,法官有决定某一证据是否具有在法庭上被提交给案件陪审团考量的权力,目的是为了避免陪审团受到无关联性证据或者其他不正当证据的干扰。作为证据被采纳的前提要件的关联性,是由法官在陪审团接触证据之前进行审查。而对案件事实的认定则是陪审团的职权,尽管在特定情形下法官对某些证据的运用可以给予陪审团一定的指示,但是法官不得干扰陪审团评价证据的证明力和对证据的取舍。由此可见,证据的关联性作为证据具有可采性的前提条件是由法官来进行判断,而证明力问题则是在证据具有被采纳的资格之后才由陪审团来考虑。

其次,二者的证明效果不同。关联性与证明力之间在证明效果上存在差别。证据具有证明力不仅表明证据对案件待证事实有证明作用,而且表明证据对案件事实是正面地或是积极地证明。② 从证据对案件不存在证明力,直至证据可以单独证明案件的主要事实,无论证明力的大小如何,其效果都是该证据对案件的某一主张发挥着支持的证明效果。而证据的关联性仅表明证据对案件的事实主张

---

① 樊崇义等:《刑事证据法原理与适用》,中国人民公安大学出版社2003年版,第61页。

② 参见樊崇义等:《刑事证据法原理与适用》,中国人民公安大学出版社2001年版,第79页。

有逻辑上的证明效果,其证明效果不仅可能证明该主张成立,也可能否定该主张的成立。

最后,二者评价的影响因素不同。陪审团对证明力的考察是在庭审结束之后,因而陪审团可以综合考虑在庭审中了解的各种因素来评价证据的证明力。对陪审团评价证据的证明力产生影响的因素可以分为以下两类:一是其他案件证据的状况。证明力表示的是案件事实主张为真的可能性,因此,当案件的其他证据作为推论的前提条件在案件结论的推理过程中出现时,对某一事实主张起支持作用的证据的证明力会随着案件其他证据情形的变化而发生一定的波动。二是对证据自身真实性产生影响的因素。如果证据被法庭认定可能为虚假时,该证据的证明力将会变低,甚至降至零。关联性与证明力不一样,作为证据能力前提条件的关联性对证据存在证明性与实质性的要求。实质性要求同证据具有逻辑证明关系的事实必须属于案件的争议事实,案件中的争议事实取决于刑事实体法的有关规定以及诉讼当事人的具体主张,因此,法官只有参考本案所适用的实体法规定和程序法上的证据规则,才能评判证据的实质性。由此可见,关联性评价的第一类影响因素主要是法律规定。再者,证据关联性的判断不受证据真实性因素的影响。[①] 尽管判断证据的证明性需要考虑事实问题,但是法官只是从抽象意义上对证据关联性进行形式性资格审查,证据对案件事实证明价值之大小的判断属于事实问题,由陪审团来评价。法官不能对某一证据是否客观真实进行具体的探究,否则会侵犯陪审团的事实认定权。

在大陆法系国家,关联性与证明力之间的区别并不明显。一方面是因为证据的关联性与证明力之强弱程度都是取决于证据与案件争议事实之间的联系程度,无本质上的不同;另一方面是由于采取自由心证制度使得法官对证据能力和证明力都有裁量权,法官可以同时决定是否采纳证据和证据价值的大小,不必单独考虑证据的关

---

① 参见俞亮:《证据相关性研究》,北京大学出版社2008年版,第25页。

联性等证据采纳资格方面的问题。所以，区分关联性和证明力对于大陆法系国家的法官不存在较大的诉讼意义。

三、充分性

从逻辑学角度而言，充分性是指两种事实状况之间的这样一种关系：事物 p 的出现必然会引起另外一种事物 q 的出现，而不会存在事物 p 出现但事物 q 不出现的可能性，则事物 p 即是对 q 的出现形成制约的充分条件。① 对证据充分性的判断，其实质是判断某一证据是否对某一案件要证事实的出现形成充分性制约或者是判断多个证据的组合是否对整个案件的要证事实形成充分性制约。对于单独一个证据来说，只在对某一案件事实的证明上具有是否充分的问题，对于全案事实的证明，单一证据无法满足证据充分性的标准，只关涉是否存在关联性的问题，因此司法实践中有单一证据不能定案的做法。

有学者认为，证据的充分性是诉讼证明中对证据的量的要求，认为证据如果在数量上达不到证明需要的量，即便其本身有多么确定，也不能认定案件事实。② 还有学者认为，证据的充分性不仅包括对证据量上的要求，也包括对证据的质的要求。证据具有充分性，一方面，要求证据需满足一定量的要求，即定罪量刑的事实和情节都应有证据加以证明，单一证据或者少数几个证据不足以证明案件事实；另一方面，证据具有充分性也表现在其满足一定的内在逻辑上的要求，即证据和证据之间、证据与待证事实之间存在必然性联系，从具有真实性和可靠性的证据能够必然地推论出案件的要证事实，从而得出符合证明要求的事实结论。所以，该学者认为证据的充分性在刑事诉讼中应该理解为"确定的证据必须达到足以

---

① 参见毛淑玲：《证据相关性与充分性的逻辑判定》，载《哈尔滨工业大学学报》（社会科学版）2007 年第 3 期。

② 参见肖胜喜：《刑事诉讼证明论》，中国政法大学出版社 1994 年版，第 157～160 页。

从各个侧面反映案件全貌的必要数量",证据相互之间、证据同案件事实之间的矛盾被合理地排除,使得由证据而得出的结论达到了排除其他可能性的唯一程度。① 从量和质两个方面来定义证据充分性具有一定合理性,不仅对证据提出了形式上的量的要求,而且要求证据在实质上必须达到案件的证明要求,从形式与内容两方面丰富了证据充分性的内涵。

关联性与充分性的差别也体现在量与质两个方面。在证据的量的方面,证据关联性并没量上的要求。证据关联性所表示的是证据能够使得案件诉讼中的争议事实的存在更有可能或者更没可能的倾向,证据立法上通常并没有对证据的这种倾向性证明作用的程度作出明确规定。一般而言,如果有某一证据与缺乏该证据相比,使得要证事实之存在与否更有可能,则该证据就与案件事实有关联性。而充分性对证据的量有一定的要求,充分性要求在为特定诉讼目的使用证据时,证据的证明力必须达到一定的最低标准,特别是要满足特定诉讼情形下的证明责任的需求。② 具有充分性的证据通常也被称为具有表面可信性的事实,证据具有充分性可以解除一方诉讼当事人提出证据的证明负担,使得该方当事人所提出的诉讼事实主张可以被提交给事实裁判者。③ 所以,证据的充分性可以作为评判能否解除当事人对案件某一争议事实提供证据责任的标准,关联性则是评判某一证据材料能否被采纳从而证明案件争议性事实之标准。很明显,充分性的标准要高于关联性的标准,而且比关联性的标准更严格。对于某一单一的证据,并不需要满足提出证据一方当事人承担之证明责任的要求,而其证明力只需要达到能够推进对争议事实的进一步证明,就可以说该证据具有充分性。对于当事人

---

① 参见冯晶:《证据充分性的逻辑分析》,载《海南大学学报》(人文社会科学版)2006年第3期。

② 参见俞亮:《证据关联性研究》,北京大学出版社2008年版,第26页。

③ 参见何家弘主编:《新编证据法》,法律出版社2000年版,第356页。

一方所提出的全部证据而言,其作为整体的充分性则必须满足该方当事人所担负的诉讼证明责任的要求。在证据的质的方面,关联性仅要求证据同案件争议事实之间的联系符合客观推理的法则,并没有对证据的真实性与可靠性、证据与案件事实之间联系的形式提出要求。美国法院的法官也曾认为,不应该将证据的价值或者充分性作为判断证据是否具有关联性的因素。① 证据充分性则要求证据本身应是真实的、可靠的,真实、可靠之证据同案件待证事实之间的联系是必然性的客观联系,这意味着确实充分的证据一定能够推出案件的待证事实。

四、合法性

证据的合法性是我国证据学理论界所推崇的证据属性之一。关于证据的属性,我国证据学理论界有"三性说""两性说""一性说"等多种学说。"三性说"认为证据的属性包括客观性、关联性与合法性;"两性说"认为证据只具有两个属性,其中又分为"客观性与关联性"说②、"关联性与合法性"说③以及"证据能力和证明力"说④。"一性说"认为只有关联性才是证据的属性,客观性与合法性不是证据的属性。⑤ 作为证据属性意义上的合法性也被称为证据的法律性,指的是证据的形式、收集以及出示和质证,都是由法律来进行调整与规范,作为认定案件事实根据的证据必须符合法律所规定的采纳标准,才能被法律所容纳、许可。⑥ 我国学者

---

① Douglass v. Eaton Corp., 956 F. 2d 1339 (6th Cir. 1992).
② 参见李汉昌:《论证据的合法性》,载《法商研究》1999年第5期。
③ 参见张晋红、易萍:《证据客观性特征质疑》,载《法律科学》2002年第4期。
④ 参见樊崇义主编:《刑事诉讼法学》,法律出版社2004年版,第205~207页。
⑤ 参见李忠民:《证据概念与证据属性》,载《学海》2007年第1期。
⑥ 参见陈光中、徐静村:《刑事诉讼法学》,中国政法大学出版社1999年版,第163~167页。

一般认为证据必须具备以下四项条件，才能具有合法性：一是证据的形式必须合法；二是证据提供与收集的主体必须合法；三是证据自身的内容必须合法；四是证据收集的程序必须合乎法定程序。

大陆法系国家将证据能力和证明力作为证据的属性，英美法系国家以可采性来指称证据的证据能力，将关联性同实质性的结合等同于证明力。关联性在英美法系是作为证据被采纳的一项资格被对待，关联性成为了可采性的前提条件。我国有学者认为，证据的合法性概念相当于英美法系中的可采性概念。① 尽管不合法的证据不具有可采性，合法性客观上具有限制证据采纳的功能，但是实质上合法性与可采性区别明显。一方面，合法的证据也可能不具有可采性。例如，尽管某些证据是合法的证据，法官可能出于提高诉讼的效率考虑，而排除明显属于重复、烦琐的合法证据。另一方面，法官也有可能采纳不合法的证据，例如非法证据排除规则的例外情形，法官通过行使自由裁量权采纳取证手段有瑕疵的证据等。所以，我国证据法上的合法性与可采性是不同的概念。

合法性与关联性的关系集中体现在何者为证据的第一属性上。证据属性"一性说"认为关联性是证据的唯一属性，合法性不属于证据的属性，理由是合法性本质上是"定案证据"的标准，是法律对证据的一种要求。该种观点有失偏颇，合法性尽管属于一种证据属性，但却是低于关联性的第二位属性。"任何证据都具有特定的内容和相应的表现形式"，是自身内容和外在形式紧密联系的整体。② 证据内容主要是指证据性事实与案件待证事实之间的逻辑关联，证据的形式则主要是指证据的外在表现。证据之所以能够对证明对象产生证明作用，是因为证据所包含的证据事实同案件事实

---

① 参见郭志媛：《刑事证据可采性研究》，中国人民公安大学出版社2004年版，第37页。

② 参见沈德咏：《论刑事证据合法性及其意义》，载《中国法学》1989年第6期。

具有逻辑上的关联，能够通过对证据性事实的分析推理，来查明已经成为历史性事实的案件事实，所以证据的关联性是证据的第一位属性，无关联性的证据不可能对案件事实产生证明作用。证据的合法性是法律基于一定的诉讼价值而对证据进行的评价，合法性本身并不能够表明证据同案件事实是否具有联系，仅仅具有合法性的证据是无法用来证明案件事实的，因此，合法性属于证据的第二位属性。

第二章　证据关联性判断

证据关联性在证据法中居于基础性地位。尽管人们会对证据的属性产生争论，但是无论证据的属性争议在哪个国家、哪一历史时期出现，人们总是毫无争议地认为关联性是证据所必须具有的当然品质。[①] 关联性属于证明推理环节对证据的自然要求，某一证据同案件待证事实之间有没有关联性，将决定着该证据能否具有进入法庭诉讼的资格。如果证据在逻辑上对待证事实没有关联，则该证据就没有诉讼上的意义。证据的关联性在某种意义上就是证据对案件事实进行释明的倾向性。因此，对证据关联性进行研究在理论和立法上有两个基础性目的：一是建立证据同案件待证事实之间的联系。诉讼中的证据都必须同案件需要证明的事实具有直接形式或者间接形式的联系，事实裁判者认定案件事实所依据的就是证据同案件事实的这种联系。二是将不具有关联性的证据阻挡在法庭之外。通过判断证据的关联性可以对诉讼中案件的证据数量和辩护范围进行控制，可以将与案件待证事实没有关联、可能对发现案件事实真相产生妨碍的以及拖延诉讼、增加诉讼成本的证据都排除在法庭审判之外，从而在追求诉讼公平的同时，兼顾诉讼效率。[②] 因而，关联性对诉讼主体诉讼中的收集、审查、判断证据行为具有引导作用，证据关联性的判断在证据评判中居于首要地位。

---

① 参见汤维建：《关于证据属性的若干思考和讨论——以证据的客观性为中心》，载《政法论坛》2000年第6期。

② 参见马秀娟：《论证据的关联性及其判断》，载《政法学刊》2008年第6期。

第一节 关联性判断概述

证据同案件事实之间的联系是复杂的,证据同案件待证事实之间的联系既可以是直接的关联、间接的关联,也可以是必然的关联、偶然的关联,还可以是肯定的关联、否定的关联、事前、事中、事后的关联①。同时"事物之间普遍存在逻辑的关联性和认定中不可避免的主观性",也使得判断证据关联性成为世界性司法难题。② 在美国,证据关联性得到了足够的重视,并形成了一系列明文规定的证据规则,例如《美国联邦证据规则》等,但是在司法实践中却无法有效地发挥关联性的证据过滤功能,法官很难直接以关联性来作出排除证据的裁决。因此,实现关联性的证据资格过滤功能,就需要首先研究关联性判断的实质问题,从本质上找寻解决问题的路径。

一、关联性判断的实质

证据关联性的判断涉及证据同案件待证事实的联系问题,是对证据的关联性证明价值的评价与定位。所以,在对证据关联性进行判断时,以下两个因素必须予以考虑:一是从形式逻辑的角度来看,证据能否对证明或者证否案件事实结论具有作用,即运用形式逻辑推理的方法,评判证据是否可以推出案件的全部事实或者一部分事实,以及某个案件事实情节的存在与否。二是从证明效果的角

---

① 事前、事中、事后的关联是根据时间的先后顺序来划分刑事证据同案件事实的联系。事前关联具有先行性、预见性,如性格等证据;事中的关联是证据与案件事实同时并存的关系,如被告人不在犯罪现场以及没有犯罪时间的证据,以证明被告人与犯罪事实之间存在隔离关系来证明案情。事后的关联是指在案件发生后所留下的犯罪痕迹等证据。参见吕萍:《证据的关联性思考》,载《理论月刊》2007年第2期。

② 参见麻爱琴:《比较视野下的证据关联性及其判定》,载《辽宁警专学报》2012年第5期。

度考察证据是否同案件待证事实存在因果关系,即是考察证据所包含之事实能否直接或者间接地对案件的待证事实产生证明作用。法律没有权力对人类感知事物和推理的规则作出要求,法律通常情况下并不会对关联性标准作出具体规定,逻辑和人类的经验才是判断关联性的依据。所以对某一具体证据关联性的判断在本质上是一个事实问题,而并不是法律问题。

关联性的判断本质上属于事实判断问题,在具体的证据关联性判断中,包括判断的主体、判断的方法以及判断的规则三个方面。

1. 关联性判断的主体。尽管关联性的判断在本质上属于事实问题,但是在诉讼中,判断证据的关联性是为了确认证据是否具有证据能力,属于对证据的资格性筛选,因而,法官是判断证据关联性的主体。在法庭上,对证据的调查是围绕证据属性展开的,主要是对证据的证据能力和证明力进行审核。法官作为证据审查判断中的决定性主体,理所当然地具有主导证据关联性判断的资格。由于对不同证据需要使用不同的方法判断其关联性,同时不同的案件中同样的证据的关联性判断也会存在差异,所以,证据关联性的判断主体需要有一定的自由裁量权。立法尽管对法庭上法官如何判断证据关联性进行了一定的规定,但是在具体的司法实践中,无论是英美法系还是大陆法系,法官在证据关联性的判断上都拥有很大的自由裁量权。在法庭调查阶段,对证据的专门化审查判断更是要依赖法官个人的逻辑推理能力以及经验。[①] 因此,在具体诉讼中,证据关联性的判断主体是法官,法官依据法律对证据的关联性进行自由裁量。

2. 关联性判断的方法。学者们普遍认为,关联性的判断通常是没有固定的标准可以依据,这在很大程度上是一个需要依靠人们

[①] 参见麻爱琴:《比较视野下的证据关联性及其判定》,载《辽宁警专学报》2012年第5期。

的经验与常识来进行判断的经验问题。① 证据关联性的判断是个性的、具体化的判断，因而具有复杂性。有学者指出，证据的关联性问题是指"一项证据经过法律推理的考察之后，是否可以说它拥有足够的证明价值，值得作为证据加以接受"，证据关联性是以证据同案件待证事实之间关系的形式而存在，需要依据由科学与经验发展而来的原则来判断这种关系是否存在。②

对于不同的证据类型，证据关联性的判断方法也有所差异。证据按照其本身的存在同案件待证事实的关联状态的不同，可以分为直接证据与间接证据两大类。直接证据同案件事实以直接的方式相关联③，其中直接的方式是指证据同案件之间的联系是直接的，不存在其他的中间环节，也无须依靠其他证据进行补强，所以证据裁判者只需要依据日常经验或者文理分析就可以发现直接证据的证明价值。

间接证据也被称作情况证据④，间接证据同案件待证事实之间的关联是间接的，它必须以并列式或者递进式的形式，同案件其他证据结合才能对案件的事实予以证明。间接证据对案件事实的揭示、证明具有间接性，因此证据的裁判者必须依赖一定的规则和方法，来解释间接证据的关联性。通常判断间接证据关联性方法包括逻辑推理、经验法则以及科学手段。⑤ "司法证明也是逻辑推理的过程"，根据间接证据所构建的案件事实必须在逻辑上具有一致性。如果依据间接证据所展现的案件事实在逻辑上不一致、存在无

---

① 参见汤维建、卢正敏：《证据"关联性"的涵义及其判断》，载《法律适用》2005年第5期。

② 参见沈达明：《英美证据法》，中信出版社1996年版，第129页。

③ 参见何家弘、刘品新：《证据法学》，法律出版社2008年版，第135页。

④ 参见陈卫东、谢佑平：《证据法学》，复旦大学出版社2005年版，第115页。

⑤ 参见邱爱民：《论证据关联性的界定与判定》，载《扬州大学学报》（人文社会科学版）2009年第6期。

法解释的矛盾,则该案件的事实就算不上是清楚的。对案件事实逻辑一致性的确定需要使用逻辑规则,需要用到诸如演绎、归纳、类比等形式推理以及同一律、矛盾律、排中律等基本的形式逻辑规律。① 法官在判断关联性中所运用的经验法则是指法官依据在社会日常生活中所形成的、体现事物内在必然性关联的事理,对案件事实进行认定的相关规则。② 经验法则是人们在长期的社会活动中以及科学研究中对客观世界的普遍现象和一般规律的理性认识,得到了社会公众的普遍认可,不需要证明即可拿来使用。在证据关联性的审查判断上,与逻辑规则、经验法则同等重要的还有科技手段。科学技术可以帮助法官对证据的关联性作出判断,尤其体现在对客观性的物质性证据关联性的判断上,例如运用DNA分析技术、指纹学等相关知识可以对所收集的体液、指纹等生物证据进行同一认定,所作结论或者意见与查明案件事实关系密切。③ 因此,在证据关联性的判断中应注重科学手段的运用,注重专家证人作用的发挥,《美国联邦证据规则》第702条明确规定:"如果专家的科学、技术或者其他专门知识将会帮助事实审理者理解证据或者确定争议的事实",则依靠自己的专业知识、经验、技能、所受的教育或者训练而取得专家资格的证人,可以对案件事实以意见或者其他合理的形式予以作证。④

3. 关联性判断的规则。判断证据关联性的一般规则是自由心证制度。自由心证通常被分为传统自由心证与现代自由心证两

---

① 参见何家弘:《证据法学研究》,中国人民大学出版社2007年版,第403页。
② 参见李国光:《最高人民法院〈关于民事诉讼证据的若干规定〉的理解与适用》,中国法制出版社2002年版,第419页。
③ 参见樊崇义等:《刑事诉讼法再修改理性思考》,中国人民公安大学出版社2007年版,第210页。
④ 参见王进喜:《美国〈联邦证据规则〉(2011年重塑版)条解》,中国法制出版社2012年版,第212页。

种。① 现代意义上的自由心证是指法官在享有依据自己内心自由判断证据关联性的有无与大小的同时，也会受到一些因素的限制。这些因素包括：逻辑推理以及人类经验；法律规定的程序；客观公正的诉讼要求；法官的职业道德；裁判理由与结果的公开。也正是有了这些因素的规制，使得自由心证从传统的仅凭法官的理性、良心来自由判断，转变为法官同时依据外部规制与内在理性、良心进行理性判断，证据关联性判断所遵循的自由心证是现代意义上的自由心证。

自由是有边界的，所以也不存在绝对的自由心证。在自由心证制度确立的早期，由于制度以及相关配套程序尚不成熟，使得法官在司法实践中背离了心证自由的初衷，心证的形成具有很大的随意性，但是由此现象无法推出当时法律所规定的自由心证制度授予法官的是绝对的心证自由。在现代理性证明制度下，规则和程序日益受到重视，法官的自由心证也被认为是一种相对自由的心证。法官的心证从最初的随心所欲、任意擅断，逐渐转变为受到越来越多外在因素的制约，特别是法律规定的证据规则的制约。从法律对法官审查证据关联性的不同规定为视角，可以从两个层面来把握法官的自由心证。

第一，狭义上的自由心证。狭义上的自由心证也是本来意义上的自由心证。尽管理性证据制度强调法律作为恰当心证前提的重要性，但是法律未对法官评判证据的行为事先作出规定是法官自由心证的前提。法律没有预先规定的情形分为两种情况，法官自由心证的限制程度在这两种情况下受到的制约也不尽相同：一是法律漏洞，也即在立法之初立法者没有对有关情况作出准确的预判，以致法律对该种情形缺乏规定，在此种情况下，由于法律没有对法官作出制约性规定，法官针对法律没有规定的情况，只有依靠自由裁量权，以自己的理性与良心来作出裁决。二是尽管在立法之初对有关情况有所预见，但因在法律上为法官规定具体的适用规则缺乏合理

---

① 参见叶自强：《民事证据研究》，法律出版社1999年版，第455页。

性或者可能性，转而通过法条规定的形式授予法官自由裁量的权力。① 因为诉讼活动的复杂性以及人类认识的有限性，立法者无法通过法律规定而穷尽社会生活的方方面面，因而需要赋予法官一定的自由裁量权，此种自由心证的自由度同前一种情形相比要小得多。在此种情况下，法官除了要根据理性与良心来为自由心证外，心证的形成还要受到证据裁判原则、直接言词审理原则等刑事诉讼原则与规则因素的约束。

第二，广义上的自由心证。现代自由心证制度下，法律已经事先对证据的证据能力以及特定情形下的证明力判断作出了规定，并形成了证据规则，只要出现法定的情形，法官就必须依照法律的规定审查证据，形成心证。然而，在司法实践中，法官在具体适用证据规则时，仍然保留了一定的自由裁量权力，这种自由裁量权行使的自由因为法律所规定的证据规则的制约，已经被限缩在合理的范围内，法官此时所拥有的心证之自由是广义上的自由心证，它的合理性在于可以有效地调和法律的"应然性"与司法现实"实然性"之间的冲突。法律所规定的各种证据规则只是从"应然"的角度对法官判断证据提出的要求，在司法实践中，法官需要面对的是各种各样的"实然"状态下的案件情况。法官在具体的办案中，需要将法律条文运用到复杂多变的案件诉讼中，需要将"实然"的案件情况与"应然"状态的法律条文相对接，就需要有一定程度的选择自由权，从而产生法官的自由心证问题。正是由于法律无法细化到对社会生活中的每一种事实都有所规定，法律形式无法完全符合现实的生活，故而才有自由裁量，也才有自由心证。

---

① 参见杨兵、鲁珺瑛：《心证自由的层次性分析及其客观化制约》，载《黑龙江省政法管理干部学院学报》2004年第5期。

二、关联性判断的主体与程序

关联性属于证据的基本属性,诉讼中用来证明案情的证据都需要具有关联性,即证据所包含的证据性事实与案件争议事实之间存在客观关联,能够对争议事实的判断提供帮助。在诉讼中,评判和运用证据的首要问题就是判断证据的关联性,因为关联性对诉讼主体的收集、审查、判断证据的活动具有引导作用。研究不同诉讼主体对关联性的判断以及判断关联性的程序,有助于更加明了地理解关联性对审判活动的影响。

(一)关联性判断的主体

以法庭审判角度而言,关联性被作为证据可采的前提要件来对待时,只能由案件的审理者来进行判断。然而,若从侦查、起诉、审判整个动态的诉讼过程,以及证据的收集、审查、判断的动态过程来看,除了案件的审理者之外,侦查主体以及审查起诉主体在侦查、审查起诉工作中,也会对证据的关联性作出一定的判断。所以,从查明案件事实的角度而言,在审判前阶段,侦查人员以及审查起诉人员也是证据关联性的判断主体。侦查、审查起诉、审判属于不同的诉讼阶段,因每个阶段不同的诉讼目的与功能定位,使得各个阶段诉讼主体对证据关联性判断存在明显差异。

1. 侦查主体对关联性的判断。侦查的目的影响着侦查主体对关联性的判断。我国《刑事诉讼法》第113条对侦查工作内容作了规定,公安机关对于立案的刑事案件的侦查所做的主要工作包括"收集、调取犯罪嫌疑人有罪或者无罪、罪轻或者罪重的证据材料",对于符合拘留或者逮捕条件的犯罪嫌疑人,可以依法拘留或者逮捕。由此,可以将侦查工作的内容简单概括为:收集证据,查获犯罪嫌疑人。学者们从刑事诉讼程序构造的角度对侦查目的的研究形成了三种学说：审判准备说①、公诉准备说②和独立目的说③。然而，从层次分析的角度而言，侦查的目的可以分为直接目的与间接目的两个层次。④

侦查的直接目的是查明案件事实真相。刑事诉讼中侦查行为的首要目标就是发现犯罪事实。刑事诉讼的前提是要有具体的犯罪事实发生，如果客观上没有发生犯罪事件，也就没有必要启动刑事诉讼程序。侦查是刑事诉讼活动的"入口"，通过对案件事实的侦查活动可以推动刑事诉讼继续进行下去。另外，破案能力是对任何侦查机关进行效率评价的重要指标。对侦查人员侦查能力的评价也主要是依靠其侦破疑难案件的能力以及一定时间内侦破案件的数量。因而，侦查活动的首要目的就是发现案件事实真相，侦查活动偏离了这个目标，就失去了继续推进诉讼的意义。

侦查的间接目的是为刑事案件的审查起诉作准备。间接目的并不会因为不具有直接性而缺乏重要性。缺乏间接目的的侦查活动，其发现案件事实真相的活动也会失去意义。为案件的审查起诉作准备之所以是侦查的间接目的，原因是侦查活动为审查起诉作准备目的的实现，取决于案件事实真相是否能够发现，这包括三种情形：一是通过侦查确认了犯罪事实的发生，并抓获可能实施了犯罪的嫌疑人，而且收集了能够对犯罪嫌疑人实施犯罪形成足够证明的证据，则侦查活动可以为审查起诉作准备；二是通过对已经立案案件

---

① 审判准备说庭审是刑事诉讼的中心，侦查的目的是为刑事庭审服务的。

② 公诉准备说认为侦查的目的是为了提起公诉，旨在发现犯罪人，收集证据。参见［德］克劳斯·洛克信：《刑事诉讼法》，吴丽琪译，三民书局1998年版，第404页。另见［日］田口守一：《刑事诉讼法》，刘迪等译，法律出版社2000年版，第24页。

③ 独立目的说认为侦查的目的是为了对嫌疑之有无作出判断，进而决定是否起诉，而不是为刑事起诉作准备。

④ 参见杨立云、徐惠：《论侦查的目的、价值与功能及其关系》，载《湖北警官学院学报》2008年第5期。

的侦查，发现的事实真相是犯罪嫌疑人不具备追诉的条件，例如犯罪嫌疑人失踪或者死亡，或者没有达到法定的应负刑事责任的年龄等，此时刑事诉讼可能在侦查阶段即告终结，不存在为审查起诉作准备的可能；三是案件的事实真相经过侦查总是无法被查明，成为了悬案，不具备移送起诉的标准的，此时也不存在侦查为审查起诉作准备的目的。所以，侦查为刑事案件的审查起诉作准备这一目标的实现，需要借助案件事实真相的发现活动来完成，因而，为审查起诉作准备只能作为侦查的间接目标。

  必须明确的是侦查不同于侦查程度，二者的区别是：首先，二者的参与主体不同。侦查活动的参与主体是侦查机关，并由侦查机关单独启动并主导完成；侦查程序的参与主体除了侦查机关之外，还包括检察机关、犯罪嫌疑人、被害人以及证人、辩护人等，侦查程序的推进需要这些诉讼主体的共同参与。其次，二者的具体内容不同。侦查只是包括侦查主体所进行的调查案件事实的活动，并不包括检察主体所进行的侦查监督、证人以及被害人提供证言的行为以及犯罪嫌疑人在侦查程序中的表现等。最后，二者的目的不同。侦查的主体属于行政机关，侦查行为属于行政行为，"行政是国家利益的代表，司法则是权利的庇护者。同一官署忽而忙于维护国家利益，忽而又将国家利益弃置一边，忙于维护正义，显然不协调"①。所以，作为行政行为的侦查的目的只能是单一的打击犯罪，并不包括保障人权，而作为诉讼程序的侦查程序的目的则应是兼顾打击犯罪与保障人权。

  明确了侦查的目的就可以很好地理解侦查主体判断证据关联性的立场。侦查的主要目的是查明案件事实真相，犯罪嫌疑人是否抓获、收集的证据是否能够证明犯罪事实成为侦查工作评价标准。具体到侦查人员个人而言，尽管《刑事诉讼法》规定其应该收集能够证明犯罪嫌疑人有罪或者无罪、罪轻或者罪重的证据，但是因其

---

① [德]拉德布鲁赫等：《法学导论》，米健、朱林译，中国大百科全书出版社1997年版，第101页。

在刑事诉讼中处于追诉者的地位,其潜意识中更倾向于收集有利于自身追诉的证据,也就是能够证明犯罪的证据,而对能够证明无罪或者罪轻的证据缺乏收集的积极性,甚至为了收集有罪证据而对犯罪嫌疑人刑讯逼供。侦查主体偏好有罪证据收集的倾向使得其在证据关联性的判断中,更加注重证据所包含的证据事实同案件事实之间的肯定性联系,对犯罪事实具有否定性联系的证据往往被有意或者无意地忽视,所以,侦查主体对证据关联性的判断容易产生偏差。侦查工作应遵循全面原则,在判断证据关联性时,不仅关注证据对犯罪事实的证明关系,还应关注证据对犯罪事实的否定关系。

2. 审查起诉主体对关联性的判断。审查起诉是居于侦查与审判之间的一个独立的程序,在我国,人民检察院是审查起诉权行使的主体。同时,我国《宪法》规定人民检察院同时也是行使法律监督权的机关,人民检察院通过审查起诉行为对侦查机关进行的侦查活动的合法性进行监督,及时发现并纠正违法侦查行为,从而保障刑事诉讼活动依法进行。审查起诉在我国刑事诉讼中具有重要目的,具体而言包括[①]:

一是对侦查活动予以监督。侦查程序是由侦查机关单方面主导的具有强制性的诉讼程序,从而使侦查程序保障人权功能的实现不容乐观。我国刑事诉讼的任务不仅包括追究犯罪者的刑事法律责任,也包括保障无罪之人的不受法律追诉的权利,从而维护法律的公正实施。因而,在审判前专门设立审查起诉程序,对侦查主体的侦查活动进行监督、审查,可以较早地发现并纠正不当的侦查行为,从而更好地促进侦查程序保障人权、维护司法公正任务的实现。

二是对侦查活动进行导引。我国《刑事诉讼法》规定侦查机关与检察机关应遵循分工负责、相互配合、相互制约的原则,尽管侦查与审查起诉分属于不同的事实阶段,但是侦查的间接目的是为

---

① 参见甄贞、孟军:《审查起诉程序研究》,载《法学杂志》2005年第4期。

审查起诉作准备，检察机关可以公诉角度对侦查机关的案件事实查明活动和证据收集行为予以引导。同时，检察机关在审查起诉中有保持客观公正的义务，因此，不应完全将自己定位为追诉犯罪的机关，而应考虑自身维护法律正确实施、保障人权的客观义务。

三是对移交起诉的案件进行筛选过滤。《刑事诉讼法》对案件的起诉规定了一定的标准，检察机关进行审查起诉就是按照法律所规定的案件起诉标准对侦查机关移送的案件进行审查，将符合法定起诉条件的案件诉至法院。通过审查起诉，检察机关可以及时对不应该起诉和不需要起诉的案件予以终结，避免草率起诉和不必要的指控，防止将没有达到开庭条件的案件移送法院，通过防止诉讼泛滥，节约诉讼成本。

四是发动案件的审判程序。刑事诉讼遵循不告不理的诉讼原则，审查起诉之后，检察机关通过行使公诉权将符合法定起诉条件的案件移送法院，使得刑事案件进入审判程序，审查起诉发挥了发动庭审程序的功用。在发动庭审程序的同时，审查起诉后的起诉决定也对庭审的犯罪事实和对象进行了限制。除非检察机关自身对起诉作出变更之外，审判机关不得对起诉指控之外的被告人或者犯罪事实进行审判，审判只能针对公诉的犯罪事实与被告人展开。

审查起诉的目的对审查起诉阶段证据关联性的判断具有重要影响。审查起诉不仅是为了庭审作准备，同时也有监督侦查活动的作用。为了庭审做准备就是要对侦查阶段移送的案件证据进行审查，审查侦查阶段所收集证据的资格，其中证据关联性的审查不可避免。根据《刑事诉讼法》第 167 条的规定，人民检察院审查起诉时必须查明案件的证据是否确实、充分，证据充分是对证明力的要求，证据证明力代表证据同案件事实的关联性程度。为了起诉的目的，检察机关在审查起诉时往往注重对证据与证明犯罪事实成立的逻辑关系的审查，易忽略对证据同犯罪事实的否定性关系的审查。另外，审查起诉也要对之前侦查活动进行监督，促使侦查依法进行，维护犯罪嫌疑人的合法权益。对犯罪嫌疑人合法权益的保障不仅需要对侦查活动是否合法进行审查，而且需要对有利于犯罪嫌疑人的无罪或者罪轻证据的收集情况进行监督,以保障证据收集的全面性。这就要求审查起诉的主体要关注证据与犯罪事实之间的否定性联系,注重无罪证据或者罪轻证据的关联性。总体而言,审查起诉主体对证据关联性的判断要全面客观,对证据与犯罪事实的肯定性关联和否定性关联都要予以重视。但是,司法实践中,检察机关在审查起诉阶段出于追求公诉成功的职业倾向,更多的是关注证据对犯罪事实的肯定关联、如何胜诉,而往往忽视无罪或者罪轻证据的关联性。

3. 审判主体对关联性的判断。在我国,刑事案件的审判主体包括法官和人民陪审员,但是人民陪审员只在一审简易审判程序中参与审判,二审和再审程序中只有法官可以作为案件的审理者。审判的目的不仅包括实现诉讼当事人所追求的案件实体上的公正,实现定分止争,也包括审判自身具有的公正、公平等程序价值,从而树立并维护司法的权威。[①] 审判是司法的表现形式,司法是维护社会公平和正义的最后防线。司法通过公开的方式,在控诉方、辩护方以及其他诉讼参与人的平等参与下,公平、公正地解决案件纠纷与矛盾,从而明确事实责任,使有罪者得到应有的惩罚,无罪者免受刑狱之苦。在审判过程中,要求作为审判主体的法官必须贯彻中立的诉讼立场,充分听取控辩双方的陈述与理由,根据查明的案件事实和法律的规定作裁判。法官对案件事实的依据是控辩双方提交法庭的证据。然而,《刑事诉讼法》第48条规定,"证据必须经过查证属实,才能作为定案的根据"。审查证据的内容包括证据能力的审查和证明力的审查两个方面:当关联性作为证据被采纳的前提要件时,对其的判断属于证据资格判断的范畴;当以关联性的强弱程度作为判断证明力的一个标准时,对其的判断属于证明力判断的范畴。法官通过对证据关联性的判断来采纳和采信证据,从而查明案件事实,因而法官对证据关联性的判断具有诉讼上的决定性意

---

① 参见李玉萍:《发挥庭审功能 确保司法公正》,载《人民法院报》2013年11月4日第2版。

义。无论是侦查主体还是审查起诉主体，都具有控诉的职能，对证据关联性的判断也仅代表了控诉方对证据材料与犯罪事实之间关系的认识，而且控诉与辩护在诉讼中是相互对立的主体，控诉方有强烈的胜诉愿望，其更加关注证据与犯罪事实之间的证明关系，而辩护方为了否定指控，其往往关注证据与案件事实之间的否定性关联，两者都因为与诉讼有切身的利益，而对证据关联性的判断无法做到完全的客观中立。法官自身与案件没有诉讼上的利益，是司法公正的守护者，法官在审判中应保持客观中立的立场，对证据关联性的判断应既注重关联性的证据资格过滤功能，又注重关联性的证明力判断功能，既关注证据材料对犯罪事实的证明作用，也要关注证据材料对犯罪事实的否定作用；既依据逻辑法则与经验法则判断证据同案件事实的关联，又要借助科技手段来认定证据同案件事实之间的关联；既要遵循法律的规定，又要依靠自由裁量权来评判证据是否关联。

（二）关联性判断的程序

证据关联性的判断往往与可采性的判断密切相关。在英美法系，证据的可采性有广义和狭义之分，广义上的可采性包括关联性，本质上是将关联性作为判断证据是否具有可采性的一个前提。在有陪审团审判的案件中，对证据关联性的判断是"法官决定是否应当将该证据提交给陪审团的一个步骤"，所以，从这方面的意义来讲，关联性可以属于证据可采性的一方面内容，[1] 关联性的判断程序往往与可采性的判断相重合。同时，案件中所提交的证据都必须具有关联性，因而，关联性的判断贯穿于案件诉讼的整个过程。任何具有可采性的证据都需要同案件待证事实具有关联性，当诉讼相对方对证据的关联性提出异议时，提出证据的一方就要证明所提证据与争议事实具有关联性。在英美法系国家的当事人主义诉

---

[1] 参见俞亮：《证据相关性研究》，北京大学出版社2008年版，第21页。

讼模式实践中，法官并不负有对无关联性的证据予以主动排除的义务，只有诉讼一方当事人主动对证据的可采性提出反对或者异议的情况下，法官才会对异议证据的可采性之有无作出裁决。即便是没有关联性的证据，如果诉讼另一方对关联性没有提出异议，或者提出了异议，但是所根据的理由不成立，那么该项不具有关联性的证据也会获得法庭的采纳，这通常被称为证据的"治愈的许可性"。①证据既可能因不具有关联性而不可采，也可能因为外部政策等关联性以外的原因被排除。在英美法系司法实践中，法官对关联性的审查往往因证据可采性的异议而启动，审查证据是否因关联性因素而不具有可采性，而较少直接对证据的关联性作出裁决。所以，考察证据关联性的判断程序，通常必须以可采性的判断程序为视角。

对证据关联性作出判断的目的是决定是否采纳该证据。异议是启动关联性判断程序的必要前提，在英美法系的刑事诉讼中，异议发挥着重要的作用。由于上诉法院根据审判的笔录对一审法院的审判进行复审，上诉法院通常只审查记入审判笔录的证据方面的问题，而只有对证据提出异议，证据的问题才会记入审判笔录，上诉法院才能够审查证据的运用问题。另外，尽管法律中存在很多证据关联性方面的规则，但这些规则的作用的发挥需要诉讼主体的介入。在当事人主义的诉讼模式下，只有当事人提出证据的关联性问题并提交法庭裁决，法官才会作出裁判，一项诉讼证据即使根据证据关联性规则不具有可采性，假如诉讼的相对方不对此提出异议的话，庭审法官通常不会主动排除该证据。所以，通过关联性而排除证据必须以诉讼异议的途径来实施。在美国的诉讼中既可以在审判前，也可以在审判中对证据的关联性提出异议。

1. 审前动议

在刑事诉讼中，审前动议是一种要求法院指令适用某一程序规

---

① 参见张建伟：《指向与功能：证据关联性及其判断标准》，载《法律适用》2014年第3期。

则或者证据规则,从而保护被告人权利的途径。① 虽然审前动议是对被告人权利进行保护的重要途径,但是起诉方也可以在审前向法庭提出程序性或者证据性的动议,从而获得法庭有利于己方的程序性或者证据性的裁定。通常而言,动议的提出可以是审判的任何时间,审判前和审判期间提出动议均可。但是,在大多数案件的审判中,为了解决证据的可采性或者审判的程序方面问题的动议通常在审判前予以提出。

刑事案件的控诉方和辩护方在审判前都会根据证据的关联性规则以及可采性规则来对自身所掌握的证据材料进行衡量,以对法庭可能采纳的证据进行预判。审前动议可以在审判前排除不具有关联性的证据,从而避免当事人双方在法庭上就证据是否关联的问题进行争论,使得审判偏离了被告人是否有罪的审理核心问题,还能防止陪审团同与案件无关的证据发生接触,从而对陪审团的裁决造成不当影响。同时,审前动议可以提高审判的效益,它可以使得控诉方和辩护方事先明晰哪些证据因不具有关联性而不会被法庭采纳,哪些证据因具有关联性而可能被法庭采纳。如果在审判前法官因不具有关联性而批准了对某一证据的排除动议,控诉方就可能会因关键证据被排除导致控诉较难成功,而放弃有罪指控,或者对控诉的策略及时作出调整,这样不仅节约了控辩双方的诉讼投入,也可以节约本就紧缺的司法资源。如果辩护方提出的排除无关联证据的审前动议没有获准,则辩护方可能根据具体情形选择有罪答辩或者对辩护的策略进行有效调整。

一般而言,动议在审判期间可以通过口头的方式提出,但是审前动议必须通过书面的形式提交。动议提出方的律师必须起草一份说明申请动议理由并根据有关的判例法或者法律的规定对案件进行简要分析的辩护状,诉讼另一方的律师可以对此辩护状以答辩状的

---

① 参见[美]爱伦·豪切斯泰勒·斯黛丽、南希·弗兰克:《美国刑事法院诉讼程序》,陈卫东、徐美君译,何家弘校,中国人民大学出版社2002年版,第369页。

形式予以回应。在一些案件中，法官只用听取控辩双方的口头形式的辩护，而无须进行听证即可进行书面审查并直接进行裁定。但是在一些审前证据裁决对案件意义重大并且案件的法律适用不清楚的动议中，法官必须指令控辩双方进行口头辩论。此时，动议的提出方具有使法官"确信法律和公平需要所请求的规则"的提出证据的责任，[1] 并且，有些动议还会需要针对事实问题予以听证。例如，对于习惯证据的动议就要求对是否存在所提及的习惯进行事实听证，以决定该习惯是否客观存在。

证据关联性审前动议的结果会对有罪或者无罪判决产生影响。因关联性而排除证据可能使得强有力的指控受到削弱，甚至严重削弱指控。因此，在审前动议对案件的证据作出裁定后，之前已经处于中止状态的辩诉交易很可能重新启动。

2. 庭审异议

在法庭上对证据的关联性提出异议时，必须同时说明证据没有关联性的理由，但是对于明显不具有关联性的证据，可以省略理由的说明。法庭审理的证据调查阶段，当控诉方意图向法庭提交物证、书证等实物证据时，应由负责起诉的律师或者检察官向庭审法官出示，同时说明证据的编号。此时辩护律师可以向法庭提出反对采纳以上实物证据的异议，同时说明提出异议的理由。法官应立即对辩护律师的异议作出处理。如果法官对异议作出"异议成立"的裁定，则该实物证据就会被排除；如果法官对异议作出"异议驳回"的裁定，就表示对该证据予以采纳。如果控诉方意欲出示物证，并且法官对该证据的可采性已经作出肯定的，则该物证将由证据的提出方出示给陪审团或者转交陪审团进行传阅；如果控诉方意欲向法庭出示书证，在法官驳回辩护方的证据不可采的异议后，控诉方可以当庭对该书证予以宣读。

当举证方向法庭提交言词证据时，举证方可以向法庭申请传唤

---

[1] 参见郭志媛：《刑事证据可采性研究》，中国人民公安大学出版社2004年版，第415页。

该证人出庭，并且举证方可以首先对证人予以询问。如果对方律师认为举证方对证人的询问方式不当，就应该在证人回答所提问题之前即刻提出异议，法官对此异议进行裁决。如果法官对所提异议作出异议成立的裁决，那么对提问的回答就没有可采性，证人不应回答所提的询问，并且举证方也不能对证人进行相同内容的询问。然而，证人可能对提出作出迅速地回答以至于诉讼另一方的律师来不及对此提出异议，此种情况下，对方律师可以在证人回答询问之后，立即对证人的回话提出异议。如果法官裁决该异议可以成立，那么就应当在审判记录中删除该证人的回话内容，同时法官应当向陪审团作出该证言不得作为有罪裁决依据的指示。

3. 没有提出异议的法律后果

如果诉讼当事人所在的司法辖区要求审判中必须当庭对证据的关联性提出异议，但是当事人没有提出异议的，那么法庭就不会再考虑有权提出异议一方的异议要求，在之后的上诉审判中也不能对该证据提出关联性方面的排除要求。如果诉讼当事人所在的司法辖区要求在审判前对证据的关联性提出动议，当事人没有在规定的时间内提出动议，则在之后的审判中没有再次提出类似证据关联性排除动议的权利。考虑到特殊情形，有些司法辖区规定法庭对于没有及时提出证据异议但是之后又提出相似要求的异议具有自由裁量的权利，法庭有可能对没有及时提出的异议作出裁决。[①]

如果诉讼当事人是基于正当的事由而未能在法定期限内提出证据的异议，那么无论案件在哪个司法辖区，法庭都可以给予当事人再次提出异议的机会。正当的事由不包括当事人不了解法律的相关规定，或者在应该提出异议的期限内没有发现证据的关联性问题，而之后才发现需要提出异议，正当理由主要指的是因当事人之外的不可抗拒的因素导致审前动议未能按期提出，此时，当事人重新提出动议的理由才足够充足。在美国，如果当事人的审前动议被驳

---

① 参见郭志媛：《刑事证据可采性研究》，中国人民公安大学出版社2004年版，第415页。

回,则当事人有上诉的权利。有些司法辖区则考虑到听审审前动议的法官和庭审的法官并非同一人,因而在当事人的审前动议被驳回后,要求当事人在审判时再次提出动议,从而使庭审的法官对证据的关联性排除动议进行复审。

第二节 关联性的构成与判断标准

研究关联性的判断,必须首先对关联性加以解构,明确关联性的构成要素。在明确关联性的构成要素之后才能知晓如何准确判断证据是否关联,并且根据关联性的构成要素,也可以明了判断关联性的标准。国外学者和我国学者已经对关联性的构成作了卓有成效的分析,为关联性结构的研究提供了重要素材。本节将在前人研究的基础上,关注法律对关联性构成的影响,并从诉讼功能的角度对关联性的判断标准予以阐释。

一、关联性的构成

美国学者乔恩·华尔兹认为关联性由实质性和证明性构成,并指出:"相关性是由实质性和证明性结合而成。如果提出的证据对案件中的某一实质性争议事实具有证明性(即有助于认定该事实),则它就是具有相关性的。"① 美国学者摩根将关联性分为逻辑上的关联性和法律上的关联性,并认为证据的法律上的关联性是法律对证据的立证价值的评判。② 我国学者受乔恩·华尔兹的关联性二分法的影响较大,目前普遍认为关联性是由实质性与证明性构成的,并且认为关联性注重的是证据同需要证明的对象之间的形式联系,也即证据对于待证事实是否有证明性,以及证据对于待证事实

---

① [美]乔恩·R. 华尔兹:《刑事证据大全》,何家弘等译,中国人民公安大学出版社1993年版,第64~66页。
② 参见毕玉谦:《民事证据法及其程序功能》,法律出版社1997年版,第17~18页。

是否有实质性。①

有学者从形式和内容的角度来对关联性加以认识,认为证据具有关联性应是从形式推论而言,用于诉讼的证据必须同案件的事实具有逻辑上的关联,这种关联表现为通过形式逻辑一般原理的运用,可以对诉讼证据同案件事实之间的关联进行推论,也即用于诉讼的证据能够对案件事实的全部或者一部分予以证明,或是证明案件的存在与否;从证据的内容而言,诉讼中的证据所反映的内容应当是能够对案件事实的有关情况进行直接或者间接形式的说明,不论这种反映的性质是内在的、本质的还是必然的。② 该学说基本上将关联性等同于证明性,根据该学说,无论是形式上同案件事实有逻辑关联,还是内容上对证据与案件事实的联系形式不加限制,都只是说明了证据与案件事实有逻辑上的关联,而证据所能证明的案件事实是否是案件的实质性问题,该学说并没有予以明确。

另有学者结合证据在案件诉讼证明中的功能,将证据关联性分为三个构成因素:一是证据的来源、形成的环境或者存在同案件有关联;二是证据同案件的待证事实也就是案件的实质性问题具有形式上的关联,并"指向这类事实的解决";三是该证据本身的存在"足以使案件待证事实的存在或不存在成为一种可能",也就是能够证明、揭示、证实案件的待证事实。其中的第一、第二两项因素属于形式的关联,第三项因素属于实质的关联。并且形式的关联决定着证据的资格,缺乏形式关联的证据就不具备证据的资格,必须加以排除;实质的关联是对证据证明价值的评价即是证明力的存在与否或者强弱程度。③ 此种学说第三项关于证据本身足以证明案件待证事实的说法实质上是对证据充分性的要求,该观点基本上是将

---

① 参见卞建林:《证据法学》,中国政法大学出版社2000年版,第469页。
② 参见江伟:《证据法学》,法律出版社1999年版,第215~216页。
③ 参见邱爱民:《论证据关联性的界定与判定》,载《扬州大学学报》(人文社会科学版)2009年第6期。

关联性分解为证明性、实质性与充分性三个部分。很明显，该观点混淆了关联性与充分性概念，关联性只是要求证据能够使在诉讼中有实质意义的事实的存在更有可能或者更无可能，只是一种倾向性要求，没有对证明作用的倾向性程度作出要求。而充分性才要求证据足以证明案件待证事实的存在或者不存在，因此该观点所指的关联性第三项构成因素属于证据充分性的内容，从而混淆了证据关联性与充分性的界限。

关联性由实质性和证明性构成的观点可以较好地表明证据客观上对案件实质性事实的证明价值，使得证据关联性的判断有了明确的方向，因而具有一定的合理性。然而，该观点并没有考虑法律因素对证据关联性的影响，事实上法律也对某些证据的关联性规定了明确的规则，例如品格证据规则等。并且根据本书对关联性的定义，法官对证据与案件争议事实之间关联性的认定，不仅要依据逻辑推理与经验法则，还要依据法律确立的关联性证据采纳、采信规定，因而，关联性的构成要素中应包含法律方面的内容，证据的关联性应不仅包括证明性与实质性，还应包括适格性。

（一）证明性

在诉讼中，证明是通过推论链条来使裁判者确信某一待证主张为真或者为假的过程。证明过程中的每个推论表现为包括大前提、小前提以及结论的三段论的逻辑形式。前面一个推论的结论就是后面一个推论的小前提或者大前提，同另外的命题或者证据相结合之后，可以得出新的事实结论。诉讼的证明链条就是由这些前后联结的结论来构成，从而得出最后需要证明的案件主张。诉讼中的证明链条共同构成了树状的证明结构图，在这个结构中的每一个案件推论都是建立在对它具有直接性支持的其他推论之上，并且每一个证明该推论的其他推论也有证明其自身成立的证明链条。在这些证明链条中，推论的建立不仅依据证据，还会依据法官所认可的公理或者常识。① 诉讼中的每一个推论同案件的其他证据和推论共同使得裁判者确信处于证明链条中的某一环节可能为真,从而在法官内心形成所证明案件主张为真的信念,完成对案件事实主张的证明过程。

证据的证明性也就证据同案件事实之间的逻辑上、经验上以及客观上的关联,指的是诉讼中所提出的证据根据一般的逻辑和经验法则,可以对案件的待证事实是否存在加以推理,与不存在该证据的情形相比,该证据的存在使得案件的事实主张更有可能被证实或者被证否。证明性揭示了证据可以证明案件事实的内在原因,证据必须对案件事实的存在或者不存在具有证明的作用,才能称得上是证据,因而证明性是证据的本质内涵。证明性属于逻辑和经验方面的问题,是由事物之间的客观关联决定的,也就是根据事物的一般进程,某一事实本身或者同其他事实结合,能够基本证明另一事实在过去、现在、将来的存在与否,法官必须根据通常的逻辑法则或者经验法则判断证据的证明性,而不能任意决断。②

证据既可以直接的方式对案件事实进行证明,也可以间接的方式对案件事实予以证明。直接方式的证明就是证据如果被认为是真实的话,就可以在没有进一步推论的情形下确立待证事实,直接证据就是此种方式对案件事实予以证明,由于直接证据可以直接地、单独地证明诉讼案件的主要事实,与案件事实产生直接的联系,其证明性是不证自明的,例如,犯罪嫌疑人对自己作案经过的供述,因而直接证据通常不涉及证明性的判断。证据证明性通常是针对间接证据而言的,因为间接证据自身无法以直接的方式单独对案件的主要事实予以说明,其必须同案件的其他证据结合起来,经过分析推理才可以说明案件的主要事实。间接证据所能够证明的事实本身并非案件的争议事实,但是通过其所能够证明的事实能够对争议事

---

① See Christopher Allen, Practical Guide to Evidence, 2nd Edn, Cavendish Publishing Limited, 2001, pp. 1 – 7.

② 参见张建伟:《指向与功能:证据关联性及其判断标准》,载《法律适用》2014 年第 3 期。

实的存在与否进行推论。① 即便间接证据能够直接证明的事实为真，也仍然无法对案件最终的事实主张予以直接地证明。所以，间接证据证明性的判断就需要依赖逻辑上和经验上的方法，建立间接证据同案件最终事实主张之间的证明链条。

证明性的判断需要涉及对证据证明力的评判，即衡量证据对案件事实有多大的证明程度。作为证据被采纳前提的关联性，并不要求证据对案件事实达到较高程度的证明力，作为关联性构成要素的证明性只要求证据具有最低程度的证明力，只要证据具有使得案件中存有争议的待证事实的存在更有可能或者更无可能的倾向性，则该证据就是具有证明性的，该证据如果同时没有违法可采性规则的相关规定的话，其也就具有可采性。但是如果该证据想要被法官采信为定案的根据，则该证据需要满足充分性的要求，其证明性才能被认可。贝斯特针对证据的证明性和充分性阐述到：证据如果要达到关联性的要求，只需要表示，法官必须确信一个理性的事实裁判者在决定一项事实是否存在时，应该会被该证据资料影响，但是并非需要强烈的影响。一项证据只要可以比缺乏该证据时更有助于认定事实就可以了。因此，关联性不等同于充分性，如同麦考密克所言，"一块砖并不等同于一面墙"。②

作为证据关联性构成要素的证明性与证明的充分性尽管有所区别，但也存在一定的联系，二者区别与联系共存，表现在：一是证据的证明性同时包括证据对案件事实主张的肯定性证明和反驳性证明；但是证明的充分性只能是证据对案件事实主张的正向评价，也就能够是对案件事实主张的存在进行充分地证明，即使没有达到充分性证明的要求，也不会是对事实主张的否定性评价。二是证明性是对某一项证据的证明力的评价指标，证明的充分性却既可以用来

---

① See Christopher Allen, Practical Guide to Evidence, 2nd Edn, Cavendish Publishing Limited, 2001, p. 22.

② ［美］Arthur Best：《证据法入门——美国证据法评释及实例解说》，蔡明秋等译，台北元照出版公司2002年版，第5页。

对单一证据同案件争议事实的关联程度进行评判,也可以对诉讼当事人一方所出示的若干诉讼证据对其诉讼主张的证明效果进行评断。在具体案件中,间接证据即便具有关联性也只是表明其对自身直接指向的中间性事实有证明性,而不一定能够对案件的待证事实产生充分性的证明。对于单一的证据而言,一个有关联性的直接证据就可以对案件要件事实的证明达到充分性,而一个间接证据则不能,间接证据必须形成一定的数量优势,且相互之间能够印证,排除矛盾,才能达到证明的充分性。三是证据证明性的判断属于事实问题,需要借助逻辑规则和经验法则;证明充分性的判断尽管也需要根据逻辑和经验,但是很大程度上要遵守法律的相关规定,最突出的就是要遵循证据法所规定的证明效果判断标准,也就是法定的证明标准。在刑事审判中,证明要达到充分性的要求,就必须对犯罪构成要件事实的证明达到排除合理怀疑的证明标准。

(二) 实质性

证据的证明性是对证据同案件待证事实主张关系的描述,而实质性是对该待证事实主张与案件争议事实之间关系的描述。[①] 实质性与证明性在证据关联性的判断过程中,是一种递进的关系,实质性先于证明性,只有实质性得以确立,证明性的判断才有诉讼上的意义。因为如果证据所能够证明的事实不是案件的实质性争议问题,则对该证据是否具有证明性的判断也无法解决案件的争议,该证据是否具有证明性对推进诉讼没有实际意义。作为证明性前提的实质性也称为重要性,是指诉讼中所提出的证据所指向的事实争议属于案件的实质性争议问题,即该争议的解决对于裁判有重要影响。有关联的证据应当能够对案件的实质性问题予以证明,正如阿瑟·库恩所言,证据应在调查目的需要的范围之内,并针对处于审查中的案件事实。也就是证据必须是恰当且重要的,"如恰当但无

[①] See Paul C. Giannelli, Understanding Evidence, Matthew Bender &Company, Inc. 2003, p. 6.

关重要，仍是无用的证据"。① 所以，实质性是证据是否关联的关键。

关于实质性是否需要再进一步予以细分的问题，证据法理论界研究的较少。有学者根据证据对确证案件主要争议事实作用方式的不同，将实质性进一步分为"主要的实质性"与"次要的实质性"。具有"主要的实质性"的证据能够以直接的方式对案件主要争议事实的确定发挥作用，而具有"次要的实质性"的证据只能以间接的方式对案件的主要争议事实的确定发挥作用。② 结合直接证据和间接证据的含义可以发现，直接证据因对案件主要争议事实直接发生证明作用而具有主要的实质性，间接证据需要通过中间推论才能够对案件主要争议事实产生间接的证明作用，所以其所具有的实质性是次要的实质性。然而，直接证据与间接证据的划分并非绝对，必须结合具体的案件情况来认定直接证据和间接证据。而且，随着案件诉讼的推进，原来是主要争议的事实可能因诉讼主张的变化而变为了次要的事实，之前的次要事实可能因为指控的改变等而变为主要的争议事实，从而成为了对案件最终事实认定具有重要意义的实质性问题。所以，在具体的案件中，争议事实可能随着诉讼的进行发生变化，证据是具有"主要的实质性"还是具有"次要的实质性"也会随着争议事实的改变而改变，在诉讼中稳定性较差。所以，为了更加便于理解证据的实质性，防止产生误解，本文认为不需要对实质性进一步分类，实质性已经可以明确表明证据所证明事实对案件最终认定的意义。

证据的实质性涉及证据对案件争议事实的证明，因此有必要对案件中的争议事实进行了解。根据英美法系司的司法实践，案件中

---

① ［美］阿瑟·库恩：《英美法原理》，陈朝碧译，法律出版社2002年版，第78页。

② 参见江海燕、张小玲：《论证据的关联性规则与关联性法则》，载陈光中、江伟主编：《诉讼法论丛》（第10卷），法律出版社2005年版，第59页。

需要证明的事实可以分为以下几类:①

1. 案件主要事实,也被称为最终的争议问题或者最终的争议事实,指的是案件诉讼中的当事人欲使其控诉主张或者辩护最终成功,或者表明其本人有获得某种救济的权利时必须予以证明的问题。一般来讲,诉讼的一方当事人为了免除自身的证明责任而必须对其加以证明的事实就是案件的主要事实。

2. 相关事实或者是证据事实。相关事实指的是根据其本身可以对案件主要事实之存在与否进行推论的事实,间接证据所证明的就是相关事实。在具体的案件诉讼中,能够对案件争议事实直接予以证明的直接证据可能会缺失,当事人所能够获得的很可能都是同争议事实具有间接关联性的相关事实,如果法庭对这些相关事实的证明加以禁止,则当事人很可能没有其他途径来证明其诉讼请求或者抗辩事由,这样有碍当事人的合理辩护权,因而相关事实也成了需要证明的案件事实。

3. 构成案件某一部分的事实。一般而言,对某一事件的透彻了解,需要以世界普遍联系的观念考察其渊源、周边状况或者发生的场所等,甚至在某些情况下,某些事实或者情况与案件事实的联系非常密切,使得可以将这些事实或者情况认定为和案件争议事实一同构成了案件某一过程的一个部分,满足这个条件的事实就是构成案件某一部分的事实。在英美法系,通常认为以下事实情形属于案件的构成部分事实:案件发生后被害人的表现、击打的方式、谈话时的语气以及其他的证明价值明显,并且同案件争议事实具有直接关联的情况。

4. 次要事实或称为辅助事实。一般而言,这类事实是指同对案件争议事实的确立有影响的附属性事实相关的事实。在英美法系的诉讼中,次要事实可以分为三类。一是对证人的作证能力影响的事实。比如,将要出庭作证的证人可能身患影响其正常作证的心理

---

① 参见俞亮:《证据相关性研究》,北京大学出版社2008年版,第60~64页。

疾患的事实。二是对证人的可信性产生影响的事实。例如证人之前表明对一方当事人存有偏见或者袒护，但是证人否认该行为的事实。三是初步事实，对该类事实的证明必须在证据采纳之前进行，并且只有根据此类事实才可以判断特定证据是否可以被采纳用来对案件的主要事实或者相关事实加以证明。比如法庭要采纳文件的复印件或者副本，就需要事先对文件的原件已被毁损或者无法获得的事实予以证明。①

5. 用于比较的客观标准。在某些诉讼情形下，对诉讼当事人行为的评价需要依赖一定的客观标准，但是在某一特定时空下的客观标准是怎样的，需要通过证据加以证明。在过失犯罪案件的诉讼中，正常理性人的标准要求能够在相似情形下，另外的人该如何为恰当行为提供证明，该正常理性人的标准的确立，能够对当事人在相同情形下的行为作出评价。

案件争议事实与当事人主义诉讼模式和诉因制度存在一定的关联。在实行当事人主义诉讼模式的刑事审判中，法官的审判范围被严格限制在控诉方起诉书指控的事实和罪名。在实行诉因制度的刑事审判中，检察官在起诉书中需要明确记载指控的事实和发动诉讼的理由，即必须载明符合犯罪构成要件的具体犯罪事实，一般情况下，法官必须依据控诉方指控所载明的犯罪构成要件事实进行裁判。诉因制度使得法官对证据实质性的判断必须以诉因和诉因所依据的实体法规定的罪名为标准。并且，在当事人主义诉讼模式中诉讼的争议事实同案件事实可能在范围上有差别，对于同一个案件事实，控诉方可能出于某些考虑会挑选实体法规定的某一具体罪名进行起诉，此时案件中的争议事实应当符合所挑选的指控罪名，但是可能并不涵盖案件事实的全部。法官对证据实质性的判断必须以该实体法罪名的争议事实和诉因为依据，而不再考虑案件的全部事实。这样的规定不但尊重了起诉方的当事人诉讼主体地位，也有效

---

① 参见汤维建、卢正敏：《如何确认证据"关联性"》，载《人民法院报》2004年6月9日。

保障了诉讼相对方当事人能够针对具体证据的实质性展开有效辩护。①

　　争议事实的确定首先要根据实体法的规定。在刑事诉讼中，某一事实是否属于对案件的裁判具有影响的争议事实，要看案件的定罪量刑是否需要该事实，这就需要根据实体法上对定罪量刑相关事实的规定：一是实体法律所规定的犯罪要件事实，如刑事犯罪构成要件事实、处以刑罚的条件性事实等；二是犯罪事实之外的某些事实，如属于对被告人进行量刑的情节事实、阻却违法性事由的事实等。因而，案件实质性问题的确定在某种意义上属于实体法上的问题。

　　对某一案件事实是否是实质性问题的判断，除了要根据实体法规定之外，在具体案件中还与当事人双方的控诉与答辩、审理案件的法院所裁定或者决定的范围有关。如果一项证据不能对上述范围内的事实以直接或者间接的方式予以证明，则该证据就不具有实质性，因而也是同案件待证事实无关联性的。证据如若具有实质性，必须能够对以下事实的一项或者多项予以证明：一是起诉的条件事实；二是诉讼行为的要件事实；三是可以对证据的证明力和证据能力进行证明的事实；四是其他诉讼法规定必须予以证明的事实。另外，法律上对证据适格性的规定也会影响证据的实质性。适格性是法律对证据能力方面的规定，例如，根据《美国联邦证据规则》第404条的规定，关于被告人的品性或者品性特点的证据，不得用来证明被告人实施了与其品性相符合的犯罪。这就使得在通常情况下，被告人的品性证据不能用作指控其犯罪的证据，因而也没有证据能力，不具有适格性。此时，品性证据试图证明的案件事项就没有实质性。

　　（三）适格性

　　适格性是对证据证据能力的描述，在英美证据法理论研究中，

---

① 参见史立梅：《论刑事诉讼中的证据裁判原则》，载《暨南学报》（人文社会科学版）2004年第4期。

多数学者并不认为适格性属于关联性的应有内涵。然而,在英美法系国家的关联性证据规则中,不仅有因为实质性、证明性而排除证据关联性的规定,也有因维护诉讼公正、审判效率以及出于刑事政策的考量而排除证据关联性的规则,例如《美国联邦证据规则》第 403 条规定的因损害、混淆、浪费时间的原因排除证据关联性的规则,第 405 条规定为维护司法公正的品格证据规则等。另外,在司法实践中,对于明显没有证据能力的证据,法官通常是不会调查其是否具有关联性的,例如对于通过刑讯逼供等非法方法收集的口供,法官通常会先对该证据是否具有证据能力,即是否适格作出判断,如果确属非法得来,则法官一般直接裁定排除该证据,而不会继续对该证据是否同案件具有关联性作出裁决,这样既可以避免非法口供对案件最终事实的认定造成不良影响,也可以提高庭审效率,节约诉讼资源。所以,证据关联性的构成要素应包括适格性。

作为关联性构成要素的适格性是指某一证据在具有实质性和证明性的同时,还应符合法律对关联性的规定,从而使证据具有被法庭采纳资格的一种属性。适格性属于法律对关联性的一种评价,我国台湾证据法学者陈朴生所主张的"证据能力关联性"表明证据关联性应包含适格性,美国学者威格摩尔所主张的"法律上的关联性"也包含着法律对证据关联性适格的要求。证据是否适格直接由法律的规定决定,没有适格性的证据其关联性的判断也就失去了诉讼上的意义,不符合法律有关证据关联性规定的证据,即便其客观上同案件事实的证明存在关联,也无法进入法庭调查程序,进而被作为认定案件事实的依据。法律对证据适格性一般采取原则上排除但保留例外情形的规定方法,并且赋予了审判者一定的自由裁量权,使得证据适格性的判断较为灵活。例如,《美国联邦证据规则》虽然规定被告人的不良品格通常对于证明被告人实施了与其品格相似的犯罪行为不具有适格性,但是也规定了例外情形,即如果被告人以证人身份出庭作证,并宣称自己具有良好的品格或者指认被害人具有不良品格时,则被告人的不良品格证据对于否定被告人的品格而言,就是具有适格性的。

第二章 证据关联性判断

将适格性纳入关联性的构成要素会产生将属于狭义可采性的某些证据规则纳入关联性规则体系的后果，必然会丰富关联性规则的体系，但对关联性提出法律上的要求不会混淆关联性与可采性的概念。一方面，法律上确实存在着因关联性而排除证据能力的规则，例如品格证据排除规则、事后特定行为排除规则等，都是因为证据的关联性而使得证据不具有可采性，对关联性的判断法律已经有明确规制；而对于非法证据排除则等明显属于因可采性原因而排除证据能力的规则，人们也不会将其理解为关联性方面的排除规则。对关联性提出法律上的要求即是对法律现实的认可，不会混淆关联性规则与可采性规则的界限。另一方面，英美法系上对可采性有广义可采性与狭义可采性之分，其中广义可采性＝狭义可采性＋关联性，此观点就有混淆可采性与关联性的嫌疑。但是，该观点的合理之处在于，突出了关联性也具有对证据的资格加以筛选的作用，没有关联性的证据一定不会被采纳，有关联性的证据也可能因为关联程度微弱或者证明价值较小等关联性方面的原因而被排除。狭义的可采性仅指因关联性之外的原因而排除证据，另外的因关联性原因而排除证据的，则可归因于证据关联性的适格问题，因此，从狭义上来理解可采性与关联性并不会混淆二者在排除证据方面的效用。

二、判断关联性的标准

美国著名证据法学者乔恩·R. 华尔兹对关联性的判断提出了三个标准，他认为对某一具体证据是否同案件事实存在关联性进行判断时，必须按次序对以下三个问题进行考察：一是诉讼举证方提出证据是为了证明什么；二是该证据能够证明的问题是否是案件的实质性争议问题；三是举证方所出示的证据是否对案件的实质性争议问题具有证明性。如果依据所举证据对于以上三个问题都能获得肯定性答案，那么所举的证据就是有关联性的证据。[①]这三个问题，

[①] 参见〔美〕乔恩·R. 华尔兹：《刑事证据大全》（修订本），何家弘等译，中国人民公安大学出版社 2004 年版，第 19 页。

第一个和第三个问题都是从证据本身所具有的属性而提出的,第二个问题是对证据所证明的对象的性质而提出的,本质上同第一个问题相同,可以归为证据属性方面的问题。所以,从证据自身性质的角度可以引发两项关联性的判断标准。

(一) 证明指向标准

证据用来证明诉讼活动中的什么内容,表明了证据的证明指向。证据证明指向了诉讼案件争议事实问题的,证据就符合关联性证明指向判断标准。

刑事诉讼的目的之一就是通过诉讼活动落实刑事实体法所规定的国家刑罚权,法官通过庭审活动对国家刑罚权的有无及大小予以确定。因此,具体案件刑罚权的有无及大小问题是刑事诉讼必须解决的首要争议问题,国家刑罚权的有无主要关涉被告人的定罪问题,通常而言,被告人如果被认定为有罪,除非被告人符合法律规定的免于刑事处罚的法定要件,否则国家对其具有刑罚权;被告人如果被认定为无罪,则国家当然地没有对其处以刑罚的权力。并且,因为被告人是否有罪是刑事诉讼必须首先予以证明的事项,因而它也成为刑事诉讼最根本的争议问题,控诉方进行的案件实体证明的根本目的也是要对这一命题进行证明,被告人是否有罪就成为控诉方和辩护方法庭争论的最主要焦点。所以,被告人的行为是否属于犯罪行为应该属于证明对象的范围。因为对于案件的裁判者而言,对于事实的证明要优先于对于法律的判断,被告人所实施的行为是否符合犯罪的构成要件以及其本身是否有罪,不仅是判断法律适用的问题,也是证明事实的问题。因此被告人是否构成犯罪是法庭应该优先证明的案件争议事实。

证据要满足关联性的证明指向标准,其证明就必须指向案件的争议问题。在具体的案件诉讼中,案件的争议问题可以被分为实质性争议问题与形式性争议问题。无论在大陆法系还是英美法系,被告人有罪与否都属于案件的实质性争议问题。在大陆法系国家,刑事诉讼奉行实质真实发现主义的理念,即使被告人当庭承认自己犯罪,法官仍然需要按照法律规定调查案件事实,而不受当事人之意思的限制，所以被告人有罪与否本质上仍然是案件的争议问题；英美法系尽管奉行当事人主义的诉讼理念，法庭可以免去庭审程序而直接对被告人自愿做有罪答辩的案件进行确认，进而转入量刑程序，但是控诉方也必须有能够证明被告人确实有罪的证据。被告人、辩护人对被告人构成犯罪存在异议的，此时被告人是否有罪是形式上的争议问题，因为该问题具有争议性质直接表现在外的特征。①

另外，刑事案件的诉讼争议问题不仅限于刑罚权有无等与定罪有关的问题，还涉及刑罚权的大小等与量刑相关的问题；不仅包括实体法方面的问题，也包括证据法以及程序法方面的问题。刑事诉讼中案件争议问题的范围同案件待证事实的范围类似，我国《刑事诉讼法》以及最高人民法院、最高人民检察院发布的刑事诉讼法相关解释所规定的刑事诉讼需要证明的事项，就是案件的控诉方必须予以证明的刑事诉讼争议事实范围。在具体刑事案件的诉讼中，要结合具体案情确立争议问题，一个案件可能具有多个形式争议或者实质争议问题，某些与被告人有罪与否并没有直接关联的争议问题，并不代表其没有关联性，比如同案件或者诉讼当事人相关的程序合法性问题、诉讼人权保障问题或者证据是否合法的问题，这些问题尽管同被告人有罪与否没有直接关联，但是却有间接的关联，这些争议事实的证明会对定罪产生重要影响，证据的证明如果指向这些问题的，也是存在关联性的。

(二) 证明功能标准

证据一旦具有关联性就表明其拥有对案件事实真相加以证明的能力，反之如果某一证据具有揭示案件事实真相的功用，能够使案件待证事实更有可能或者更没有可能存在，则表明该证据肯定是同案件事实存在某种关系的。证据对案件争议事实的证明功能只是外

---

① 参见张建伟：《指向与功能：证据关联性及其判断标准》，载《法律适用》2014年第3期。

在的表象，其所具有的关联性才是能够发挥证明功能的内在缘由，证据的关联性同证明功能互为表里。所以，证据对案件事实的证明功能可以作为证据关联性有无的一项判断标准。我国刑事诉讼的法律及司法解释没有专门对证据关联性的概念以及判断作出规定。然而，分析我国《刑事诉讼法》第48条证据概念的规定可以发现，我国法律注重从证明功能的角度界定证据，该法第48条规定，"能够证明案件真实情况的材料，都是证据"。根据该条的规定，对证据进行判断的标准之一就是某一案件材料是否可以证明有关案件事实，也就是对于案件事实是否有证明性，该法条是从证据的证明功能角度界定了证据的概念，也意味着我国《刑事诉讼法》采用了证明功能作为判断证据关联性的标准。[①]

证明指向标准和证明功能标准都是从证据自身属性角度所引发的证据关联性判断标准，在此之外也要考虑外部法律因素对证据关联性的影响。尽管关联性的判断本质上属于逻辑和经验问题，不是法律问题，但是经验如果被普遍认可，也可以被转化为法律规定，例如品格证据规则、类似事实证据规则等，都是建立在司法判例经验的基础上。所以，证据关联性判断的某些规则已经被法律所确立，在判断证据关联性时，必须依据这些关联性证据规则，这也是证据适格性的一种体现。

第三节 证明性的判断方法

关联性判断需要依靠作为事实裁判者的法官，法官凭借自我的良心以及理性对证据进行自由心证。在现代理性证明制度下，法官的自由心证要受到法律的限制，应该遵循证据裁判原则，并且自由而为之心证，必须是合理的心证，所谓合理的心证，是指"必须

[①] 参见张建伟：《指向与功能：证据关联性及其判断标准》，载《法律适用》2014年第3期。

根据经验法则、逻辑法则"而为的心证。① 关联性包括实质性、证明性以及适格性,其中实质性与刑事实体法的规定以及当事人的诉讼主张、审理事实范围有关,主要依据法律以及具体的诉讼情形进行判断;适格性主要依靠法律所规定的关联性证据规则进行判断;证明性指的是证据同案件事实之间的逻辑、经验上的关联,是指与不存在该证据的情形相比,该证据的存在更能够增加或者减少案件待证事实存在的可能性,证明性才是证据具有关联的客观原因,对关联性判断的重点就是判断证据的证明性。同关联性的两个要素相比,证明性的判断更为隐秘、复杂,需要依靠逻辑、经验加以推理②,甚至还要依靠科学方法加以判断。

一、证明性判断的逻辑方法

法官通常首先运用逻辑方法对某一具体证据的关联性作出判断。所谓逻辑是关于思维的一门知识,它的研究对象主要是思维的形式,同人们正确运用推理与论证密切相关。"逻辑"一词来自古希腊语,代表着"理性""智慧""语言"以及"规律性"等多种含义。18世纪德国哲学家黑格尔认为逻辑的含义是"规律"。我国理论界所使用的逻辑一词是由著名学者严复在1905年由英语的"Logic"音译而来的。根据日常使用的情况,逻辑通常具有如下含义:一是指客观事物之间的规律性;二是指思维、语言的论证或者表达的科学性或者规律性;三是指对思维规律、思维方法以及论证、推理加以研究的科学。③

证据对案件事实的证明需要依靠逻辑推理方法进行推论。之所以可以运用逻辑推理对证据的证明性进行判断,是因为事物之间具

---

① 参见[日]田口守一:《刑事诉讼法》,刘迪、张凌、穆津译,法律出版社2000年版,第225页。

② J. B. Thayer, Preliminary Treatise on Evidence at Common Law, Sweet and Maxwell, London 1898. p. 25.

③ 参见赵利主编:《法律逻辑学》,人民出版社2010年版,第1~2页。

有普遍的联系。根据马克思的辩证唯物主义认识论，世间万物并非孤立地存在，任何一个事物都会同其他事物互相关联、互相依赖，客观事物之间具有普遍的关联性。虽然客观事物不断地发展变化，但是其发展变化却有章可循，人们可以通过实践活动对事物发生、发展的规律以及客观事物之间的联系加以认识。正是依靠了事物之间的关联规律，我们才能够建立起来逻辑推理的法则，才能对证据同案件待证事实之间的证明关系加以推断。

　　事物之间的联系有不同的种类划分，包括表面的联系和本质的联系、必然性联系和或然性联系以及简单的联系和复杂的联系等。证据同案件待证事实之间的关联性根本上是由事物之间的互相联系的性质决定的，因此证据与案件待证事实之前的关联也有表面的关联和内在的关联、必然性关联和或然性关联以及直接的关联与间接的关联之分。表面的关联是指证据所包含的事实同案件事实之间的外部的、形式性联系；内在的关联是指证据所包含的事实同案件事实之间的联系是内在的，证据性事实本身就是案件整体待证事实的一部分，它属于证据关联性的本质。必然性关联是指证据对案件待证事实的存在与否具有必然性的证明关系，例如被告人在犯罪现场遗留的指纹，可以对被告人到过现场进行证明，因而同案件事实就是必然性的关联；或然性关联是指证据和案件待证事实的存在与否只具有巧合的、偶然的联系，无法必然性地证明事实是否发生。直接的关联是指证据不需要其他证据的辅助就可以单独对案件待证事实的存在与否直接地予以证明；间接的关联是指证据所包含的事实无法单独对案件待证事实的存在与否进行证明，而必须同其他证据结合才能对证据同案件事实的关联关系加以证明。所以，同案件待证事实具有内在的、直接的、必然的关联关系的证据的证明力要明显大于只具有表面的、间接的、偶然的关联关系的证据。

　　证据对案件事实证明性的揭示是有规律可循的，通常需要依靠逻辑规则加以推理。对证明性的判断不仅需要遵循形式推理的一般要求，还应该遵循逻辑的基本规律。

第二章　证据关联性判断

（一）形式推理方法

所谓形式推理，也就是将"法律规则中逻辑常项的逻辑性质"作为依据的推理。① 对证据证明性的形式推理方法主要包括演绎推理和归纳推理两种。

1. 演绎推理。演绎推理是一种必然性推理，是指从已知的前提事实可以推出必然性的推论的推理，它通常在法律规定比较明确、案件事实清楚的情形下，对证据证明性的判断非常有效。演绎推理最常用的方法是三段论。三段论推理是指以两个包含一个共同的概念的直言命题为前提，从而推出另一个直言命题作为结论的推理。它的逻辑结构特点是：三个构成三段论的直言命题，它们的主项以及谓项是由分别出现两次的三个不同概念组成的。② 在三段论推理中，推理的起始命题是三段论的大前提，中间命题是小前提，最后推出的命题就是结论。其中大前提的范围往往包含小前提，因此只要大前提为真，那么由三段论所推出的结论也一定为真。例如，三段论的大前提是"所有人都有两条腿"，小前提为"小明是人"，那么可以确定性地得出"小明也有两条腿"的结论。在判断证据关联性的过程中，演绎推理不常用，通常只在判断直接证据的证明性时才加以适用。例如，在一个盗窃案件中，控诉方在法庭上提出了被盗商店所装摄像头拍摄的犯罪人体貌特征和盗窃经过的录像证据，如果法庭认可了出现在被盗商店监控录像中的人就是盗窃行为的实施者，我们以此为大前提，结合控方所提供的可以证明法庭上的被告人就是监控录像所拍摄的人的专家证言这一小前提，就必然可以得出法庭上的被告人就是盗窃行为实施者的结论。利用演

---

① 与形式推理相对的是实质的推理，是指以法律规范的内容、立法目的以及立法的基本价值取向为依据的推理。参见梁庆寅、柯华庆：《论形式推理与实质推理在法治化过程中的定位——兼评张保生〈法律推理的理论与方法〉》，载《中山大学学报》（社会科学版）2001 年第 4 期。

② 参见黄伟力：《法律逻辑学导论》，上海交通大学出版社 2011 年版，第 136~137 页。

绎推理时，法官只需以证据事实为大前提，需要证明的案件事实为小前提，就可以对案件事实得出确定性的结论。然而，演绎推理结论正确与否，同大前提是否真实可靠密切相关，大前提的真实性存在风险时，其结论的可靠性也会减弱。在将法律所规定的关联性判断规则适用于具体证据的证明性判断时，所运用的就是三段论形式的演绎推理。在这个三段论中，大前提是法律规定，小前提是在法庭上出示的证据，证据是否对案件待证事实有证明性是推理的结论。例如，根据《美国联邦证据规则》第404条（a）项的规定，表示某人的品性或者品性特点的证据，不能够用来证明此人在具体的场合下会实行与其品性相一致的行为，以该规定作为三段论的大前提，在一起故意伤害案中，控诉方提供了被告人具有暴力倾向的证据，来证明被告人是该起故意伤害案的加害行为实施者，那么可以得出结论：控诉方所提交的被告人暴力倾向的证据不能证明被告人实施了所指控的伤害行为。

2. 归纳推理。归纳推理是一种与演绎推理同样重要的推理形式，指的是从若干个别现象推出普遍结论的推理过程。归纳推理经常先于演绎推理而适用，从而为演绎推理的大前提或者小前提提供支撑。与演绎推理相比，归纳推理的论证并不严格，即使该前提事实对结论的成立存在一定程度的支持作用，从某一具体的前提事实中也不能必然性地得出一个结论。同时，归纳推理的前提往往涉及若干个大前提以及推论，所以归纳推理通常用来对间接证据的证明性作出判断。归纳推理的前提事实是结论的必要而非充分条件，一方面，如果归纳推理的结论是真实的，则其前提一定是真实的，归纳推理的前提如果不是真实的，其结论一定不具有真实性；另一方面，归纳推理的前提是真实的并不必然推出其结论是真实的。只有在完全归纳推理的情况下，前提事实为真可以必然地推出结论为真，而在不完全归纳的情形下，即使前提事实具有真实性，也运用了正确的推理形式，所得结论也未必为真，前提事实与结论之间也只是或然性的联系，因为在不完全归纳推理情形下，前提事实没有穷尽可能的情况，推理过程很可能犯以偏概全的错误。所以，归纳推理结论的正确率与前提事实的数量成正比关系,归纳前提所累计的相似经验事实越多,其推理结论正确性的概率也会越高。

在刑事证明中,对证据证明性的判断经常采用归纳推理论证的方法,具体而言,所运用的归纳推理可以被分为四种类型[①]。

一是概括归纳。该形式的归纳推理是指推论者通过从已经观察到的事实情形样本中推导出一个针对没有观察到的其他事实情形的结论,在这种推理形式下,不管前提事实绝对与否,所得的结论都是不绝对的。特别是当推理的前提事实只是对某种程序的描述时,所得结论只能是或然性的。但是,如果以一种描述程度的精确数字作为前提条件,其结论也会具有一定程序的精确性,归纳所得结论也会对一定的结果具有预测作用。此种概括归纳的典型模式是:如果所有观察到的 A 类事物具有 C 特征,那么接下来出现的一个 A 类事物也会具有 C 特征。

二是类比归纳。类比归纳推理是将一个已经被完全了解的事例和一个正在处于研究阶段的事例的已知部分的相似点加以对比,从而得出正在研究的事例的未知部分应该和已经被了解的事例一样的结论。类比归纳推理是一种从特殊情形到特殊情形的推理,它并不是寻找个体之间的相同之处,而只是比较相似之处,与列举的区别是,"类比并不取决于例子的量,而是取决于个体间的相似点的质"[②]。类比归纳推理的形式可以简化为:A、B、C 可以引起后果 M、N,A、B 可以引起后果 R;所以 C 很可能引起后果 R。为了保证类比归纳能够有效,以下六个方面需要格外关注:其一,已经了解的事例和正处于研究中的事例之间的相似度,二者的相似程度越高,则类比归纳所得结论越有效;其二,已经被知晓的事例之间的相似度,这些事例之间相似度与类比归纳的有效性成正比;其三,

---

① 参见俞亮:《证据相关性研究》,北京大学出版社 2008 年版,第 39~41 页。
② [美]鲁格罗·亚狄瑟:《法律的逻辑》,唐欣伟译,法律出版社 2007 年版,第 113~114 页。

已经知晓的事例之间的差异度和广度,通常而言,已经知晓的事例之间拥有的差异性越大,就更能使人确信已经知晓的事例同所研究事例之间的差异不会对推理结论的有效性造成削弱;其四,已经知晓事例的数量,数量越多,则推理越有效;其五,推理所得结论的广度和属性,通常而言,结论的外延越大,内涵越绝对,则更容易遭受质疑;其六,同该假设相关的经验,相关的经验越丰富,推论就越有效。①

三是因果关系归纳。该种推论的过程是先发现了某一事实,该事实看起来是其他另外事实的后果,从而推论出某一个之前的事实或者条件是该事实发生的原因。该种推理在诉讼中经常被用来解释事件发生的原因,但是该推理容易犯"因在其后发生,就是其后果"的逻辑错误,所以需要对此种归纳推理的有效性加以检验。通常的检验方法有:其一,求同法,如果有多种原因可能导致某一事实的发生,但是根据已经知晓的案件和目前正在研究的案件,只发现了多种原因中的一种,则该原因即是引发当前案件事实的起因;其二,求异法,在其他的案件中存在,但是当下的案件中却不具有,并且对当下的案件不发挥任何影响之因素,都不会是当下案件的诱因;其三,求同法和求异法相结合;其四,是相随变动法,如果在所有已经知晓的案件和当下的案件中,普遍地只存在一个因素,那么该因素的变动同已知的对案件影响的变动关系越密切,其是引发当下案件事实原因的可能性就越大;其五,排除法,我们可以从已经了解到的情形中逐一排除由于其他因素所产生的结果,则所剩余的情形与结果之间很可能具有因果关联。②

(二)逻辑基本规律

证据关联性的判断除了需要依靠逻辑形式推理的方法之外,还

---

① See S. Barker, The Elements of Logic, 3rd Ed. McGraw – Hill Humanities, 1980, pp. 230 – 232, 237 – 238.

② See I. Copi, Introduction to Logic, 4th Ed. Prentice Hall College Div, 1972, pp. 369 – 399.

需要依靠形式逻辑的规律对证据证明性的逻辑论证形式加以检验。对证据证明性进行逻辑判断必须遵循基本的形式逻辑规律,形式逻辑的基本规律包括矛盾律、同一律以及排中律,这三个规律分别凸显了思维过程的无矛盾性、确定性和明确性,从不同的角度体现并反映了人类理性思维的基本特征与要求。①

1. 矛盾律。矛盾律又称为不矛盾律,其基本内容是:在同一个思维过程中,两个互相否定的思想不会同时为真,其中必有一假。也就是说,一个思想和它的否定形式不可能同时为真。所谓互相否定的思想指的是存在反对或者矛盾关系的思想。② 根据矛盾律,人们在针对同一个思维对象的一个思维过程中,不能产生两个互相否定的思想;或者是面对两个互相否定的思想时,不能同时作出都为真实的判断,而必须指出其中为假的一个,并加以排斥。矛盾律的基本结构是:A 不是非 A,含义是每一个思想或者命题同他它的否定形式不能都为真。③ 矛盾律在证据关联性的判断中,具有重要作用。判断证据对于某一案件事实的证明性,其结果会出现"有证明性"与"没有证明性"两种,这两种结果之间是相互否定的关系,所以其中必有一种判断结果为假,而不会出现两种判断结果都为真的局面,否则就违反了矛盾律。

2. 同一律。所谓同一律是指在同一个思维过程中,一切思想与其自身是保持同一的,其中的思想是指能够表达思想的命题或概念。该规律可以用如下公式表达其基本内容:A = A 或者 A→A。具体而言,就是在同一个思维过程中,同一律要求某一概念在什么意义上被使用,就必须自始至终以这一确定的意义对概念加以适用,而不能中途变动概念的意义,这样要求的目的是保障思维过程

---

① 参见黄伟力:《法律逻辑学导论》,上海交通大学出版社 2011 年版,第 261 页。

② 参见黄伟力:《法律逻辑学导论》,上海交通大学出版社 2011 年版,第 268 页。

③ 参见赵利主编:《法律逻辑学》,人民出版社 2010 年版,第 262 页。

的确定性。① 同一律要求我们在证据证明性的推理判断中,要始终保持推理所涉及的各种命题和概念的意义自始至终是确定的、同一的,而不能在中途混淆或者偷换概念,也不能偷换或者转换论证的命题。

3. 排中律。所谓排中律是指在同一思维过程中,两个互相矛盾的思想必有一真,而不可能同时为假。排中律就是排除既"是A"又"不是A"的中间情形,在"是"与"不是"之间必有其一,而没有第三种可能的情况存在。② 该规律要求裁判者在是与非问题上作出明确且肯定的回答,对人类的思维提出了明确性的要求。排中律与矛盾律都反映了正确思维需要确定性,但是两者还是具有一定的区别:一是矛盾律要求在同一思维过程中不能同时对两种互相否定的思想加以肯定,强调必须对其中之一加以否定,而排中律则要求在同一思维过程中不能同时对两种互相否定的思想加以否定,强调必须对其中之一加以肯定;二是矛盾律是我们由真推出假的依据,而不能根据矛盾律由假推出真,而排中律则是由假推出真的依据,如果知道某一思想为假,则依据排中律可以推出与其互相否定的思想为真;三是违反矛盾律会导致自相矛盾的逻辑错误,而违法排中律则会导致模棱两可的逻辑错误。根据排中律,我们必须对证据证明性作出明确的判断,而不能认为证据或者具有证明性或者不具有证明性,否则就会犯似是而非的逻辑错误。

二、证明性判断的经验法则

证据证明性的判断在形式上需要依靠逻辑推理的方法,在实质上却需要依靠经验法则进行判断。这是因为在证明性的推理过程中,三段论推理形式的有效并不必然能够得到真实的结论。比如,推理的大前提是"所有的伤害犯罪都是故意实行的犯罪行为",小

---

① 参见赵利主编:《法律逻辑学》,人民出版社2010年版,第256~257页。

② 参见赵利主编:《法律逻辑学》,人民出版社2010年版,第269页。

前提是"甲犯有伤害犯罪",根据三段论推理就可以得出"甲是故意实施犯罪行为的"。很明显,通过这个逻辑形式有效的三段论所推理出的结论并不一定真实。不管是演绎推理、归纳推理,还是直接证据、间接证据的推论,使得形式有效的三段论推理的结论非真的原因都是因为推理的小前提或者大前提,或者两者都不真实。在刑事诉讼中,法官如果已经从推理的逻辑形式上确认了某一证据的证明性,接下来需要做的就是依靠经验法则对该推理过程所依赖的前提事实的真实性进行判断,只有前提事实也为真,所作推论的结果才能为真。

(一) 经验法则的内涵

尽管英美法系和大陆法系在历史文化传统、诉讼构造等方面存有一定的差异,但二者都将经验法则作为对法官认定案件事实进行约束的一种规则。法官根据经验法则对案件事实进行认定也是自由心证正当化的必要条件。然而,不同的国家、地区以及学者对经验法则的理解存有一定的差异。

1. 大陆法系国家对经验法则的认识。作为大陆法系典型代表国家的德国,其对经验法则的适用是通过判例发展而来的。德国联邦法院在1951年1月所作的判决中最早适用了经验法则。尽管该判决对具体的事实没有提及,但是却在判决的依据中明确写道,"表见证明不涉及盖然性证明",但是盖然性证明却是"对一定的事实进行可反驳的推定的基础",它将会引起证明责任的转化,但法官得以通过被确认的事实形成客观全面的心证。[①] 德国理论界认为,经验法则就是在对典型的事实予以观察时,往往可以反复地对某些结果加以确认的一些规则。事实上,对每一个证据进行评价时,都需要依靠经验法则。但是,不同情况下经验法则的证明力是不同的。在某些情况下,经验法则的证明效力非常强,只凭借经验

---

① 参见 [德] 汉斯·普庭斯:《现代证明责任》,吴越译,法律出版社2000年版,第78~79页。

法则本身就足以表明对某一案件事实进行的事实推定的正当性,此时,人们称经验法则的这种证明为表见证明。① 对于证明力没有达到表见证明的经验法则,法官在对证据的关联性进行评价时,也需要加以考虑。在德国,经验法则的作用类似于法律条文,只有没有能够动摇当前经验法则的相反的经验法则的存在,法官就会一直维护该经验法则。②

2. 英美法系国家对经验法则的认识。在英国,经验法则被认为存在两种作用:一是被用于法律处于某一方当事人的利益而推定某一事实之存在,以便解除该方当事人的举证责任。运用经验法则进行的推定因过程具有或然性和不确定性,所以是可反驳的推定。该推定只有在没有反证提出的情况下才被推定为真实,如果当事人一方提出了足以推翻推定的反证时,由经验法则推出的事实必须被证明,提出反证的相对方当事人需要承担证明责任。③ 二是经验法则被用来判断证据关联性的有无。英国学者认为对关联性的判断没有统一、规定的标准可循,属于经验性问题,需要依赖人类的常识、经验来判断证据是否同案件关联。④ 美国学者认为,经验法则是一种用来对某一个事实或者若干个事实同另外的一个事实或者若干个事实之间关系进行判断的规则,其中前一个事实是基础事实,后一个事实是推定事实。另有学者指出,证据关联性的判断受到审判者的个人出身、社会经历以及日常经验常识的影响,⑤ 因而关联性的判断需要依赖经验法则。对证据同案件事实之间关联性进行推

---

① 参见张亚东:《经验法则 自由心证的尺度》,北京大学出版社2012年版,第2页。
② 参见[德]卡尔·拉伦茨:《法学方法论》,陈爱娥译,商务印书馆2003年版,第169页。
③ 参见齐树洁:《民事司法改革研究》,厦门大学出版社2004年版,第248页。
④ Adrian Keane, The Modern Law of Evidence, Butterworths, 2000, p. 20.
⑤ 参见张亚东:《经验法则:自由心证的尺度》,北京大学出版社2012年版,第7页。

论的过程可以表述为：首先，根据已经知晓的事实对研究中的未知事实作出一切可能的假定；其次，逐一对可能性较小的假定进行排除；最后，对可能性最大的假定加以认定。①

3. 我国对经验法则的认识。我国台湾地区的学者将经验法则视为人类生活经验的准则，它是从人类经验中归纳而来的关于事物的法则，内容涵盖了通常的生活常识以及专业性的职业或者科学的法则。台湾地区有学者指出，经验法则就是人类通过经验的归纳而获取的关于事物之因果联系或者属性状态的知识或者法则。② 我国大陆学者对经验法则的理解受到台湾学者的影响较大，主要形成了三种界定方法：一是将经验法则解释为法官根据形成于社会日常生活中的、反映事物之间的客观必然联系的事理来认定案件待证事实的相关法则。③ 该观点将经验法则局限于必然性的联系法则，界定过窄。二是将经验法则视为社会日常生活的经验、常识或者科学的知识、原理、定理。④ 经验常识作为事实判断的前提，需要具有一定程度的普遍性、客观性，所以经验法则作为推理的前提应是具有普遍接受性的、客观性的知识，不能将日常生活的所有常识都纳入经验法则，因此该种经验法则的界定过于宽泛。三是认为经验法则是人们通过长期的生活、生产以及科学实验，而形成的对客观世界的普遍现象以及一般规律的理性认识，它在观念上是不证自明的。⑤ 然而，并非所有的经验法则都不需要证明，在诉讼中，专业领域的经验法则就需要以专家证人形式加以证明，因此，该种经验

---

① 参见王亚新：《社会变革中的民事诉讼》，中国法制出版社 2001 年版，第 320 页。
② 参见陈荣宗，林庆苗：《民事诉讼法》，台北三民书局 1996 年版，第 489 页。
③ 参见毕玉谦：《试论民事诉讼中的经验法则》，载《中国法学》2000 年第 6 期。
④ 参见叶自强：《民事证据研究》，法律出版社 1999 年版，第 185 页。
⑤ 参见毕玉谦：《举证责任分配体系之建构》，载《法学研究》1999 年第 2 期。

法则的界定有一定的缺陷。

综合以上观点,本书认为经验法则是形成于人类的生活、生产实践中的,通过逻辑归纳和抽象之后而获取的对客观事物的性质以及事物之间的常态化联系的普遍性知识,这种知识是常识性,因而一定范围内的社会公众都是知晓该种知识的,同时这种知识也对人们判断问题具有不成文的约束,人们违反这些知识,将受到否定性的评价。在刑事证据法的意义上,由于刑事诉讼相较于民事诉讼具有更高的证明标准,因而刑事诉讼证据判断中法官所依赖的经验法则所反映的应该是事物之间的内在必然性联系,这样才可以保证依靠经验法则对推理的前提作出确定性的判断,从而对证据的证明性作出必然性结论,达到刑事诉讼排除合理怀疑的证明标准。

经验法则依据不同的属性可以被分为一般的经验法则和特殊的经验法则两类。一般的经验法则是通过社会日常的生活或者法律实践所感知、体认的一种事实,该种事实的内在要素之间的因果关联已经被反复检验,是某一类型事实通常发展规律或者趋势的代表,其内容是事实的盖然性,由此形成的规则并不需要被证明,所以一般的经验法则也不需要另外的证据予以证明。然而,特殊的经验法则是根据特殊的经验或知识而获得的事实,在诉讼上该种事实仍然能够成为需要证明的对象,由此类事实形成的特殊的经验法则在诉讼中也是可以作为被证明的对象。[①] 在诉讼中,法官通常依据经验法则对作为证据证明性推理大前提的事实作出判断,如果法官所依据的是一般的经验法则,则可以不经过证明而直接以此规则对事实加以认定;如果法官所依据的是特殊的经验法则,则不能直接以此规则对事实加以认定,而必须对该特殊经验法则所包含的事实加以证明,除了需要专家的证明之外,还必须给当事人质疑该特殊经验法则提供机会。

[①] 参见毕玉谦:《试论民事诉讼中的经验法则》,载《中国法学》2000年第6期。

(二) 经验法则对证据证明性判断的作用

证据的证明性体现的是证据对案件待证事实之间逻辑上的证明关系，证据与待证事实之间的证明关系是事实之间具有逻辑推理性的经验性实质关系，这种关系"应受制于客观事实之间因常态事理而发生因果关系的规则"，这也是经验法则对证据证明性的基本作用。① 在诉讼中，当法官对某一证据逻辑形式的证明性加以确认之后，就要利用经验法则对论证该证据具有证明性所依据的推理大前提是否为真进行判断。如果法官认为作为推理的某一个大前提的事实不具有真实性，则对该证据的逻辑推理就缺乏实质有效性，该证据也就不具有证明性。例如，控诉方为了证明某一被害人已经死亡，其可能提出能够证明以下情形的证据：案发后没有任何人再见到过被害人，但被害人确是一个乐于交际、性格外向并且拥有众多亲友、社会曝光率很高的一个人，但是如果以下的事实经验认识没有被法官相信，即一个性格外向、乐于交际的人长期没有与亲友联系并且也没有人见到过的事实可以说明该人可能已经身亡，那么控诉方所提出的证明这些情况的证据对案件待证事实就没有证明性。上述假设也说明了一个问题，即法官自身的经验知识可能与诉讼当事人或者当地民众普遍认可的社会常识不一致，为了诉讼裁决的正当性，就需要给予诉讼案件当事人对其所提交的推理大前提所依据的知识予以说明、解释的机会，这体现了法庭对当事人诉讼主体地位的尊重。同时，通过法官与诉讼当事方的交流也可以促进双方在经验知识观念上达成一致，以保证诉讼裁决的理性。

三、科学证据的证明性判断

人类的司法证明方式经历了由神证到人证，再到物证的发展历程，现代司法证明是以物证为中心的证明，物证这种司法证明手段

---

① 参见张亚东：《经验法则：自由心证的尺度》，北京大学出版社2012年版，第136页。

需要科学方法来支撑。从一定意义上讲，运用物证进行证明属于司法证明中的高级证明手段，也是司法证明发展的必然方向，有助于去除刑讯逼供等非法的言词证据取证方式，是人类进步与文明的体现。但是，物证自身并不会"说话"，还需要人来对它进行解读，解读物证就需要依靠科学方法，离开了科学的解读，物证也无法证明案情。① 在物证中，有些证据是随着科学技术的发展而产生，并且其对案件事实的证明必须依靠科学方法加以解释，同科学有着密不可分的联系，因而这些证据被形象地称为科学证据。

科学证据在中外都不是法律所规定的证据类型，只是理论研究上对证据的一种分类。根据证据的形成、收集、解读以及使用的过程同科学性有无关联，可以将诉讼中的证据分为科学证据与非科学证据两类。笼统而言，证据具有科技含量就可以被归为科学证据，没有科技含量的就被归为非科学证据。对科学证据加以专门的研究起源于20世纪，美国最早在1923年的弗莱伊案就已经开始关注科学证据，理论界则在多伯特案之后，开始大规模研究科学证据。② 在对科学证据的理解上，国外学者偏重对科学证据的外延进行列举，而我国学者侧重对科学证据的内涵进行分析。

（一）国外对科学证据含义的解读

美国学者尽管对科学证据的研究时间较长，相关资料也非常丰富，但是很少对科学证据的含义加以关注。只能直接或者间接地通过学术著作、法条以及词典等来发掘科学证据的相关定义。根据《美国联邦证据规则》第702条有关专家证言的内容，可以将科学证据理解为依赖科学技术或者其他相关专业知识所形成的专业人士意见。《布莱克法律词典》对 Scientific Evidence 的解释为：科学证

---

① 参见邱爱民：《科学证据基础理论研究》，知识产权出版社2013年版，第42页。
② 参见[美]罗纳德·J. 艾伦、理查德·B. 库恩斯、埃莉诺·斯威夫特等：《证据法：文本、问题和案例》（第三版），张保生、王进喜、赵滢译，高等教育出版社2006年版，第741页。

据是指那些证据的证明价值产生于特殊的科学知识或者依靠科学原理的事实或者意见性证据。① 简单而言,科学证据就是由拥有专业科技知识的专业人士所提供的意见或者事实。美国科学证据研究方面的著名专家保罗·贾内利以及爱德华·伊姆温克尔瑞德也没有在著作"Science Evidence"中对科学证据进行严谨的界定,通过他们对科学证据概念的阐述,可以肯定地认为科学证据是根据科学的原则或者原理而获得的证据。② 日本学者田口守一认为科学证据是指由科学侦查方式的结果所形成的证据,或者是法院通过鉴定所形成的结论。③ 德国托马斯·魏根特认为,鉴定人同证人相比,其作用主要是对必须使用科学方法方可认定的事实加以确认,以及将超越通常认识的某些事实告知法官。所以,科学证据在德国通常是指鉴定人的鉴定意见。④

(二) 我国对科学证据内涵的解读

我国台湾地区学者对英美法系所指称的科学证据,通常用鉴定结论、鉴定以及鉴定证据来称呼,少数学者虽然用了科学证据一词,也较少阐释科学证据的确切含义。例如,我国台湾地区学者黄朝义虽然在证据的论述时使用了科学证据,但是没有对其下具体定义。⑤ 我国大陆学者对科学证据的定义种类非常多,主要的观点有如下几类:一是功能获得说,主张只要是需要依靠科学技术手段来

---

① See Bryan A. Garner: Black's Law Dictionary, 9th Ed, Thomson/West Publishing Co., 2009, p. 639.

② See Paul C. Giannelli, Edward L. Imwinkelried: Science Evidence, 4th Ed, Lexis Nexis, 1986, p. 2.

③ 参见 [日] 田口守一:《刑事诉讼法》,刘迪、张凌、穆津译,法律出版社2000年版,第238页。

④ 参见 [德] 托马斯·魏根特:《德国刑事诉讼程序》,岳礼玲、温小洁译,中国政法大学出版社2004年版,第178~179页。

⑤ 参见黄朝义:《刑事证据法研究》,元照出版公司2000年版,第227~259页。

发掘、采集、保管以及揭示等来获得的证据,都属于科学证据。① 二是物证解释说。持有该观点的学者认为,由于物证必须被解读才能够发挥证据效力,解读物证需要依靠科学技术,因此科学证据指的就是物证以及物证相关的鉴定意见。② 三是专家意见说。该学说主张科学证据指的是使用"具有可检验特征的普遍定理、规律和原理"对案件事实之构成的发展变化以及内在关联进行解释的专家意见。③ 本书认为科学证据的界定应该尽可能地涵盖证据的所有类型以及法律适用的所有领域,因而对科学证据可以作如下定义:科学证据是指在适用法律的过程中,包含科学技术知识并能够对案件待证事实或者证据性事实加以证明的各类材料,此观点借鉴了我国《刑事诉讼法》证据定义的材料说,同时也涵盖了各种适用法律的情形,具有一定的合理性。

(三) 对科学证据科学性的认识

科学证据的科学性指的是科学证据中含有社会科学、自然科学以及工程技术的要素,科学性是其本质的特征,属于社会科学、自然科学以及工程技术知识在诉讼证明中综合运用的结果。④ 科学证据中的科学的内涵不仅包含知识体系,也经常包括专业的智力活动,包含智力活动的工具要素、主体要素以及客体要素,同时运用科学知识和技术的过程和方法也是判断科学性的一项指标。科学证据中的科学的外延只包括能够运用于认定案件的事实且能够对事实的认定具有辅助作用的法庭科学,并不是将所有的科学知识都包括

---

① 参见杨波:《对科学证据的反思——以程序为视角的关照》,载《当代法学》2005年第6期。

② 参见何家弘:《法苑杂谈》,中国检察出版社2000年版,第155~156页。

③ 参见张斌:《论科学证据的概念》,载《中国刑事法杂志》2006年第6期。

④ 参见张保生主编:《证据法学》,中国政法大学出版社2009年版,第226页。

在内。虽然法庭科学的范围有扩张的必要,而且事实上也一直随着科技的发展在扩张,但是却不会扩张到所有科技知识。这也就是说,并不是所有的社会科学、自然科学以及工程技术的知识都对证据事实的判定有帮助,只有属于法庭科学范围的科技知识才属于科学证据中科学的外延范围。

(四)科学证据科学性的判断

我国学者对科学证据科学性的判断通常是参考了美国对科学性判断所形成的一系列判例规则,包括:一是弗莱伊规则。该规则强调科学知识的普遍接受性,需要科学界来加以判断,在采纳依赖公认的科学研究成果或者原理而推理出的专家证词时,依赖的科学研究成果或者原理必须在特定的领域被普遍地接受。[①] 二是1975年《美国联邦证据规则》第702条的规定,如果科学技术或者其他的专门知识,能够对事实裁判者认识证据或者裁决争议性事实有辅助作用,则专家证人可以通过意见或者另外的形式就此作证。该规定强调科学证据所依赖的科技知识的有效性。三是多伯特规则。该规则要求法官来对专家证词的可靠性与关联性进行确认。法官应从以下四个方面对专家证人的证言是否可靠作出判断:其一,专家证言的形成所根据的科学方法与理论是否能够得到再次检验;其二,专家证言的形成所依据的科学方法与理论是否公开发表或者得到相同领域专家的复核;其三,所依据的科学方法与理论的已知的或者可能的错误率是否能够被接受;其四,科学理论所依据的方法是否被领域内的科学群体所接纳以及接纳的程度。四是在1999年的锦湖轮胎诉卡迈克尔案中,将多伯特规则的适用范围进行了明确,明确不仅在纯粹的科学知识体系中适用该规则,而且将该规则的适用扩展到技术领域。五是2000年修改后的《美国联邦证据规则》第702条,对专家证言的可采性增加了三个限制条件,要求专家的证

[①] 参见张保生主编:《证据法学》,中国政法大学出版社2009年版,第227页。

言必须有充分的事实或者数据基础，必须来自可靠的方法或者原理，必须将这些方法或者原理以可靠的方式运用于案件事实。①

(五) 判断科学证据证明性的方法

在科学证据证明性的判断中，存在两次认识过程。首先是对科学证据内容的认识过程，通常是由专业人士对与科学证据相关领域的问题做专业的解释，属于对科学的认识；其次是对科学证据同案件待证事实之间逻辑关系的认识，它是在法官认可专业人士对科学证据的解释后，考察科学证据是否可以证明案件待证事实的存在与否。前一次认识属于科学认识，而后一种则是诉讼认识。科学认识与诉讼认识之间存在着一定的差异：一是在认识的思维方面，诉讼认识思维是依靠证据进行的逻辑思维，它受到法律规范以及特定诉讼时空条件的限制，侧重于判断而不是探索，认识的最终目的是解决诉讼争端。科学认识思维则属于科学的实证思维，尽管也受到技术规范的制约，却没有时空上的限制，侧重于探索而不是判断，认识的目的是为了发现客观事物的科学规律，目标比较宏观。二是在认识方法方面，诉讼认识需要运用逻辑与经验方法，遵循逻辑推理规则与经验法则，诉讼认识逻辑推理的大前提是已经被采信的科学证据所表达的内容；而对诉讼中的科学证据所包含的科学知识的认识，需要借助科学实验的方法，遵循实验的规则。三是在认识的逻辑上，诉讼认识在逻辑上通常表现为三段论推理，而科学认识通常的方式是假说演绎。② 在对科学证据证明性的判断中，首先，应对科学证据赖以产生的科学理论的科学性与可靠性进行认识，也就是判断科学证据是否真的科学，如果其所依据的科学理论符合科学证据科学性的要求，则科学证据才可能对案件有效，对科学理论是否科学的检验就需要利用到科学研究方面的手段，例如实验验证等；

---

① 参见陈学权：《科技证据论——以刑事诉讼为视角》，中国政法大学出版社 2007 年版，第 173~174 页、第 187~189 页。

② 参见张斌：《科学证据采信的基本原理》，载《四川大学学报》（哲学社会科学版）2011 年第 4 期。

其次，需要将科学证据所包含的证据信息加以解读，由于法官往往不具有足够的专业知识解释科学证据，所以就需要专家通过鉴定、出庭作证等形式将科学证据所包含证据信息解读出来，供法官判断适用；最后，法官根据科学证据展示的事实信息，结合案件的具体情况，依据逻辑与经验法则，对科学证据是否可以使得案件待证事实更可能或者不可能存在作出自由裁量。

第三章 证据关联性规则

在我国证据法学研究中,证据规则一词是用来指称英美法系证据法规或者判例中与证据关联性、可采性以及证据举证责任等问题相关的一些规定。证据规则的本质就是那些已经通过司法实践反复检验,能够有效指导证据的运用并具有客观规律性的司法经验,被以法律规范的形式确定下来,从而在普遍意义上对诉讼证明活动发挥指导作用。因而可以将证据规则定义为在证据的收集、出示、质证、采纳、采信等环节必须遵守的准则。证据规则可以分为实体性规则与程序性规则:实体性证据规则是对证据能力和证明力加以判定的规则,程序性证据规则是对证据收集、出示、质证等具体程序予以规定的规则,违反程序性证据规则会导致一定的实体后果,如证据能力被否定、证明力减损等。证据关联性规则属于实体性证据规则,其适用对象包括所有证据类型,在整个证据规则体系中居于基础性地位,一方面,关联性规则涉及证据能力的判断,关联性是证据具有证据能力的必要条件,没有关联性或者关联性达不到法律要求的证据不具有证据能力。另一方面,关联性规则是判断证明力的重要依据,证据之所以能够证明案件事实是由于其同案件事实存在关联,因而证明力的强弱同关联性呈正相关趋势。因此,有必要对证据关联性规则加以研究,使得证据能力和证明力的判断更加科学化、合理化。

第一节 证据关联性规则概述

证据法学界对关联性规则内涵的理解有所不同,不同国家对关联性规则规定的形式也有所差异。准确理解关联性规则概念首先需要澄清关联性与关联性规则的差别,证据关联性主要是一个逻辑和经验问题,而关联性规则则属于诉讼程序方面的规范,除了关联性的考量之外,还必须考虑诉讼的价值等因素。两者的区别主要体现在:一方面,证据关联性规则对证据关联性的客观现实程度没有明确要求。对证据关联性、客观性以及真实程度的判断必须以案件事实本身为标准,关联性规则注重的是如何对证据的关联性进行判断,而关联性是否客观、真实,则需要根据案件的事实、证据,依据逻辑与经验进行判断。另一方面,证据的关联性是证据的内在属性,关联性规则却是证据的外在适用规则,其中包含着诉讼价值判断,因而某些在实体上确实对案件事实有证明效用的材料,可能因取得手段不当或者价值冲突的原因而在法律上被排除关联性。在对证据关联性规则进行理解时,除了要关注证据材料自身的关联性判断标准之外,还应该对关联性的采纳与排除予以研究。

一、关联性规则的内涵

英美法系和大陆法系都非常重视证据关联性的研究,但是两大法系对关联性的关注点有所不同。关联性在英美法系国家的理论中并不是独立存在的,人们是将它作为证据是否具有可采性的前提条件而加以研究的,关联性是证据具有可采性的必要条件,证据被法庭采纳就意味着它一定具有关联性,法庭不能采纳没有关联性的证据。在这种意义上,证据的关联性主要用来对证据能否在法庭上出示并被法庭调查的证据能力进行限制。然而,大陆法系普遍认为证据的关联性同证据对案件的证明价值,即证据的证明力关系密切,而与证据能力并没有很大联系。关联性被视为是对证据证明力的有无及大小进行判断,并进一步决定该证据是否能够成为定案依据时必须遵守的规则,这与英美法系将关联性视为证据具有证据能力的前提的做法明显不同。① 由于大陆法系对证据证明力的判断实行自由心证,法律较少对证据证明力的判断作出明确规定,因而大陆法系的立法较少明确规定关联性的判断规则。而英美法系奉行实用主义的诉讼理念,为了规范法律外行的陪审团对证据的判断,以成文法的形式规定了若干关联性规则。

尽管英美法系制定了较为完善的证据规则体系,对构建证据关联性规则较为积极,但是却没有对关联性规则进行明确释义。英国学者斯蒂芬是最早关注证据关联性的学者,他认为在不存在例外情形时,那些由法官创制的证据规则都能够被如下原则所涵盖:案件争议事实或者与争议事实关联的事实应当被证明,案件的其他事实不必进行证明,据此证据关联性规则的基本思想应是保证庭审所出示的证据能够证明诉讼中处于争议的事实。而美国著名证据法学者威格摩尔依靠心理学、逻辑学以及通常的社会经验知识,来对司法证明的过程进行研究,发现有关证据规则的研究分为两个方向:一个方向是对通常的证明科学进行研究,主要是研究证据推理证明的过程;另一个方向是对证据的可采性进行研究,所研究的是基于司法传统和庭审经验而形成的并有法律加以规定的程序性规则,主要是为了防止陪审团或者法官产生错误的内心确信。这正好对关联性规则的外延进行了说明,证据关联性规则的体系可以说是由与证据关联性的判断、采纳、采信等相关的规则而构成的。

证据的采纳问题是对证据能力的判断,有证据能力的证据是否能够作为最后定案的根据,这属于证据采信方面的问题。证据关联性规则不仅关系证据的采纳,同时也与证据的采信关系密切,既涉及对证据能力有无的判断,也涉及证明力大小之衡量。根据证据关联性规则,同案件待证事实有证明关联的证据才具有证据能力,对案件事实的证明力达到证明标准要求的才可被采信作为定案的根

---

① 参见汪海燕、张小玲:《论证据的关联性规则与关联性法则》,载陈光中、江伟主编:《诉讼法论丛》(第10卷),法律出版社2005年版,第65~66页。

第三章 证据关联性规则

据。证据关联性规则从关联性这一证据属性的角度对诉讼证据的证据能力与证明力两大属性进行了规定,它既是证据进入庭审所必备的证据能力标准的规范体系,也是对证据的证明力进行评价所依据标准的规范体系。所以,就广义上而言,证据关联性规则指的就是为了实现理性化的司法证明,而根据事物之间的逻辑、经验法则以及必要的科技知识,以证据关联属性的视角对评价证据能力和证明力的诉讼活动予以法律上的规制而依据的各类规范的总体。证据关联性规则在广义上包括所有对是否存在关联性以及关联的程度加以规范的规则;在狭义上仅包括一部分证明力规则以及排除证据关联性的某些规则。属于关联性规则的证明力规则是指除了司法认知、证明标准以及推定等法定的证明力判断规则之外的与证明力有关的规则,其范围包括最佳证据规则、证据补强规则、证据印证规则,等等。之所以将司法认知、证明标准、推定排除出关联性规则的范围,是因为三者都有各自的独特之处:司法认知自身由法律明确限制,其过程是由基础性事实可以直接得到一定的结果,其适用并不依赖逻辑推理判断;证明标准是由法律对证据证明力对案件认定的效果进行规定,表现为程度不同的各种证明效果的规定,如不存在合理的怀疑、有证明上的优势、存在一定的可能性,等等。推定是指证据如果具备了基础性事实和常态联系,就可以直接得出案件事实结论的证明效力,法律对推定的证明力有明确的规定。同时,司法认知、证明标准、推定自身也有丰富的规则内容,具备完备的规则体系,所以关联性规则的研究不应包括对三者的研究。关联性排除规则主要是指那些因关联性微弱等原因而排除证据关联性的规则,不包括因证据真实性、诉讼公正等方面的原因而排除证据能力的规则。证据关联性排除规则与其他的证据排除规则的区别主要体现在,以证据关联性规则为依据排除证据主要是因为关联性自身的程度微弱或者不足,而依据其他证据排除规则排除证据的理由则是证据虚假的可能性太大或者其他政策原因,例如因证据虚假的可能性大而排除证据的传闻证据排除规则、反对诱导性询问规则以及出于保障人权而排除证据的非法证据排除规则,等等。所以,关联性排除规则的范围只包括因证据关联性因素而排除证据的规则。

关联性规则对于案件事实的认定具有重要作用,通过关联性规则不仅可以将没有关联性的证据排除在法庭之外,还可以保证具有关联性的证据能够被法庭采纳,使得案件事实的认定建立适格的证据之上。因诉讼构造和司法制度的不同,关联性规则在英美法系和大陆法系发挥作用的方式也有所差异。在英美法系中,关联性规则主要是对证据的采纳进行规制,在判断证据是否具有可采性上,关联性规则一直被视为一个重要的标尺,其基本内容包括两个方面:一是证据只要具有关联性,除了法律规定的例外情形,法庭通常应采纳该证据,该证据也就具有可采性;二是不具有关联性的证据不具有可采性,法庭不得采纳。其中第一个方面是保证有关联性的证据能够被法庭采纳,属于积极意义上的关联性规则,第二个方面是保证法庭尽量排除不具有关联性的证据,属于消极意义上的关联性规则,两者分别从积极与消极两个方面保证法庭所采纳的证据具有关联性,从而使关联性规则筛选证据的作用得以发挥。在大陆法系中,关联性规则的作用主要体现对法官通过证据对案件事实加以认定的过程进行规范。大陆法系虽奉行自由心证,法官可以依据法庭调查证据的结果,凭借理性和良心径行裁判,但是法官只要依据证据进行裁判就要受到关联性规则的制约。关联性规则对法官认定证据的规范作用表现在:法官采信的证据必须具有证明力。通过法庭调查确认证据具有关联性的,其就是有证明力的,法官可以该证据为定案的根据;反之,经过法庭调查表明证据没有关联性的,该证据就不存在证明力,法官不得将该证据作为定案的依据。在大陆法系国家的诉讼中,在证据的法庭准入资格上,并没有明确规定严格的关联性限制,这会导致某些没有关联性的证据进入庭审调查之中,但是这些没有关联性的证据不一定能够最终成为定案的依据。我国台湾学者对此有如下论述,"证据虽经调查,而调查所得之资料如与要证事实间并无关联性,即不足资以发现真实,仍不足为认定事实之基础"①。这也就是说，无关联的证据即使进入了庭审的调查程序，如果被调查发现没有关联性，这些证据也会被排除。关联性对法官运用证据的限制还体现在法官应当在最后的判决理由中对其用于定案证据的关联性进行说明，解释其是依据何种理由而认为该证据具有关联性并加以采纳的。因此，庭审法官依据自由心证对案件事实的真伪进行判断时，必须在判决中明确记载以下事项：法庭对证据的调查结果；证据同案件要证事实之间是否具有关联性以及关联的程度，证据具有关联性的原因，等等。如果判决中没有记载以上事项，则该判决就是不完备的。②

二、关联性规则的本质

证据关联性规则无论以可采性规则一部分的形式被运用还是作为证据能力规则的有机组成部分，都属于法律所规定的采纳或者排除证据规则的重要组成部分。关联性规则在本质上属于现代法定证据制度对自由心证制度的一种制约，是一种证据能力和证明力的综合评价规则体系。

（一）现代法定证据制度对现代自由心证的制衡规则

从最初的意义而言，自由心证是这样一种制度，即法律并不预先对证据的取舍、证明力的评价和认定案件事实应遵守的规范作出规定，法官根据自己的理性和良心对证据进行自由评价，并形成内心的确信。自由心证的思想起源并发展于法国大革命时期对中世纪法定证据制度的批判。法定证据制度是指法官对证据的取舍、证明力的评价以及对案件事实的认定都必须严格依据法律的规定。法定证据制度下，证据的证明价值被以数学的形式加以划分，如完全的证据，二分之一的证据，四分之一的证据，八分之一的证据，只要案件中存在一个完全的证据，或者两个二分之一的证据或者四个四

---

① 陈朴生：《刑事证据法》，三民书局1979年版，第276~278页。
② 参见陈朴生：《刑事证据法》，三民书局1979年版，第460~461页。

分之一的证据，法官就必须对案件事实作出同证据事实相一致的认定，而不考虑法官是否根据证据在内心对案件事实形成了确信。证人也不是在案件庭审法官和当事人面前作证，而是向一个专门被指派来听取证言的法官作证，该法官将其证言以书面的形式转交给庭审法官。[①] 该制度下，法官庭审犹如生产车间的流水线，法官只需按照法律事先已经规定好的方式，将争议事实和证据放在流水线上，经过若干个加工步骤，案件的结论也自然会出现，而不需要法官自身能动性的发挥。很明显，法定证据制度是一种机械的、僵化的证据制度，且不说法律无法对所有证据的价值与判断作出规定，即便是对所有证据的取舍与证明力都作出了评判，法官按照法定的证据判断标准，也无法避免错案的出现。事实上，在法定证据制度下，被告人的口供被赋予了很高的证明价值，以至于定罪必取服从口供，为了获得口供，刑讯逼供也被合法化了，冤假错案难免就要出现。自由心证就是在批判法定证据制度的背景下出现的，其本质是要求法律取消对证据取舍和证据价值判断的诸多限制，案件事实的裁判者应当有评价证据的自由。然而，如果像早期的自由心证一样，只依靠理性和良心来制约法官对证据的取舍与评价以及对案件事实的认定，那么就会因每个人自身理性和良心状况的不同，而导致自由心证有被滥用的可能。所以，现代自由心证制度批判地继承了法定证据制度的合理因素，引入现代法定证据制度对法官的自由心证进行限制。

现代法定证据制度不同于中世纪僵化的法定证据制度，它没有对证据的证明力程度进行明确地量化规定，而主要对证据能力和证明力的评价提供指导，对法官的自由心证进行柔性限制。例如，法律所规定的事实推定允许被相反的事实推翻，证据的排除规则通常存在例外，证据的采纳规则往往允许存在排除，经验法则是基于盖然性而运用，以指导的形式为表现形式的最佳证据规则，等等，这

---

① 参见何勤华：《法国法律发达史》，法律出版社2001年版，第428～429页。

些规则只是对证据的采纳和采信过程进行整体上的规范,法官的自由心证仍然有发挥作用的空间。证据关联性规则属于法定的证据规则,其对法官自由心证的限制表现在,法律可能会基于长期的司法实践而规定可以对某些证据的关联性及证明力进行直接地认定,比如对公文证书的证明力进行直接认定,对原始证据具有优于传来证据的证明力进行认定,法律明确限制或者排除某些关联性微弱的证据,等等,这些规定都是从客观的司法实践中总结出来、被反复证明了的规则,能够对自由心证形成合理的制衡。

(二) 评价证据能力和证明力的综合体系

证据关联性规则对证据的采纳和采信都有规定,其范围包含对证据能力和证明力评价的规则,因为证据关联性不仅决定着对证据证明力的评价,也是证据有无证据能力的首要前提,还是法官采信证据的主要依据。

1. 证明力的评价取决于证据的关联性。证明力属于证据自然方面的属性,指的是证据对案件待证事实是否存在这一问题的证明效果以及可信程度,也可以称为对案件待证事实的证明价值。台湾地区学者通常以证据力指称证明力,并认为证明力本质上就是诉讼证明中证据资料所具有的证明价值,是案件的事实审理者在内心是否相信证据资料的程度或者力量。[①] 尽管需要综合多种因素对证据证明力进行评价,包括证据与案件事实的关联性,证据自身的真实性,案件证人同诉讼当事人的关系,证人自身的生理状态,鉴定人的专业知识水平等因素,但是证据同案件待证事实之间内在逻辑关联性的有无,对证据证明力的评价具有决定性作用。证明力与关联性两者可以说是从不同的方式表达了证据对案件待证事实的证明价值,关联性表示的是证据对案件待证事实具有初步的证明效果,只是表明证据具有证明待证事实是否存在的倾向性;证明力则表示证

---

① 参见纪格非:《证据能力论——以民事诉讼为视角的研究》,中国人民公安大学出版社2005年版,第9页。

据对案件待证事实具有了确定性的证明效果，表明证据具有说服事实裁判者相信该证据具有确认待证事实存在与否的能力。证明力的大小程度与证据同案件待证事实之间的关联性强弱程度成正比，关联性越强，证据对案件事实存在与否的说服力就越强，其证明力就越大；反之，则证明力越小。所以，证据关联性规则也是事实认定者评价、取舍证据的规则。

2. 证据能力以具有关联性为前提。关联性是证据具有证据能力的首要前提，也是评价证据能力的内在标准，更是将证据能力和证明力联系起来的关键：首先，证据如果同案件待证事实没有关联性，就不会对案件事实产生证明作用从而具有证明力，缺乏证明力的证据当然也就不具有证据能力；其次，具有关联性的证据可能因自身证明价值较弱而引起对案件事实的认识错误，为了防止发生事实认定上的错误，证据法对此类证据的证据能力加以限制，如由于证据的关联性不足而对证据的证据能力加以限制的补强证据规则，证据规则中还有许多由证明力规则转化而来的证据能力规则；最后，对证据证明力大小的判断，需要依靠逻辑规则、经验法则，所以，如果法官对某一个证据的采信会明显违反逻辑或者经验法则的话，法律通常会否定该证据的证据能力。如对证人的要求是具有准确记忆和正确表达的能力，没有这项能力的人所作证言不具有可采性的规则，就是由证据证明力判断的经验法则而转变为有关证据能力的规则。在英美法系中，关联性在证据法中居于基础性地位，关联性是证据可采的前提，缺乏关联性的证据当然就没有证据能力。

3. 关联性是法官采信证据的主要依据。证据能力所关注的是证据是否可以被法庭采纳的问题，证明力所关注的是证据能否被法庭所采信。在法庭采纳证据之后，法官通过对证据的关联性程度进行分析，判断证明力的大小，从而决定是否采信证据。关联性规则不仅对证据的采纳与否具有重要的意义，而且在法庭调查证据之后的证据采信中也发挥着作用。在诉讼中，证据能力属于对证据形式资格的要求，而证明力则是从实质方面考察证据的价值，证据只有具有了证据能力之后,法官才会对其证明力加以详细调查。有学者提出证据的证明力是由证据同案件事实之间的逻辑关联决定的,是自然方面的属性;证据资格则取决于法律规定是否允许证据被作为案件待证事实的证明依据,属于法律方面的属性;证据的资格需要法律予以明确规定,但是证明力应由法官在具体的案件审判中进行判断。[①] 所以,在证据能力确定之后,法官有权依据证据的关联性程度决定是否采信证据。

总而言之,在诉讼中关联性规则同时发挥着证据能力与证明力评判标准的作用。通过证据关联性的判断,首先,初步对证据的证明力作出评价,评价的结果决定证据是否可以进入庭审,也就是证据能力是否存在;其次,法庭采纳具有证据能力的证据之后,要对证据的证明力大小进行判断,该判断过程要借助证据关联性的情况进行评判,最终的结果是对证据能否被采信为定案根据作出决定。证据关联性的判断贯穿庭审证据调查的全过程,关联性在证据能力和证明力的判断中都发挥着作用:证据具有关联性、合法性,就具有证据能力;证据对案件事实的证明力大小由具有证据能力的证据与案件待证事实的关联性程度来决定。

第二节 证据关联性规则的价值分析

任何一种法律规范都有其正当性基础。所谓正当性是指"对人类实践活动具有指导力的某种规范的合理效力或价值属性",此种效力或者属性一般的现实表现为对该种规范实际上的认同。[②] 正当性研究在人类的认识体系中居于基础性地位,"正当性问题,虽

[①] 参见江伟:《民事诉讼法学》,复旦大学出版社2002年版,第252页。
[②] 参见[英]亨利·西季威克:《伦理学方法》,廖申白译,中国社会科学出版社1993年版,第55页。

然是政治中的核心问题,但却并非为某一学科的排他特性",① 丰富的法学正当性研究资料已经证明,正当性在法学研究领域,同样被予以高度重视。"法律与赤裸裸的暴力之间的主要区别之一,就在于法律本质上是一个根据话语力量而形成的说理机制。"② 法作为指引和规制人类行为的规范,同命令或者暴力威胁的最主要区别就在于法律是通过一定的论证或者说理机制来构建其权威。单纯地违反暴力威胁或者传统的习惯行为,可能会带来不利的后果,但是并不必然带来批评,而对法律的违反就会引发社会民众的不满,甚至谴责,这是因为法律具有一种规范性的内涵,而这种规范性的内涵,就是所要探究的法律的正当性。③ 法的正当性从积极意义上而言,可以使人从内心里信仰法律,尊重法律,进而主动遵守法律,而不是由于外界惩罚的威胁、传统习惯考虑的因素去逃避或者利用法律;从消极意义上而言,法的正当性又呈现为一种属性,在理想的情形下,如果现实的法律不具有这种属性时,民众通常被认为拥有或者至少是应该拥有不去服从这些法律制度的权利。④

法的价值是法律正当性的重要基础。法律正是由于具有了人们珍视的某些价值,才被人们认为具有足以使人信仰的力量,人们也会自觉遵守法律,维护法律的权威。作为社会关系主体的人的活动,都有一定的价值追求。⑤ 价值是一些会对立法、司法以及政策

---

① [法] 让-马克·夸克:《合法性与政治》,佟心平等译,中央编译出版社 2002 年版,第 12 页。

② 葛洪义:《法与实践理性》,中国政法大学出版社 2002 年版,第 30 页。

③ 参见陈征楠:《法正当性问题的道德面向》,中国政法大学出版社 2014 年版,第 26 页。

④ 参见 [英] 韦恩·莫里森:《法理学》,李桂林等译,武汉大学出版社 2003 年版,第 331 页。

⑤ 参见张保生:《证据规则的价值基础和理论体系》,载《法学研究》2008 年第 2 期。

的适用等行为产生影响的"超法律因素"①，它由若干的普遍性原则或者观念组成，对人类判断事物有着深远影响。不论是在古代还是在近代，在法制史研究的每个典型时期，法学家们都曾将价值准则的批判、论证或者合逻辑地适用，作为主要的研究内容。② 价值在哲学上的意义非常丰富，法的价值与哲学意义上的价值关系密切。以马克思主义哲学的观点来看，价值是"人们所利用的并表现了对人的需要的关系的物的属性"或是"表示物的对人有用或使人愉快等等的属性"。③ 通俗地讲，价值就是作为客体之物与作为主体的人之间的特定的需要和满足关系。以此为视角，法的价值也就是作为客体的法律同作为主体的人或者人的集合之间的需要和满足的关系。不同的人或者人的集合对作为客体的法有不同的需求，在差异化的社会背景下，作为客体的法也会对主体产生不同的满足程度，因而也就产生了不同社会背景下的法的价值。法的价值体现了主体对作为客体的法满足其需要的期盼，④ 人们往往将秩序、正义、公平、自由、效率以及安全作为法的价值目标，并予以研究，具有正当性的法律往往以社会公众所共享的价值为基础，体现了社会普遍的价值观念。证据关联性规则作为一种法律规则，具有法律价值上的正当性，其对人们客观公正地司法具有重要的价值。对于刑事案件的审判者而言，了解证据关联性规则的价值，有助于其从宏观上把握关联性规则的目的、渊源以及含义，以证据规则价值的视角对诉讼案件事实加以审视。

证据规则的建立是立法者根据一定的社会历史条件通过法律价值的选择而建构的规则体系。通常而言，证据规则是将准确查明案

---

① 《牛津法律大词典》，光明日报出版社1988年版，第920页。
② 参见［美］庞德：《通过法律的社会控制——法律的任务》，商务印书馆1984年版，第55页。
③ 《马克思恩格斯全集》第26卷（Ⅲ），第139页。
④ 参见杨震：《法价值哲学导论》，中国社会科学出版社2004年版，第172页。

件事实作为主要价值指向的,但是考察英美法系的关联性规则发现,审判的效率、公共政策、司法过程的理性以及实现某些社会伦理也是关联性规则所兼顾的价值指向。所以,关联性规则具有多元化的价值体系,不仅具有促进实体公正实现的价值,而且也具有促进诉讼过程的公平理性以及社会和谐等价值。

一、关联性规则的实体价值

关联性规则的实体价值主要在于保证准确认定案件事实,促进实体正义的实现。正义作为一个被普遍提及的词语,被广泛地适用于社会的政治、经济、宗教、道德、法律等领域,是社会制度赖以存在的首位价值,也是司法体制的灵魂所在。从古至今,有许多思想家对正义的内涵和外延作出过多种解释,但并未形成理论界普遍接受的说法。有学者对各种各样的正义概念形象地阐释道,"正义具有一张普罗透斯似的脸,变化无常,随时可以呈现不同的形状,并具有极其相同的面貌"[①]。美国著名法学家庞德从政治、经济、法律、道德等角度对正义进行了分类:在道德上,可以将正义视为一种个人美德或者是一种对人类需求的公平、合理的满足;在政治和经济上,正义可以被视为一种符合社会理想并足能对人们的利益和愿望加以保证的制度;在法律上,正义表现为执行正义,指的是有政治组织的社会,通过该社会中的法院对人们之间的关系进行调整并对人们的行为进行安排。[②] 当代美国学者罗尔斯则从形式与实质的角度将正义作了形式正义与实质正义的区分,形式正义指的是法律以及制度被公正和一致性地执行,并不考虑法律以及制度的实质是什么,它也被称为"规则性的正义"。形式正义暗含着对所有社会主体平等地适用法律制度,但是所适用的法律或者制度本身并

---

① [美]庞德:《通过法律的社会控制——法律的任务》,商务印书馆1984年版,第73页。

② 参见杨震:《法价值哲学导论》,中国社会科学出版社2004年版,第189页。

不一定是正义的。实质正义则是指法律以及制度本身所具有的正义。① 在诉讼中，正义主要表现为司法正义，司法正义由实体正义和程序正义构成。其中实体正义指的是案件经过诉讼所得到的实体处理结果上体现的公正，具体要求包括：一是对定罪和量刑所依据的犯罪事实准确认定，做到案件的事实已经查清，证据达到确实充分的要求；二是对被告人的行为准确定性，适用罪名恰当，所处刑罚正确；三是对被告人依照罪行相适应原则的要求，准确量刑；四是及时依法通过法定的程序或者措施纠正、救济错误案件。

案件实体正义实现的前提是查明案件的事实真相，对犯罪事实加以准确地认定，其最终实现的标志是定罪正确、量刑适当。然而，法官在法庭上是否能够对案件事实加以准确认定并据此正确运用法律，都取决于诉讼双方向法庭出示的证据是否客观真实，以及所出示的证据是否会对法官认定案件事实产生不良影响。也就是说，案件实体结果是否公正，最终还是由证据是否得到合理运用决定。对法庭采纳和采信的证据范围加以限制，防止没有关联性的证据或者关联性微弱的证据对法官的事实判断形成干扰，是实现案件实体正义的有效保障。法官依靠证据认定案件事实的过程不仅是对客观案件事实认识的过程，也是对诉讼价值进行权衡与选择的过程。根据长期的司法实践经验以及逻辑、经验法则，人们创建了一些通常行之有效的关联性证据规则，对证据关联性的判断、关联性证据的采纳和采信进行限制。运用证据关联性规则，可以将没有关联性、容易引发认识上偏见的证据排除在诉讼庭审之外，同时，也可以从纷繁的证据中筛选出证明力相对较强的证据，对证据进行精练，目的就是为了尽量防止案件事实认定上的偏见以及臆断，保证庭审事实的客观性，促进实体正义的实现。

在英美法系陪审团审判中，关联性规则维护实体正义的价值非常突出。在陪审团审判中，陪审团通常是由没有法律专业知识和司

---

① 参见［美］约翰·罗尔斯：《正义论》，何怀宏、何包钢、廖申白译，中国社会科学出版社2009年版，第42~46页。

法经验的外界人士组成,他们在庭审中需要面对大量的案件事实主张和证据,一个很现实且迫切需要解决的问题就是应采取一定的措施防止陪审团在事实认定上受到个人情感、自身偏见、律师的不当引诱等不良因素的干扰而作出错误的事实裁判。关联性规则对该问题的解决有重要作用:一方面,依靠关联性规则,可以将没有关联性的证据加以排除,保障庭审查明的案情符合案件真相,从而促进判决内容符合实体正义的要求;另一方面,通过关联性规则可以将虽然具有关联性,但是采纳该证据可能会引起不公正偏见的证据加以排除,确保审判结果的公平公正。例如,品格证据规则就是为了防止偏见、维护公平的典型规则。品格证据也被称为品性证据、性格证据,《布莱克法律词典》对其定义为,品格证据是指"关于某人的值得称赞或者应受谴责的常态化个性特征或者倾向的证据;以及关于个人在社会群体中的伦理立场的证据"。品格证据一般"被禁止提出用来证明某一个人的行为与该品性具有一致性"。[①] 一般而言,品格特性是个人所具有的道德方面的品质或内容,因而"具有固有的成见"。[②]《美国联邦证据规则》第404条的内容是对品格证据关联性的规定,根据该条的规定,关于一个人品格的证据不能用来证明该人在特定场合下实施与其品格具有一致性的行为。关于被告人实施的犯罪、违法行为或者其他不当行为的证据不能够被采纳为证明该被告的品性,以说明该被告在当前案件情形下的行为与其品性相一致。第405条规定对某人性格的证明可以采用以下三种方式:一是以名誉或者名声来证明;二是以他人的意见来证明;三是以之前发生的某一特定的行为证明。尽管从常识上来讲,某人的名誉或者外界对其意见以及之前发生的特定行为一定程度上可以展示诉讼当事人的某些性格特征,除非满足法定的例外条件,法律通常禁止将以上三种类型的证据作为对不利于当事人的性

[①] Bryan A. Garner, BLACK'S Law Dictionary, West Group, 2004, p.595.
[②] 王进喜:《美国〈联邦证据规则〉(2011年重塑版)条解》,中国法制出版社2012年版,第81页。

格加以证明的证据。比如，当事人 A 性格易怒且有暴力倾向，不能用来证明已经发生的伤害案件是 A 所为；再如，B 曾经有偷盗行为的事实，不能用来证明该起偷盗案件是 B 所为；C 周边的人都认为 C 胆小怕事，喜欢推脱责任，不能用来证明 C 就是交通肇事案的逃逸车主。社会公众在主观上会对有犯罪或者违法记录的人产生一定程度的偏见，认为这些人再犯之前类似错误的可能性很大，从而产生一定程度的不良偏见，作为普通大众一员的陪审团成员也不可避免地在主观上对这些人的道德品质予以否定，从而错误地将关联性微小的行为同案件事实加以联系，形成事实认识上的错误。如某人在年幼时实施的盗窃行为，可能使得其身边的人对其产生不良的名誉评价，在该人成年后对其"曾经偷窃"的评价会使得人们在生活中对此人缺乏信任。然而，根据长期的社会经验，曾经为贼并不代表着以后也是贼，如果认为只要某人曾经实施过盗窃行为，那么该人之后也会实施盗窃行为的话，就会对该人产生不公正的偏见。根据品格证据规则对此类证据加以排除，可以避免陪审团的个人情感干扰其对案件事实的认定，保证实体正义在个案诉讼中得到实现。另外，该规则的设立也是为了消除社会对之前具有不当行为的人的误解，通过司法裁判的宣扬，能够在一定程度上扭转社会公众对这些人的偏见，使得社会群体能够更加理性地思维，有利于犯罪违法人员回归社会。

在大陆法系国家，主观上存在着对曾经实行的法定证据制度的厌恶，客观上实行的是职权主义诉讼模式并且没有外行陪审团单独认定案件事实，因而大陆法系国家通常并不存在单独的证据法，只是在相关的实体法和诉讼法中零散地对证据证据能力和证明力进行了规定，奉行只要能够作为证据的材料，都在理论上拥有证据能力的理念，法官对证据的采纳与采信拥有自由裁量的权力，因而对证据能力和证明力加以限制的规则非常的少。尽管要求定案的证据必须存在关联性，但是大多都是在原则上加以规定，没有明确而具体的关联性规则，对证据是否关联、能否采信都由法官根据自身的理性和良心自由判断。在此种情况下，关联性更多地是对法官采信证据的过程进行规制。证据之所以具有证明案件事实的效力,是因为证据同案件事实之间具有客观的联系,法官正是依靠这种联系来对案件事实加以认识。因此,法官只会采信具有关联性的证据来认定事实。法官判断证据关联性时必须依据关联性判断的逻辑、经验法则,而并非是任意而为,关联性规则更多地表现为对法官自由心证的一种限制。

二、关联性规则的程序价值

关联性规则的程序价值主要体现在对诉讼程序正义的保障上。程序正义即形式上的正义,是公民处理个人利益冲突、社会在决判合作的形式时,为了阻却恣意、制约权力而达成并力求的共同的价值指向,以及在这个过程中所获得的共有的价值体系和最基本共识,是现代法治国家诉讼制度设计以及国家公共强制力必须尊重的理性价值。[①] 程序正义的重要性体现在:一是程序正义是现代法治文明的理性诉求。程序正义属于严谨的法律理性所推崇的一种价值,能够满足程序正义的价值属于共享性的、中立的价值。程序正义的这一特点是对公民自由、平等权利的一种承诺,能够促进法律所规定的平等权利在社会公众间得到落实,从而将持有不同法律价值观念的个体融合在同一个社会环境中。此时程序正义的意义:一是既可以帮助裁判的对象自愿接受对其自身不利的裁决结果,也可以使得裁判对象周边的人以及社会大众信任并且尊重审判的过程以及裁判的结果所体现的正当性;[②] 二是程序正义是良性宪法的理性诉求。在某种意义上,现代法治文明指的是依据良性宪法治理的文明。作为保障公民基本权利的法典,宪法将程序正义作为自身的理性诉求,这是因为不仅宪法制定的过程体现了程序正义的要求,而

---

① 参见程龙:《法哲学视野中的程序正义——以程序正义研究中的分析模式为主的考察》,社会科学文献出版社2011年版,第17页。
② 参见[日]谷口安平:《程序正义与诉讼》,王亚新、刘荣军译,中国政法大学出版社1996年版,第4~5页。

且宪法也充分体现了程序正义自身所内涵的价值和功用。美国学者罗尔斯指出，以下两个方面构成宪法的根本：（1）国家以及政府的基本结构以及政治运行的根本原则；（2）立法所确立的，并得到大多数人认可的公民平等享有的基本权利以及自由。① 在宪法的基本构成中，正义作为一项基本的政治理念贯穿始终。宪法价值的基本构成包括政治正义和公共理性。宪法的基本政治理念是政治正义，公共理性则是现代民主国家制定、实施以及修改宪法的基本方式。宪法如果要真实地反映人民的权利需求，就应该是通过平等公民之间的理性辩论来逐步达至共识。因此，从此种意义上而言，宪法将程序正义作为其理性诉求。三是程序正义是政治权力理性运行的标准。同传统社会相比，现代社会所具有的法律文明的一个典型特征就是公民具有较高的参与政治的积极性，在一个社会稳定的民主国家，公民对政治的积极参与可以适度平衡政府同公众的关系，确保二者之间关系良性发展，这一目标的实现需要依赖法律制度予以保障。在民主社会中，政治权力是以公共利益为宗旨的，不是没有限度的任意而为，而是具有理性限度的公共权力，程序正义从法律意义上为政治权力的运用设置了理性的标准。

　　法律原则意义上的程序正义具有两个方面的含义：一是任何人不得作为审判者参与自己作为当事人或者同自己存在利害关系案件的审判；二是任何一方诉讼当事人的诉讼主张都应被听取。程序正义观念起源于英国，在美国得以发展，并表现为美国联邦宪法中的"正当程序"法条规定。程序正义通过制度化妥协机制的建构，实现诉讼参与方抗辩过程的制度化，从而保证参加诉讼的各方依据证据以及事先拟定的规则进行直接的、平等的对抗，这样可以使得诉讼双方的不同主张、证据得到全面地对比和推敲，能够被客观地考虑和甄别，实现选择的最优化，保证最终决定的公正合理性。所以，程序正义可以被理解为以限制恣意为目的，通过诉讼角色的分

---

① 参见［美］约翰·罗尔斯：《政治自由主义》，万俊人译，译林出版社 2000 年版，第 241～245 页。

派以及交涉而推动的、拥有较高职业自治的理性化选择过程。

在刑事诉讼的全程中都要贯彻程序正义理念,对案件事实认定的过程也必须体现程序正义。案件事实的认定是依据证据而进行的推理证明过程,程序正义要求对案件事实证明的过程必须体现正义的诉求,这就意味着对此证明过程必须加以限制。对刑事证据审查判断的过程进行精细化处理,可以有效规范以证据为依据的证明过程,保证事实认定过程的公平公正。

刑事证据审查判断过程的精细化是以司法证明的精细化为前提的,只有证明过程精细化了,才能为证据的评判提供明确且具体的依据。在日本,试图通过精密司法的设计,来保证案件客观真相的查明。日本学者松尾浩也对"精密司法"解释到,日本根据精密司法的理念实行全面彻底的侦查,即"在与正当程序不发生正面冲突的限度内,对拘禁的犯罪嫌疑人实行最大限度的调查"。不仅警察而且检察官也非常重视侦查,起诉建立在证据确实充分的基础之上,通常没有完全的把握就不起诉。[①] 尽管日本的这种对司法的精密化处理可能会导致因过分强调案件事实的发现而忽略程序正义以及起诉程序在整个诉讼程序中的分量比重过大,但是,却为我们提供了刑事司法精密化的宝贵经验,取其精华,去其糟粕,为规范证据的审查认定程序提供了一条路径。

刑事司法精细化具有重要的意义。因为"任何一种形式的法律,包括根据这种法律展开的任何形式推理,都预设了一种事实状态"[②],尽管法律规则是外部社会政策价值目标的实现手段,但是其实效的发挥有赖于案件事实真相的查明。无论何种司法裁决形式,都必须以查明案件的事实真相为基础,查明案件事实的最终目

[①] 参见[日]松尾浩也:《日本刑事诉讼法》(上卷),丁相顺译,中国人民大学出版社2005年版,第17页。

[②] [美]阿蒂亚·萨默斯:《英美法中的形式与实质——法律推理、法律理论和法律制度的比较研究》,金敏等译,中国政法大学出版社2005年版,第129页。

的是解决诉讼纠纷，但是这一目的的实现也必须以案件事实的查明为基础。案件事实的查明对于刑事诉讼具有特殊的重要意义：一方面刑事诉讼证明的结果涉及的是生命、自由、财产等重大利益，刑罚措施严厉，稍有不慎就会造成难以弥补的危害；另一方面国家权力在刑事司法证明中也需要受到规范和制约。在涉及对重大利益的处分时，在国家试图以司法形式对诉讼当事人的人身自由或者生命进行限制或者剥夺时，公众会产生一种合理的期待，即希望司法裁决的作出是以严格精细的事实为基础的。同时，在刑事诉讼中，国家权力在诉讼中的适用不仅广泛而且深刻，甚至具有一定的主动性，对刑事司法证明提出精确化的要求，可以从程序上对国家司法权力的运作产生制约及规范，保证程序正义的实现。

刑事证据审查判断精细化正是刑事司法精细化的重要举措。通过证据规则对法官自由裁量证据的过程予以规范，可以使得法官对证据的采纳与采信都建立在规则的基础上，而不再单纯依据自身的理性与良心恣意擅断。关联性规则能够对法官判断证据关联性的过程规范，保证法官判断证据关联性过程的精细化。关联性规则不仅包括判断关联性的规则，还包括证据能力关联性规则以及证明力关联性规则等内容，每一种规则又细分为若干规则，规则之外还有例外，如此便形成了庞大的关联性规则体系。这一体系不仅规范着法官判断某一证据同案件待证事实是否关联的认知过程，也对因关联性而产生的证据能力与证明力判断问题进行了规定，对法官评价证据的主要步骤都进行了规范，保证证据采纳、采信的过程符合正义的要求。

三、关联性规则的社会价值

关联性规则在保证案件结果公正和诉讼过程公正之外，也具有提高诉讼效率、落实公共政策以及恢复社会和谐的价值。这些价值尽管没有公正价值更令人瞩目，但是却也是社会公众所珍视的美好事物，关联性规则有助于这些价值实现的功用，为其正当性与合理性增添了不少分量。

（一）提高诉讼效率

效率最早属于经济学领域的概念，是对投入与产出或者成本与收益之间关系的一种表示，追求用最小的资源投入获得最大化的产出回报。学界当前对效率的理解主要包括三种[①]：一是投入产出效率，指的是"资源投入同生产产出"的比值；二是帕累托效率，也称为资源配置的效率，是对社会资源配置状态的一种描述，即社会资源的配置已经处于这样一种状态，即重新配置任何一种资源，都无法在不减少一个人福利的情况下增加另外一个人的福利；三是社会整体效率，是指社会生产对社会所有成员生活质量的提高以及推动社会发展的能力。效率之所以成为人们所珍视的一种价值，是因为在特定的历史时空下，某一种资源的供给总是有限的，也就是说资源对于人类的生产生活而言具有稀缺性。同时任何一种资源相对于某一次特定的生产或者消费行为都会产生机会成本，被用于某一生产或者消费也就意味着该资源丧失了被用于其他的用途而可能带来的功用。正是因为资源具有稀缺性和客观的机会成本，人们努力追求效率并将其作为选择如何行为的一个标准。效率是人类追求的基本价值之一，因为效率不仅是对与自由关系的反映，也是对人与人之间以及人与社会之间关系的反映，它对人类具有普遍的意义。同时效率也是对人类理智品质的反映，包含着人类处理问题的思想和原则。[②]

以传统理论视角来看，效率主要是经济学的主要话题，法学则主要关注正义问题。经济学主要考虑如何以最小的投入获得最大化的社会财富，而法学则关注如何能够实现社会财富的公平公正分配。但是，随着法律对经济活动影响的加深，效率价值也逐渐被引入法学领域，特别是20世纪60年代形成于美国的经济分析法学，以经济分析的方法来研究法律问题，将效率带入了法学研究中。他

[①] 参见万光侠：《效率与公平》，人民出版社2000年版，第97页。
[②] 参见杨震：《法价值哲学导论》，中国社会科学出版社2004年版，第212页。

们将效率视为法律的一种宗旨,法律活动以及法律制度的设计,都将对自然资源的有效利用以及社会财富的最大化作为目的,其代表人物美国学者波斯纳更是指出:"公正在法律中的第二个意义就是效率。"① 将效率也视为公正的一种表现,这同英国的一句法律谚语"迟来的正义非正义"具有异曲同工之妙。如果诉讼持续的时间过长,即便是胜诉的一方也很难感激法庭,会因身心长期的投入而对法庭产生失望与不满的情绪。从法庭的角度来讲,国家所能够投入司法的资源是有限的,违法犯罪行为对民众财产、人身安全和社会结构的破坏很大,由于违法犯罪行为发生的随机性,人们对自身安全以及生活秩序能够得到保护的需求具有无限性。国际需要利用有限的司法资源尽量满足民众的安全与秩序需求,因此司法正义也包含效率的要求。为了解决司法资源的有限性同人们对打击犯罪维护社会秩序与安全需求的无限性之间的矛盾,人们设计了多种高效解决矛盾纠纷的渠道,比如,设置调解、仲裁等诉讼替代性纠纷化解机制,从而减轻诉讼数量过快增长而给司法资源造成的巨大压力。针对刑事诉讼的程序,注重审判程序的分流,设置了和解、辩诉交易、简易审判程序等相对简便的程序,使得案件纠纷尽可能在审前得到解决,从而使得进入普通诉讼程序案件的数量尽可能控制在司法资源能够承受的范围之内。

在美国存在陪审团审判制度,为了实现正义而让陪审团参与审判的诉讼制度设计是一种既耗费资源又消耗时间的"豪华型"程序设计②,该种审判在保证司法公正的同时将大量的司法资源吸引到某一案件的投入之上,影响司法效率的实现。为了公正地同时兼顾效率,美国制定了证据规则,通过对证据的可采性以及案件的重要性等的规定,限制了陪审团可以审判的案件范围。诉讼程序的设

---

① [美]波斯纳:《法律之经济分析》,台北商务印书馆1987年版,第18页。
② 参见马贵翔:《我国刑事司法程序形式化的程序正义透析——兼论隐形程序与程序隐形化的区别》,载《法商研究》2002年第5期。

计也体现对效率的追求，为了保证人们权益的实现，诉讼程序总是将纷繁复杂的人际关系类型化为易操作的诉讼构件，比如，为了防止案件情节过于琐碎或者被泛化而将诉讼案件的证明对象定型化为一定数量的要件事实，从而以拖延诉讼的理由将某些当事人试图谈及的边际不明显的案情细节加以排除或者限制；为了控制庭审调查辩护的范围以及进入法庭的证据数量，通过证据关联性规则将没有关联性的证据或者关联性太过微弱的证据加以排除，提高庭审证据调查与质证的效率，保证司法资源得到最佳利用。例如，法庭依据《美国联邦证据规则》第403条的规定，可能引起不公正偏见、造成事实争议混淆、耗费时间、错误引导陪审团或者重复性出示等理由，而将具有关联性的证据加以排除。以混淆事实争议、错误诱导陪审团的理由排除关联证据不仅是为了保证案件事实认定的准确性，也是为了提高庭审事实调查的效率而对可以采纳的关联性证据予以限制。以重复性出示、耗费时间的理由排除关联性证据的可采性，本身就是为了追求诉讼的效率。例如，当对证人的可信性产生质疑时，在证人的品格不是案件的事实争议的情况下，诉讼相对方只能以庭审中已有的证据弹劾证人的品格，而不能申请通知新的证人出庭来反驳或者证明该证人是否值得信赖。从司法裁判对象的角度来看，审判只需对实体法所规定的要件事实以及诉讼双方有争议的事实加以裁判，而并非对全部的案件事实都加以关注，所以，在诉讼中通常会将诉讼争点按照法律的规定加以简化，对没有关联性或者重要性较低的证据予以排除，通常可以减轻事实认定者的诉讼负担，从而优化诉讼资源的分配。在审前程序中，依据证据关联性规则可以将没有关联性的证据加以排除，使得能够被法庭所接触的证据都对案件争议事实有证明的作用，这样可以避免庭审中控辩双方对不相关的事实问题进行没有意义的争执；在庭审程序中，如果证人在法庭上所陈述的情况同需要查明的案件争议事实没有关联，法官就会对证人的发言予以阻止，或者提示证人将主题转移到所要查明的争议事实上。在交叉询问中，如果律师对证人的发问内容同所要查明的争议事实无关，法官也会打断律师的发问，并提示律师就本案问题进行询问。这些都是从证据关联性的角度对庭审行为的限制，可以防止庭审被有意或者无意地拖延，保证庭审快速有效地进行。

（二）落实公共政策

所谓公共政策是指公共权力机构在选择、分配以及落实社会公共利益的过程中，按照特定社会时期的目标，经过政治途径所选择、制定的行为规范。公共政策体现了社会大众普遍认可的伦理道德，司法裁判可以引导社会的伦理道德，这就是司法裁判对公共政策的意义所在。诉讼证明并非完全的"求真"的事实认定过程，其中也包含着"求善"的价值平衡的过程。[1] 为了诉讼效率的原因而将关联性微弱或者证明力极小的证据排除是由于证据自身内在的缺陷，为了落实公共政策而排除证据则主要是为了追求司法裁判的可接受性。在求真与求善的平衡中，法律支持公共伦理道德这一普遍认可的"善"，将会赢得社会广泛的支持与理解。美国学者查尔斯·尼桑认为：法律道德化以及发挥教育作用的关键是法律裁判必须具有广泛的可接受性；审判在表面上看来是一个发现案件事实真相的过程，实际上审判可以对公众的行为产生影响，审判犹如一个剧场，参与其中的公众可以通过接触审判而明白应该如何行为；一般而言能够对准确认定案件事实具有促进作用的措施会有助于提高裁判事实的可接受性，但是这一作用并非是必然发生的；同时，还存在着一些特殊的证据规则：设立这些规则的初衷并不是为了提高认定裁判事实的精确性，而是为了保证裁判所认定的事实能够在最大程度上被接受。[2] 证据关联性规则原本是促进案件事实认定准确性的规则，但是能够用来发现真相的证据却是不完美的，当案件事实的发现会损害社会所珍视的公共伦理道德规则时，法律会为了裁

---

[1] 参见陈卫东、谢佑平：《证据法学》，复旦大学出版社2005年版，第35页。

[2] 参见易延友：《证据法学的理论基础》，载《法学研究》2004年第1期。

决尽可能被大众所接受而降低对客观真相的追寻。美国为了维护公众所珍视的伦理道德、落实公共政策，在《美国联邦证据规则》中规定了诸多规范证据关联性的规则。例如《美国联邦证据规则》第407条规定的事后补救措施规则，第409条规定的提议支付医疗和类似费用的规则，这些规则禁止单纯以事后的救助或者补救行为而推定实施救助或者补救行为的人就是加害人。尽管事后对有致害危险的设施防护修补、对受害人予以救助之人是致害人的概率很高，但无法否认的是，现实生活中确实存在心地善良之人，这些人即便对事故没有责任，也会主动帮助受害者。假若救助者或者采取补救措施的人只是因为帮助他人就在法律上被推定为致害人的话，则会使助人为乐的美德受到抑制。《美国联邦证据规则》作此规定，就是为了消除救助人的后顾之忧，鼓励民众积极救助他人，使危害得到及时补救，尽可能将危害降到最低。同时，也是对社会助人为乐美德的一种维护，是为了维护社会所珍视的美好品德而作出的事实认定上的平衡。

（三）恢复和谐秩序

国外有学者认为秩序属于一种事态，在这种事态中，"无限的且各种各样的构成要素之间具有极为密切的相互关系"，所以我们可以从"对整体中的某个空间或者时间部分所作的了解中学会对剩余部分作出正确的预期"，或者"至少学会作出很有可能被认为是正确的预期"。① 另有学者认为，所谓秩序指的是"在自然的进程以及社会的进程中都存在着某种程度的一致性、连续性和确定性"②。我国有学者指出，秩序是世间万物在存在与运动的进程中，所维持的一种具有一定确定性、稳定性以及连续性的模式、结构或

---

① 参见[英]弗里德利希·冯·哈耶克：《法律、立法与自由》（第一卷），邓正来等译，中国大百科全书出版社2000年版，第54页。

② [美]博登海默：《法理学　法律哲学与法律方法》，邓正来译，中国政法大学出版社1999年版，第219页。

者过程等。① 秩序不仅是指静态的模式或者存在的构造,也指系统所表现出来的动态运行形式。秩序与规律二者是辩证统一的,如果秩序正确反映了规律,则其就是规律的一种外在表现形式,"一切事物的运动、发展过程都具有某种坚定不移的基本秩序,这就是物质本身具有的本质的、必然的联系,就是物质运动的规律性",②所以秩序同规律之间是形式与内容、现象与本质的关系。属于人类行为之一的犯罪行为所破坏的是社会秩序。社会秩序指的是人们在共同参与的社会活动中所表现出来的行为上的具有规律的重复性以及再现性,它是规范化、制度化了的社会关系。③ 社会秩序生成于人类的社会行为关系,并推动社会关系的正常发展。社会秩序包括法律秩序,犯罪行为违反了法律,破坏了和谐的社会秩序。诉讼的功能除了对罪犯进行惩罚之外,还具有恢复和谐秩序的作用。为了尽可能修复受损的社会关系,诉讼也会鼓励诉讼当事人相互妥协,及时化解纠纷。某些证据关联性规则就具有促进当事人之间的谅解,恢复和谐社会秩序的作用。《美国联邦证据规则》第408条规定,相关当事人在为了争议尽快解决而进行的和解中所作出的妥协或者因妥协而达成的协议,对于证明权力主张是否有效不具有可采性。该规则第410条规定,在刑事诉讼中下列事实不能被采纳用于对被告人不利的证据:(1)被告人先前主动自认,而后又撤回自认;(2)被告人针对控诉罪名的默示承认;(3)在辩护交易过程中被告人提出的自认;(4)被告人在为了达成上述种类的承认而同控诉方进行谈判过程中所作出的陈述等。排除这些证据同证明被告人有罪之间的关联性,表面上看来是有利于被告人的,但也会

---

① 参见杨震:《法哲学价值导论》,中国社会科学出版社2004年版,第173页。
② 艾思奇:《辩证唯物主义与历史唯物主义》,人民出版社1961年版,第48页。
③ 参见杨震:《法哲学价值导论》,中国社会科学出版社2004年版,第174页。

促使控诉证据不充分的控方积极同被告人达成和解,因为如果控诉继续进行,不仅会将更多的社会资源消耗在诉讼之上,而且控诉方也会因没有达到法定的证明要求,而承担控诉失败的诉讼后果,对利弊进行权衡之后,控诉方很可能同辩护方达成辩诉交易。这类证据关联性排除规则之所以对事实认定问题加以回避,是为了促进控辩双方的和解,尽量在诉讼的初期消解诉讼纠纷,使社会秩序尽快恢复和谐状态。

第三节 证据关联性规则的域外概况

法律规则并非是人们主观上的理论创设,而是特定历史时空下的社会条件的产物,是人们在法治的实践中不断地提出、论证、修改理念,之后由立法人员根据当时社会所珍视的价值而予以推动的成果。证据规则作为法律规则的一种,也经历了这样一个产生、完善的过程。英美法系证据规则的产生发展经历了如下的过程:最初英国学者吉尔伯特试图用最佳证据规则来涵盖证据法的所有内容,而后边沁主张证据法应采取自然证明的原则[①],之后斯蒂芬力求将证据法的所有内容都归结于关联性规则这一个规则之下,再后美国证据法学者威格摩尔将"证明的科学"置于优先于证据审判规则的地位,从而使理性主义的证据法传统逐渐演变为实然的证据法规则。考察关联性规则应关注其产生的社会历史土壤,英美法系和大陆法系由于法律传统以及诉讼构造上的不同,所确立的具体关联性规则也存在差异。英美法系国家通常都较为重视从立法上规定证据关联性规则,属于该法系的许多国家制定了单独的证据法规,对关

[①] 边沁认为证据法应采取"不排除原则",反对用形式规则对证据的衡量加以规则,认为证明应回归以日常生活经验和通常理智推理为根据的自由证明的"自然"体制中去,此即为自然证明原则。参见约翰·W.斯特龙主编:《麦考密克论证据》,汤维建等译,中国政法大学出版社2004年版,第12~13页。

联性的采纳与排除进行了较为详细的规定。大陆法系国家则并没有单独的证据法典,只是在实体法以及程序法中零散地分布着证据关联性的相关规定。

一、英美法系的关联性规则

英美法系有较为详尽的证据关联性规则,考察英国、美国、印度以及澳大利亚等国的证据关联性规则,可以全面了解英美法系关联性规则的整体概况。

(一) 英国法中的证据关联性规则

英国传统上是以判例法为主要法律渊源的国家,英国的证据法在19世纪之前主要是判例法,并且数量不多。19世纪之后,资本主义在英国的发展使得社会活动逐渐复杂化,通过判例对证据进行规范的做法因见效慢而无法适应社会的快速发展,并且判例较为分散,相互之间也可能存在矛盾,这也削弱了司法裁判的可预期性。所以,学者开始对判例进行分析总结,试图通过分析判例来发现证据运用的一般规则,以此为基础来促使英国制定成文证据法。终于在1843年英国通过了第一部成文证据法,在1851年《1851年证据法Ⅱ》也获得通过,该法对当事人证言的证据资格加以确立,对规范证据的可采性具有重要意义。[①] 英国证据法的立法区分了民事诉讼和刑事诉讼,而对两者分别加以立法。对刑事诉讼证据的立法按照法律通过的先后顺序包括:1898年的《刑事证据法》、1984年的《警察与刑事证据法》、1997年的《刑事证据法(修订)》以及1999年的《青少年审判与刑事证据法》,等等。根据上述法律所确立的关联性规则主要包括:品格证据规则、类似事实证据规则、同案犯自认的关联性规则以及关联性的裁量排除规则等。而且制定了对以下证据的证明力直接予以认定的证明力规则,包括被告

---

① 参见徐昕:《英国民事诉讼与民事司法改革》,中国政法大学出版社2002年版,第240页。

人的供述、公证文书、权威书籍、临终遗言、之前诉讼中认可的证据，等等。①

（二）美国法中的证据关联性规则

在 1975 年之前，美国的证据法主要是借鉴英国普通法上的证据规则。但是，美国毕竟同英国的国情社情存在差别，理论界以及法官对证据规则的理解同英国的差异日益明显，法官在司法实践中也开始更多地遵循自己国家的判例。并且，20 世纪之后美国社会迅速发展，判例法的发展难以跟上社会发展的步伐，学者们开始不满足体系性较差的判例法，而逐渐致力于民间的证据法立法活动。1909 年，威格摩尔、塞耶等人制定出了一部证据法草案。美国法律协会的代表摩根组织学者以及律师于 1942 年拟制了《模范证据法典》。之后《统一证据规则》在美国律师协会和统一州法委员会的努力下，在 1953 年获得通过。尽管该法典与《模范证据法典》相比，条文更加简明，并且相对保守，却并没有获得广泛的认可，直至 1971 年，该法也只是被新泽西州、犹他州以及堪萨斯州等少数几个州所认可并执行。②《统一证据规则》最终在 1974 年获得了美国统一州法委员会的通过，并逐渐取代了 1953 年所通过的《统一证据规则》，并且历经多次修改，其影响力不断扩大，鼎盛时曾被美国 35 个州部分或者全部采纳。

在联邦法院系统，为了制定一部适用于整个联邦法院系统的证据规则，联邦最高法院大法官沃伦在 1965 年任命了一个专门起草证据规则的咨询委员会。该委员会通过广泛地征求意见、不断磋商以及反复地论证分析，并经过多次修改终于在 1975 年使得《联邦证据规则》得以确立并生效，该规则具有同国会立法一样的效力，适用于所有的联邦法院诉讼程序。之后，美国的 38 个州根据《联

---

① 参见何家弘：《外国证据法》，法律出版社 2003 年版，第 125～126 页。

② 参见纪格非：《证据能力论》，中国人民公安大学出版社 2005 年版，第 36 页。

邦证据规则》和本州的具体情形,制定了适用于本州的州证据规则。美国统一州法委员会在1999年修订《统一证据规则》之后,《联邦证据规则》和《统一证据规则》二者在语词、结构等方面的差异逐渐减小,有利于在司法中统一适用证据规则。在2011年对《联邦证据规则》重塑之后,该规则主要由十一个条文构成,每一条之下又有若干个分规则,该规则的主要内容分为十个方面,分别与前十个条文的内容一一对应,条文的第十一条主要是对规则适用范围、修正以及名称的规定,与关联性有关的规则集中在第一条和第四条之中。另外,根据遵循先例的传统,联邦最高法院以及上诉法院的判决涉及的对证据问题加以解决的判例,对联邦法院系统的法官审查判断证据的活动仍然具有指导效力。

(三) 印度法中的证据关联性规则

印度因历史原因,其证据法的制定深受英国的影响。印度在1872年之前没有证据方面的立法,主要是宗教习俗中的某些规则发挥着制约证据判断的效力。在英国统治印度之后,英国的证据规则主要在大城镇的依照英国宪章所建立的法院中发挥着作用,但是在刑事诉讼中,某些地区的法院仍然使用宗教习俗来评判证据。为了改变印度的司法现状,英国在其制定的《1851年证据法Ⅱ》中规定了若干适用于印度的证据规则,但该法第58条同时指出,该法并不禁止风俗习惯在印度境内的法庭上适用。为了使得印度尊重英国的司法管辖权,英国立法委员会意图为印度制定一部证据法典,并于1872年3月15日予以颁布,是为《1872年印度证据法》。该法是最早对证据关联性予以立法的法律,在当今的印度该法仍然具有效力。

《1872年印度证据法》将司法实践中通行的并且被反复检验的,有可能进行统一规定的规则写进法典,使得证据的关联性规则体系更加严密。该法包含着如下的原则:一是法庭不应该采纳传闻证据;二是尽量出示最佳证据;三是证据必须同诉讼争议相关。在法庭上证据被出示是为了证明案件事实真相,或者处于争议之中的事实主张,不能在法庭上出示同争议不具有直接关联的证据,除非该证据属于间接证据。尽管该法在提纲上对英国《1851年证据法Ⅱ》有所借鉴，但是也有创新，该法在立法形式上不同于英国的先列判例后说明法律的形式，是以成文法的形式对判例进行了抽象提炼。例如，该法第16条规定，"如果对是否实施了某一特定行为存在着争议，则能够证明该行为在正常情况下应当早就完成的任一业务流程的存在，具有关联性"。该条紧接着对此内容作出例解，对具体案件中如何适用该条文作出解答："(a) 案件中的争议问题是，某一封特定的信件是否被发送出去了。对此，如下事实具有关联性，即：所有的信件放在某处待寄，这是一个普通的业务流程，而这封特定的信就放在该处。(b) 案件中争议问题是，某一封特定的信是否已送达 A 的手中。对此，如下事实具有关联性，即：该信是通过正当途径邮寄的，后来没有返回积压信件办公室。"[①] 该条通过对邮信行为所产生的不同争议问题关联事实的列举，使得诉讼中如何根据具体争议问题判断关联性的问题更易操作。纵观该法，在涉及每一个特别问题的条文，都是以先一般规定后加以详细例解的形式，对如何判断证据关联性进行规定。

《1872年印度证据法》在内容上的最大特点表现为对关联性事实作了正面规定，以法律规定对关联性事实的范围进行了限定，这是对以关联性规则来筛选证据进而获得最佳证据理念的一种体现。该法在第一章第3条的例解中就对证据"有关联性"进行了解释，如果某一项事实可根据本法"关于事实的关联性之条款"所规定的任何一种方式同另外一项事实发生联系，那么就可以称"该事实对另一事实具有关联性"。[②] 在该法的第二章，有七个小节共51个条文对判断关联性的标准予以了规定，明确了诉争事实、关联事实以及与争议事实相关的部分事实的范围，还对常见证据是否具有

[①] 参见何家弘、张卫平：《外国证据法选译》（下册），人民法院出版社2000年版，第1292~1293页。

[②] 参见何家弘、张卫平：《外国证据法选译》（下册），人民法院出版社2000年版，第1276页。

关联性进行了规定,如传闻证据、当事人自认、特殊情形下的陈述、法院的关联判决、意见证据、陈述之待证部分以及品格证据等,在规定之后还附有精炼的例解,解释条文的含义。在对各种证据的关联性进行规定时,先对该类证据进行定义,然后在分具体的情形对该类证据的关联性予以具体规定,使得法条内容更容易被司法人员理解适用。尽管该法对关联性进行了非常详尽的规定,但是成文法并不可能穷尽司法适用的所有情形,对于该法没有规定的实践问题,则需要借助普通法关联性判断的原则予以解决。

(四)澳大利亚法中的证据关联性规则

澳大利亚早期的证据规则来自英国的证据法,进入20世纪,其证据法才逐渐统一,形成了证据法体系。但是,依据澳大利亚《1903年司法法》的规定,在澳大利亚如果联邦法院是在特区或者州进行案件审理,其裁判应依据特区或者州的证据法,该项规定导致澳大利亚的证据法规范体系非常庞大。[①] 澳大利亚证据法的立法模式与美国相似,是将刑事和民事证据统一加以立法,主要的证据法渊源有1994年的《外国证据法》、1995年的《联邦证据法》以及1998年的《证据规则修正案》。其中澳大利亚1995年《联邦证据法》中涉及较多的证据关联性内容,并且主要集中在该法的第三章中。在第55条对关联性证据进行了规定,"如果证据被采纳,能够对评价诉讼中的系争事实存在的可能性产生直接或者间接的影响",那么该证据就是诉讼程序中的关联证据。紧接着在第56条对具有关联性的证据的采纳规定了两个原则:一是"除非本法存在另外的规定,进入诉讼程序的关联证据都应该被采纳";二是"在诉讼程序中不相关的证据不得被采纳"。该法第三章还对判决和定罪判决的证据、倾向性证据、品格证据的关联性判断作了专门规定。同时,鉴于澳大利亚理论界普遍认为法官在诉讼中应有一定

[①] 参见何勤华:《澳大利亚法律发达史》,法律出版社2004年版,第366页。

的自由裁量权,该法在135条明确规定,"法庭如果认为证据存在以下情形的危险远大于其自身的证据价值的,可以拒绝采纳该证据:(a)对一方当事人有不公平的偏见;或者(b)误导性或者疑惑性;或者(c)将产生不适当的迟延"。为了突出刑事诉讼中裁量权的重要性,该法第137条专门对刑事诉讼中排除证据的裁判权规定到:"在刑事诉讼中,如果控诉方出示的证据对被告人存在明显的不公正偏见的危险大于其自身的证明价值的,法庭可以拒绝采纳。"①

二、大陆法系关联性的相关规定

大陆法系国家历史上为了防止法官擅断,制定了诸多限制法官判断证据能力和证明力的规则,这些规则要求法官不考虑自身内心确信的因素,只需依靠法律机械地对证据价值进行判断,从而形成了机械的法定证据制度。在法国资产阶级革命后,法国首先废除法定证据制度,提倡自由心证,该国刑事证据法对自由心证规定,法官评价提交给其的证据价值时,具有完全的自由,不仅在预审法庭,而且在审判法庭,法官都享有这种自由。在重罪、轻罪以及违警罪法庭中,自由心证必须得到没有差别地适用。② 此后,德国《刑事诉讼法》第261条也规定,法庭应根据庭审全程中所建立的内心确信来决定证据调查的结果。③ 因采用自由心证,大陆法系同英美法系相比,较少对证据进行专门立法,有关证据的规范也往往散布在实体法或者程序法之中,证据关联性的判断更多的是依靠法官自身的理性、良心、知识等因素。

---

① 参见何家弘、张卫平:《外国证据法选译》(上册),人民法院出版社2000年版,第273页。

② 参见[法]卡斯东·斯特法尼:《法国刑事诉讼法精义》(上),罗结珍译,中国政法大学出版社1998年版,第46~47页。

③ 参见[德]克劳斯·罗科信:《德国刑事诉讼法》,吴丽琪译,法律出版社2003年版,第117页。

第三章 证据关联性规则

(一) 法国对关联性规则的规定

法国属于典型的大陆法系国家,没有证据法典,主要是在实体法以及程序法中对证据能力和证明力予以规定。按照法国《刑事诉讼法》第427条的规定,原则上只要是能够证明犯罪的证据,法律也没有另外规定的,法官都可以采纳该证据,并据此形成的内心确信定案。但是,刑事诉讼法通过对证据的获得以及出示的手段进行规范,从而对关联证据的采纳加以规范。证据如果违背禁止性的调查程序的,其对案情的证明价值也会被排除。如法国《刑事诉讼法》第107条规定,"未经同意即对笔录进行涂改、增删,视同无效。未按规定签字的笔录,亦同"[①]。据此,笔录的签字不符合法律规定的,该笔录对案件争议事实是没有关联性的。另外,法官也不能使用以违法犯罪手段而收集的文件或者材料来证明案情。在实行自由心证的情况下,因法官所作判决之依据是其内心确信,所以通常而言,法官并不需要说明其是如何认定证据的证明力,法律也不会事先对如何认定证据的证明力作出规定。然而法国《刑事诉讼法》第430条却对笔录证据的证明价值作了规定,"除法律另有规定的情况外,查证、确认发生轻罪的笔录与报告,仅作为一般情况而具有价值"[②]。由此可见,法国刑事诉讼法尽管没有从正面规定证据关联性规则,却也规定了关联性证据采纳与采信的一般原则,即法官可以采纳有关联性的证据,但是如果证据的取证程序不合法,该证据即便可以证明犯罪,也不会产生证明价值。

(二) 德国对关联性规则的规定

德国没有单独的证据法典,同法国类似,其证据规则也是散布于实体法与程序法之中。在德国,证据能力和证明力是由不同的方

[①] 《法国刑事诉讼法典》,罗结珍译,中国法制出版社2006年版,第107页。

[②] 《法国刑事诉讼法典》,罗结珍译,中国法制出版社2006年版,第292页。

法被规范的。对证据能力的约束主要是通过"证据禁止"来实现。"证据禁止"包含"举证禁止"和"证据使用禁止"。"举证禁止"是基于以下理念而确立：对事实真相以不计代价的方式加以澄清并不是刑事诉讼法的原则，它所强调的是伦理和法律应具有高于事实真相的价值，在内容上，"举证禁止"包括禁止特定的举证议题、禁止特定的证物作为证据、禁止特定的举证方式、取证程序合法等。① "证据使用禁止"则是对证据评价进行的限制，也就是对证明力的评价作出限制。在德国的证明理论中，存在着严格证明与自由证明之分。德国《刑事诉讼法》第244条规定，法院必须严格遵守该法所规定的调查证据的规则来进行对证据进行调查，根据刑事诉讼法规定的证据调查就是严格证明。在严格证明下，证据方法以及程序要受到双重的限制：一是来自法定证据方法②对其的限制；二是来自法定调查程序对其的限制，这就意味着在审判中必须依据法律所允许的证据方法和法定的证据调查程序来查证犯罪事实。③ 而法院对另外一些事项的证据调查，既不受法律所规定的证据方法限制，也不受法律所规定的严格的调查证据程序限制，法院此时所使用的就是自由证明。依据德国《刑事诉讼法》的规定，证据证据能力的有无同其证据方法合法与否具有密切关联，突出地表现在证据方法在严格证明中都是由法律所规定的，证据方法在严格证明中被规定为证人、书证、鉴定、勘验以及当事人等。在德国，证明力是指证据方法对法官内心确信的影响能力。证明力的判断需要依据辅助事实，辅助事实对某一证据方法证明价值的确定则是依据日常的生活经验，例如依据书证的内容以及可靠性，依靠鉴定人的专业化知识，依据诉讼当事人或者证人的可靠性等，对书

---

① 参见［德］克劳斯·罗科信：《德国刑事诉讼法》，吴丽琪译，法律出版社2003年版，第215页。
② 证据方法是指调查证据资料并证明待证事实的手段。
③ 参见林钰雄：《严格证明与刑事证据》，新学林出版股份有限公司2002年版，第8~9页。

证、鉴定、证人以及当事人的证明力进行判断。虽然法官可以依靠自身的经验对证据证明力自由判断，但是在判决书中，法官必须对其从证据材料以及当事人的辩护中推出结论事实的过程加以说明，从而使外界知晓其内心的推理活动，对于事实推理有错误的判决，当事人还可以上诉，从而对法官自由评价证据的活动产生一定制约。综上可见，德国法律尽管没有明确规定证据关联性的证据法，但是也并非所有证据都可以被采纳，而是通过"证据禁止"以及判决说理制度，对法官采纳与采信证据进行了一定的限制，进而保证判决的公正性。

第四章　国外证据关联性规则概述

　　国外有关证据关联性的规则主要集中在英美法系的证据法规定中。大陆法系实行自由心证，尽管也存在若干对法官评价证据的行为进行限制的证据规则，但是不存在明确的关联性证据规则。英美法系虽然传统上认为证据的关联性属于逻辑和经验问题，即使因某一证据对诉讼的负面影响较大而需要排除时，也是由法官进行自由裁量后自我决定。但是，通过无数案例所积累并广泛流传的诉讼智慧可以使得法官归纳出若干对处理证据关联性问题行之有效的经验规则，所以，英美法系逐渐建立了一些有关特定证据的关联性规则，这些证据关联性规则内容上虽然包括对特定类型证据关联性的认可规则，但绝大部分规则是排除某类证据关联性的规则。现今，这些规则基本上被成文的证据法所接纳，成为了证据排除规则的组成部分。考察美国以及英国的证据立法，证据关联性的规则主要包括以下几类：品格证据规则，类似事实证据规则，概率证据排除规则，事后补救措施关联性排除规则，和解、答辩中的妥协关联性排除规则。

第一节　品格证据规则

　　品格证据规则是对为了防止裁判者产生偏见，而在诉讼证明中排除品格证据的若干规则的统称。在英美法系的诉讼理论中，广义上的证人范围包括证人、被告人、被害人，然而被告人、被害人以及证人处于不同的诉讼地位，所以与三者有关的品格证据规则也存在差异。一个人的品格会随着时间、环境等因素的改变而发生变化，人的行为方式也并不总是同他的品格相一致，对某一人处以刑罚是因为其所实施的犯罪行为,而并非是由于该人具有某一种不好的品格。所以,品格证据同犯罪之间的逻辑关联性是非常有限的,品格证据规则正是对品格证据同犯罪实施之间的逻辑关联作出限制。

一、品格证据规则概述

品格证据是一个来自英美法的概念,在英美法中,品格最早被用来指某人在所居住的社区中的名声,即人们对其的口头评价,这种评价产生于人们所处的相对稳定的熟人社会之中。随着商品经济的发展,熟人社会逐渐瓦解,社会成员之间的关系相对陌生,品格的含义也发生了变化,除了传统意义上的名声含义外,还包括某个人按照特定方式行为的可能性,即该人的性格倾向特征;以及某个人之前的特定事件或者特定行为。① 品格证据规则在英美法系的证据关联性规则体系中占有重要地位,我国的立法中还没有与品格证据相对应的概念,更谈不上品格证据规则了。对英美法系品格证据关联性规则的研究不仅具有知识普及层面的意义,也具有立法借鉴的价值,对完善我国的证据关联性规则立法有重要的参考价值。

(一)何为品格

对品格证据规则的理解必须从理解品格的含义开始。《牛津高阶英汉双解词典》将"character"的含义解释为三个方面:品格;品德;道德方面的力量。② 《辞源》将"品格"的含义解释为以下两个方面:一是指"品性风格";二是指"文艺作品自身的风格和质量"。③ 为了深入了解品格的含义,可以将品格分解为"品"与

---

① 参见文冠斌:《被告人品格证据对刑事裁判之影响——以基层法院G为样本》,载《中山大学法律评论》2011年第2期,第186~187页。
② 参见《牛津高阶英汉双解词典》,商务印书馆1997年版,第225页。
③ 参见《辞源》,上海辞书出版社1999年版,第1996页。

"格"两个部分来解释。《辞源》一书对"品"有11项释义①,指的是质地,是一种事物同其他事物相区别的根本特征,也有等级的含义,指每个事物自身存在的一定等级;"格"则有15项释义②,其最基本的词义是"方形的格子",从而引申出"标准或者式样"等含义,代表了对某一事物的要求。所以,从词义上来理解,品格指的是人或者事物本质上的特征,代表了人或者事物所有的本质的、内在的特性。

"品格"一词在品格证据中也被称为品性,是由英文"character"一词翻译而来。"品格"一词在英美法系的证据法上两种解释,一种是从广义上将品格解释为三种含义:一是指个人在工作的环境或者生活的区域中所具有的公共名声;二是指个人在社会中的特定行为方式;三是指个人曾经所发生的特定行为事件,比如曾经因为盗窃行为而被处刑等。③ 另一种是从狭义上来理解品格,认为品格仅仅指的是个人所具有的行为倾向以及名声,例如,品格就是对某一个人性格情绪的总括性描述,或者是对个人所具有的某类一般特征的概括描述,④《1872年印度证据法》第52条将品格规定为:品格的内涵既包括性情又包括名声。⑤ 从心理学的角度而言,品格就是个人在"现实稳定态度和习惯化了的行为方式中所表现

---

① "品"的11项释义包括:标准、物品、品种、品质、等级、品评、区分、旧时官吏的等级、众、法式、礼仪等。参见《辞源》,上海辞书出版社1999年版,第1694页。

② "格"的15项释义主要包括:方形的格子、一定的标准或式样、品质、风度、量度、规模、纠正、受阻碍、被隔离、击打、推究等。参见《辞源》,上海辞书出版社1999年版,第2790页。

③ J. Inciardi, Criminal Justice, Harcourt Brace College Publishers, New York, 1999, p. 543.

④ 参见[美]约翰·W.斯特龙:《麦考密克论证据》,汤维建等译,中国政法大学出版社2004年版,第379页。

⑤ 参见何家弘、张卫平:《外国证据法选译》(下册),人民法院出版社2001年版,第221页。

出来的个性心理特征"①，品格是对个体的行为模式加以描述的、由许多品质特性构成的整体，勇敢或者胆怯、真诚或者虚伪、善良或者邪恶等都属于品格方面的特征。所以，品格由个体各种各样的性格特性构成，是一个结构复杂的心理系统，对个人行为取向和模式具有指导、标示的作用。品格具有稳定性的同时，也具有变动性，它形成于主客体之间相互作用的过程，又伴随着主客体的相互作用而产生缓慢变化。

（二）品格具有的特征

1. 整体性。品格是个人精神面貌的整体展现，它结合了某个人所有的人格特征以及倾向性，具有整体性。品格包含着多种有机联系的成分和特质，如性格、能力、气质、意志、动机、行为惯式等，这些特性相互作用、相互联系从而形成了品格，对个人的行为产生着决定性作用。构成品格的任何一个因素的变化都会引起其他因素的相应改变。例如，个人的性格从自卑到自信的转换，将会引起个体认知、情绪以及行为方式多个方面的变化，人们所感知到的不仅是个体自信心的建立，而是个体整体上发生了变化。所以，对品格必须从整体上加以认识，对个别品格特性的理解必须将其置于同其他品格特性相联系的视野中，才能准确识别个别品格的变化。

2. 普遍性与差异性共生。人们的品格具有共同的和相似的特征，也具有完全不同的特征。正如心理学家对品格特点的概括，"每个人就其某一方面说，a. 就像其他任何人一样，b. 像其他某一些人一样，c. 不像其他任何人"②。人类自身的品格既具有共性，也具有个性。一方面，某个社会群体因共同的心理特征，而在对待某些问题的态度或者价值评价上存在一定的共性，该共性逐渐形成于群体所处的自然环境、社会环境中，进而形成了一定的文化环

---

① 刘立霞、路海霞、尹璐：《品格证据在刑事案件中的运用》，中国检察出版社2008年版，第2页。

② 高玉祥：《健全人格及其塑造》，北京师范大学出版社1997年版，第2页。

境，而每一个体都会有意或者无意地被所处的文化环境影响。同时，在这个环境中生活的群体也会受到该文化的塑造，从而形成有别于其他群体的特殊群体品质。① 另一方面，世上没有一模一样的两片树叶，更不存在完全相同的两个人。受先天的基因、后天的养成影响，每个人的行为以及心理都或多或少地存在着同他人不同的独特性，从而形成了易于识别的独特品格。

3. 稳定性与变化性共生。品格的基本特征之一就是稳定性。一个现在性情急躁之人，可以猜测其过去也是性情急躁，也可以预测其将来也很可能遇事急躁。人类的行为以及思想情感在时间上具有连续性，在跨情境时表现出一致性，这就造就了品格的稳定性。但是，品格的这种稳定性是相对的，它并非自始至终地没有变化，而会因多样且多变的现实环境发生一定程度的变化。外部的重大社会事件、身体上、精神上的疾病、心理治疗等都会造成个人品格的某种变化。同情绪或者观点的快速转变不同的是，个人品格的转变通常不是突变，而是渐变，有一个持续的过程。

4. 自然性与社会性共生。个人品格的形成首先受制于个体的生物特性。品格依附于个人，其借助个体的遗传与生物条件而形成，但是生物条件只给品格的形成提供了发展的起点，人的本质属性是社会性，个体只有在历经了社会化的进程之后才会形成品格，才会真正适应社会生存的环境。社会化的作用体现在三个方面：一是可以作为调节行为的一种手段，让人们明白该做什么，不该做什么；二是通过和他人的交互作用，使人们学习并获得动机、知识、抱负、技能，促进个人的成长；三是维持社会的秩序。② 人们只有经历了正常的社会化的过程，才能形成健康的人格，缺乏社会化过程就无法形成具有人性的品格。所以，品格的形成是自然个体同社会个体有机统一的过程。

---

① 参见翟中东：《刑法中的人格问题研究》，中国法制出版社2003年版，第7页。

② 参见黄希庭：《人格心理学》，浙江教育出版社2002年版，第11页。

(三) 品格同类似概念的区分

1. 品格与品德的辨析。品德指的是个人的道德品质。道德是对个人与个人、个人同集体以及个人同社会之间的关系加以调整的准则和行为规范的总称，属于社会意识形态范畴。品德指的是个体根据社会的道德行为规范而形成的具有一定稳定性的个人特征，本质上属于意识范畴，是外部的社会道德规范和法律规则在人内心的一种反映。所以，品德主要包含的是道德规范以及法律规则，对某一人品格的描述不只局限在对其道德进行一定的评价，还包括该人的行为习惯以及特定的事件。对个体品格的描述很多情况下并不包含道德层面的评价，例如行事的快慢、做事马虎粗心、认真负责等，更多的是对个体行为习惯、习俗、社会文化等方面的描述。

2. 品格与性格的辨析。性格指的是从个人对客观世界的态度以及行事的方式中表现出来的经常性的、稳定的倾向。性格可以突出反映一个人的心理情况，是某一个体区别于其他个体的突出表现。每个人自身的性格特征，正是从该人对现实世界的稳定态度以及经常性的行事方式中反映出来的。① 性格的核心是指个人具有的稳定的并且区别于其他个体的行为倾向，它超越了个体所获得的道德层面的评价，虽然同品格在行为倾向性这一点上有共同之处，但是性格通常没有好坏之分，很难从道德层面上对性格作出评价，也就是性格在道德意义上是中性的；品格却具有道德意味，作为品格内容的名誉、名声在道德层面上是有好坏之分的。

3. 品格与习惯的辨析。习惯属于心理学的用语，在日常生活中经常被使用，它所描述的是某一个体对重复性的情景所产生的一致性反映。同品格相比，习惯所描述的行为倾向更加得具体、常规。在谈及某人的谨慎品格时，通常会联想到该人在社会生活的各个方面都具有谨慎行为的倾向，而提及习惯，则往往指的是个体对

---

① 参见吴江霖：《心理学概论》，广东高等教育出版社2003年版，第53~54页。

某类特定的情形按照某一具体的行为加以处理的惯常做法,例如,早上总是 6 点起床,同时跨出两个台阶的下楼方式,等等。① 对于习惯与道德的区分,首先必须明确习惯没有道德的意味,不存在从道德上对某人的习惯加以评价,而品格却存在着道德上的评价,为人谨慎的品格特性往往被认为是好的,而有暴力倾向的品格被认为是不好的。在证明过程中,当行为的一致性、特定性以及背景所表现的相似性对案件争议事实的证明具有较高的证明价值,可将该证据归为习惯证据,如果该证据具有引起不公正偏见的可能,则可以主张偏见的风险为品格证据的一个特征为由,将该证据归属于品格证据。②

(四)品格证据的解读

品格证据在英美证据法上是一个存有争议的重要概念。在《布莱克法律词典》中品格证据被解释为同个人性格特征的证明有关的、某一社会范围内的群体有关个人的名誉、道德的评价的证据。③ 有学者指出品格证据应该包括以下三个方面内容:一是指个人的声誉,就是个体在其生活的社区中所获得的熟人对其总体评价;二是性格的某种倾向,指的是个体按照某种特定的方式作为;三是曾经发生于个体身上的特定历史事件,比如,个体先前因为刑事犯罪而获罪服刑。④ "品格"一词在大陆法系国家往往被"人格"所指代,指的是某一个人自身所具有的特定的、具有稳定性的心理特性整体。品格证据可以从其内容与功能两个方面来理解:

---

① 参见何家弘、张卫平:《外国证据法选译》,人民法院出版社 2000 年版,第 609~610 页。

② 参见[美]艾伦、库恩斯、斯威夫特:《证据法:文本、问题和案例》,张保生等译,高等教育出版社 2006 年版,第 341 页。

③ See Rryan A. Garner, BLACK'S Law Dictionary, West Group, 2004, p. 595.

④ Peter Murphy, Murphy on Evidence, 8th Edition, Oxford University Press, p. 116.

从内容上,该证据反映了某一个人的品格或者品格特征;从功能上,该证据之所以在诉讼中被提出,是为了证明拥有此品格的人会在特定情况下依据其品格或者品格特征来行事。

根据《美国联邦证据规则》第405条[①]的规定,品格证据包含三种形式:一是名声或者名誉;二是个人(专家)意见;三是特定的行为。品格证据的形式不同,其真实性也有所不同,对诉讼证明的影响也不同,因而不同种类的品格证据的适用范围也有区别。传统的大陆法系理论认为,当品格证据被用作证明某个人的行为同其品格相一致的情况证据时,只有名声证据可以采纳,而私人的意见不具有可采性。但是,美国学者威格摩尔却不认同这种观点,其主张名声证据只是传来的信息与许多猜测、闲聊混合而成的产物,它只是因为具有"更多人的综合意见"的表象,才成为品格证据的一种形式,通过私人与目标对象直接接触了解、确证的方式而对目标对象形成的个人意见也属于一种形式的品格证据。[②] 同时,在传统上,品格证据涉及对某一个人的品质、道德的好坏评价,描述某人的品格时通常会用到真诚、狡诈、暴力、温和等词汇,品格证据拥有强烈的道德意味,在传统上主要被用来评价个人的善良与好坏。然而,随着判例的发展,在很多的诉讼案件中,判断某一人的品格往往并不一定包含道德评判的因素,例如,在对驾驶人是否具备合格的驾驶能力进行判断时,如果试图以品格来表明司机是某一类不具备驾驶能力的人时,就要以多种途径对该人进行准确的评价,而并不是纯粹道德上的评价。这些途径既包括周边的人对其是

[①] 该条规定:(a)在关于某人品性或者品格特性的证据可采的情况下,可以用关于该人声望的证言或者意见形式的证言予以证明。在对品性证人进行交叉询问时,法院可以允许调查该人的相关具体行为实例。(b)在某人的品性或者品格特性为一项指控、起诉或者辩护之要件的情况下,也可用该人的相关的具体行为实例证明该品性或者品性特点。参见王进喜:《美国〈联邦证据规则〉(2011年重塑版)条解》,中国法制出版社2012年版,第88页。

[②] 参见刘立霞、路海霞、尹璐:《品格证据在刑事案件中的运用》,中国检察出版社2008年版,第10页。

否诚实的评价，也有可能包括精神方面的医生通过测试和检查该人而得出的个人意见。通常而言，无法对一个人的品格和心理能力加以准确区分，而心理能力一般需要以专家意见的形式加以证明，所以《美国联邦证据规则》允许将对品格证据的评价意见视为一种形式的品格证据。而对于特定行为这类品格证据形式，从表面上来看具有较强的证明力，但也是最容易引发混淆、偏见和时间浪费的一类品格证据，因此，只有在品格本身属于案件的争议事实或者交叉询问证人时，该类证据才具有可采性。①

（五）品格证据运用的理论依据

使用品格证据来证明刑事犯罪具有一定的理论依据。这不仅是因为品格证据具有逻辑上和法律上的关联性，也是因为品格证据的运用符合刑罚个别化的原则，具有人格行为理论和罪犯再社会化理论方面的支撑。

1. 品格证据的相关性。个人品格的形成是在先天和后天双重因素的作用下，主体在实践活动中形成对事物的认识，而后以此认识为基础，再实践、再认识，往复循环，逐渐形成。个体对客观事物的观点、认识、观念等，初步形成于个体认识客观事物的活动中，经过反复深化和内化，最终形成个体内在的较为稳定的心理结构，该心理结构包括情感、认知、倾向和意志四个方面，是个体对客观世界的态度和行为方式惯常化形成的基础。人的品格只要形成，就具有完整的知、情、意、行结构，对个人认识活动的内容与方向都会产生制约与影响，会长期指导个人的言行以及生活态度，从而成为对某人的行为进行判断的重要依据。人类的历史经验也表明，在通常情况下，人类的行为通常是由自身的心理特质决定的，个人的行为并非是任意的，而是可以加以预测的。在外部的社会制约条件没有发生重大变化的情况下，以生物学的视角观察可以发

---

① 参见陈志兴、方小斌：《简析英美法系国家的品格证据》，载《和田师范专科学校学报》2005 年第 5 期。

现，每一个人都会在某种程度上对自己之前的视角、行为以及认识分析问题的方式加以重复，否则，该个体就会表现出为社会所排斥的多重人格。即便是具有很高创造能力的人，在更大程度上仍然是一名重复的人。① 另外，人格心理学方面的研究也证实，只要是心智正常的社会个体都有内在的控制系统，其行为是有一定的规律，并且可以加以预测的。某人所具有的特定的稳定性人格特征，例如"缺乏自制力""没有同情心"等，都会造成其在犯罪行为方面呈现一定的稳定性。

品格证据在逻辑上具有关联性的基本理论依据是，品格从最基本的含义上而言表示了某种性格上的具体倾向，该种性格上的倾向性不仅可以用来描述个体，而且对个体的行为具有预测性。它体现着某人在特定情形下的通常行为方式，从而可以使我们对该人是否会做某一事情做出预测。依据品格证据证明案件事实的逻辑分为两个步骤：首先，案件事实认定者需要从相关的证据中得出某人有依照某种方式行为的性格倾向；其次，案件事实认定者必须对该人在案件特定的争议场合下按照其性格倾向做事的可能性作出判断。② 因而，品格证据同处于案件争议事实之间的关联性是间接的，品格证据必须首先对作为中间事实的性格倾向加以证明，之后结合其他证据并经过逻辑推理，才能证明案件的待证事实。

美国证据法学者威格摩尔提出了法律关联性的概念，试图从"质"上限制证据的关联性，要求法庭将要采纳的证据除了对证明案件事实具有微小的价值之外，还需有额外的证明价值，从而对证据的证明力提出了要求。所谓证据关联性"质"上的要求，其本质是证据是否充分的问题，即证据对案件事实的证明是否满足证明标准所规定的程度。逻辑关联性是品格证据的自然属性，但具有逻

---

① 参见苏力：《送法下乡——中国基层司法制度研究》，中国政法大学出版社2000年版，第234页。

② 参见骆东平：《论品格证据在性骚扰案件中的运用》，载《山西师大学报》（社会科学版）2008年第6期。

辑关联性并不意味着一定具有法律关联性，品格证据的证明价值必须满足一定的量，并且对案件事实的证明达到法定证明标准时，就具备了威格摩尔所言的法律上的关联性。在英美法系国家的刑事诉讼中，排除合理怀疑被普遍视为有罪证明的标准，并且被告人、被害人都可以证人的身份作证，所以同被告人、被害人以及证人品格相关的证据，必须能够质疑其所作陈述是否真实，并且足以让人产生合理怀疑，才可以称得上是具有法律关联性的品格证据。换句话说，在刑事诉讼中，证据对被告人、被害人以及证人的品格的证明必须满足法定证明标准，才会被认为与案件待证事实具有法律上的关联性。

2. 品格证据的运用符合刑罚个别化原则。刑罚个别化原则是指为了实现预防犯罪和矫治罪犯的目的，法官对刑罚的适用，不仅应考虑犯罪行为的严重程度，也应该考虑实施犯罪行为之人的品格特征以及自身素质，考虑行为人的人身危险性，综合考量各种因素之后，决定是否判处被告人刑罚、应该判处何种刑罚、如何量刑以及怎样行刑。[①] 犯罪嫌疑人的个人情况不同，导致犯罪的原因也不尽相同，为了防止社会再次遭受具有犯罪品格倾向的人的危害，改正、消除这类人所具有的犯罪倾向，就不能仅仅按照犯罪行为所造成的损害和外在表现来判处刑罚，而应该根据犯罪者的人身危险性程度来区别对待。[②] 刑罚个别化是基于犯罪实施者的个体差异，而加以区别对待的处罚方式，刑罚个别化实施的前提是查明犯罪个体之间的差异，而品格证据正是犯罪人个体差异的表现形式之一，所以刑罚个别化的实现需要以品格证据为依据，有学者在联合国1955 年召开的第一届预防犯罪以及罪犯处遇大会上明确指出：实现刑罚的个别处遇，必须从调查犯罪者的人格入手，必须以精密的

---

① 参见翟中东：《刑罚个别化研究》，中国人民公安大学出版社2001 年版，第3 页。

② 参见张文、刘艳红、甘怡群：《人格刑法导论》，法律出版社2005 年版，第281 页。

人格调查为根据，才能决定对罪犯进行个别处遇的方法，从而有助于分类收容。①

3. 品格证据的运用具有人格行为理论的依据。人格行为理论认为，人的行为是其人格的外在表现，人格乃是现实化的主体，尽管人格是潜在的，但却从深层次上决定着人的行为。同时，人格也可以现实化为各种各样的行为。人的行为在"自身人格同周边环境的互动中深受实施行为人的态度之影响"②。整体而言，积极的行为和消极的行为都是行为人的内心受到外界的激发而作出的反应。行为本身受到行为主体的人格控制，行为所表现出的规律性以及反复性都可以合乎逻辑地在人格体系中找出依据，因此通过分析某人的人格，可以对该人在特定情境中的行为反应进行预测。通常而言，对某人了解的越多，越能对该人的行为作出准确地预测，这也是品格证据能够对犯罪者的人身危险性加以证明的立论基础。人身危险性属于对行为人实施犯罪或者再次犯罪可能性的一种判断，③ 一般情况下，行为人的人格要素及结构同其人身危险性之间有着一定的一致性，可以分析人格结构的类型来深入揭示犯罪者的人身危险性状态以及其自身的心理成分。④ 因受到外界环境等因素的影响，人格同行为之间是一种具有较高概率的关联关系，品格证据因为这种较高概率的关联性而同刑事案件的待证事实具有了关联性，逐渐被各国法律在定罪量刑中加以规定，如日本《刑事诉讼法》第248条规定，是否提起公诉，需要事先考察罪犯的年龄、性格、境遇、犯罪行为的轻重以及实施犯罪前后的情况。韩国《司法警察官吏执行职务规则》第43条规定，在侦查少年犯罪的

---

① 参见林纪东：《刑事政策学》，中正书局1969年版，第89页。
② 张文、刘艳红、甘怡群：《人格刑法导论》，法律出版社2005年版，第201页。
③ 参见曲新久：《刑法的精神与范畴》，中国政法大学出版社2003年版，第211页。
④ 参见刘建清：《论犯罪人的人身危险性及其人格测评》，载《中国监狱学刊》2005年第4期。

案件时，必须详细调查犯罪少年的犯罪原因、动机以及品性、家庭状况、教育背景、生活经历、社交关系以及其他相关环境，并形成书面的环境调查书。对于家庭暴力案件，该法第47条也规定必须按照侦查少年案件的方式，制作环境调查书。① 俄罗斯《1997年联邦刑法典》第6条也明确指出，对犯罪行为人所施加的刑罚或者具有刑罚性质的其他处罚必须同犯罪的社会危害程度和性质以及犯罪的情节、罪犯的身份相贴合。这就使得品格成为了定罪、量刑以及执行刑罚的基础。

4. 品格证据的运用有助于罪犯的再社会化。社会化是指作为个体的人，从出生开始，通过学习等途径，接受社会的价值与规范，实现由生物属性的人转变为社会的人的性格与心理发展的过程。正常状态的社会化表现为个体与社会协调发展，个体存在缺陷的以及不完全的社会化很可能造成反社会的品格倾向，引起个体的反社会行为。犯罪行为在某种意义上而言，就是犯罪行为人社会化不完全的结果，为了对行为人之前的社会化过程加以弥补，社会和国家对犯罪行为人施加强制性的再社会化过程，试图调和其与社会发展的矛盾。罪犯再社会化理论产生的基础是教育刑理论，该理论认为刑罚最终目的是让罪犯回归犯罪之前的状态，成为正常的社会人。刑罚的科处除了惩罚罪犯之外，也有教育罪犯不再犯罪的目的。教育必须因材施教，因此为了对每一个需要改造的罪犯处以最有针对性的恢复性惩罚，就必须对犯罪行为人的品格、表现、生活环境、犯罪原因等，进行详细地调查，对以上各种因素进行查明。罪犯再社会化的基本理念是促使犯罪之人顺利得回归社会。再社会化要求刑罚的行使必须依据罪犯再社会化之需求，宣告与执行刑罚只能作为罪犯再社会化的一种手段。法国刑法学者安塞尔认为法官必须首先了解受审之人，才能准确决断案件，所以，法官就应该从社会学、心理学以及医学等角度，对受审之人的品格进行调查，必

---

① 参见《韩国刑事诉讼法》，马相哲译，中国政法大学出版社2004年版，第250~251页。

须使对受审之人的处罚同其品格相适应，保证其尽快回归社会。①由此可见，通过调查品格证据，法官可以全面了解被告人，准确把握被告人社会化过程中的缺陷，从而施加最合适的刑罚，保证被告人能够再次回归社会。

（六）品格证据规则的发展历史

品格证据规则在英美法系主要是指排除品格证据的规则，是对品格证据采纳的一种限制。然而，在英国判例法实践的早期，品格证据的运用并不受到严格限制。当时人们普遍认为，品格证据是在人自身的先天条件和外界环境的共同作用下而形成的，具有一定的稳定性，所以尽管人们的行为可能不完全贴合其品格，但也一般不会同其品格相反。在英国的诺曼底王朝时期，受审人的品格可以被用作决定是否准许其自己证明清白的依据；在斯图亚特王朝时期，法庭允许随时出示表明被告人之前曾犯有重罪或者轻罪的证据，并且证明被告人具有良好品格的证据也是可采的。在17世纪80年代，品格证据排除的规则逐渐成形，但是直到1715年，英格兰最具重要性的刑事审判法庭老贝利法庭才确立品格证据排除规则，在规则确立之后，仍然有违反品格证据排除规则的审判行为，而有关被告人犯罪前科的证言，直到18世纪早期才在老贝利法庭中不复存在。②

在普通法司法实践中，法官们直到19世纪初期才对品格证据取得如下共识：尽管品格证据拥有一定的证明价值，但是陪审团总是过分依赖品格证据，从而混淆了案件争点，延长了审判，降低了诉讼效率，并不利于司法公正。所以，在1865年的R. v. Rowton一案中，建立了一条对被告人良好品格的证明加以限制的规则，该规则被称为罗顿规则，内容是：品格仅包括一般的名声，其先前的

---

① 参见马克昌：《比较刑法原理》，武汉大学出版社2002年版，第53页。

② [美] 兰博约：《对抗式刑事审判的起源》，王志强译，复旦大学出版社2010年版，第189–198页。

特定行为以及个别证人关于其性格倾向的意见不属于品格证据,①当被告人出示证明其品格良好的证据时,原告方可以提出表明被告人具有不良品格的证据,反驳被告人的品格良好主张。普通法上认为,只有某人在其居住的社区中所普遍认可的一般名声可以用来证明该人具有良好的品格,而证人的意见或者作为证明该人可信性的具体事件或者行为,则不能被用作证明该人品格良好的证据。罗顿规则限制了被告人对能够证明自己品格良好的证据的出示,对被告人的自我辩护权有一定的消极影响;另外,准确获取某人在其居住社区中的一般名声仅在人口流动较小的社会中,具有较大的可靠性与可行性。然而,随着社会工业化的发展,社会成员的流动性增强,不仅个人的生活、工作地点经常变化,而且同周边人员的交往也十分有限,其在所处社区的一般名声证据的证明力和可信性很大程度上被削弱了,而先前关于该人行为的判决以及具有事实基础的证人意见的可信性增大。虽然罗顿规则在普通法上的效力没有改变,但是在现代的司法实践中不再发挥重要作用了。为了适应社会的发展,英国立法也作出了调整,在《1898 年刑事证据法》中对普通法上的品格证据进行了扩大解释,品格证据不再仅仅指名声,还包括个人倾向,即个体按照特定的形式思考或者行为的倾向。这一解释目前已在英国证据法领域取得主流地位,有学者甚至认为,为了同可采性适用范围的扩大相联系,应该将品格的概念扩展至心理测试以及精神鉴定等领域。② 在英国主导下所制定的《1872 年印度证据法》最早以成文法的形式规定了一条品格证据排除规则,即其第 54 条规定排除控方出示的证明被告人先前具有不良品格的证据的关联性,但是如果控诉方出于反驳被告人的目的而出示表明

---

① See Alan Taylor, Principles of Evidence, Cavendish Publishing Limited, 2000, p. 317.

② 参见何家弘、张卫平:《外国证据法选译》(下),人民法院出版社 2000 年版,第 603 页。

被告人之前具有不良品格的证据,那么该证据是有关联性的。① 现代意义品格证据规则的建立以英国颁布《1898年刑事证据法》为标志。该法根据个人是否被定过罪,将个人的品格分为两类:良好的品格和不良的品格。证明某人具有良好品格可以依据该人在所生活的社区中具有的良好名声、某一证人提供的关于该人的良好意见、无犯罪记录和善良行为等。据此只要某个人被法院定过罪,则其就不具备良好品格。所以,该证据法又增加了一种对品格进行证明的方式,即用某一个人曾经经历的特定事件,特别是曾经是否被定过罪来证明该人的品格之好坏。

(七)排除品格证据的原因

根据犯罪学、心理学的研究,一些犯罪人具有特殊人格,甚至有些还有犯罪的习性。这类研究成果对于犯罪侦查、矫正以及定罪处刑研究具有一定的价值,大陆法系将这一类型的证据当作确定个别化刑罚的依据,在量刑程序中加以采纳。然而,品格证据作为定罪依据的逻辑关联性却并不强烈,所以证据立法对品格证据原则上持排除态度,只有符合法定例外情形的才加以采纳。如此规定品格证据具有以下四个方面的考虑:

1. 品格证据同犯罪的证明之间没有较强的关联性。是否采纳品格证据同其自身的关联性密切相关。实质性属于证据关联性的重要组成部分,缺乏实质性的证据当然不存在关联性。证据必须能够证明案件的实质性问题才可以满足实质性的要求,然而被告人自身的品格在许多刑事案件中并不属于案件当事人的争议事实,即使品格证据可以证明被告人具有某一品格,但因品格并非案件的实质性问题,该证据就不具有实质性。同时单独依赖品格证据来定罪也无法达到排除合理怀疑的定罪标准,尽管拥有良好品格的人比拥有不良品格的人更不可能犯罪,但这并不意味着好人不会犯罪。正如一

---

① 参见何家弘、张卫平:《外国证据法选译》(下),人民法院出版社2000年版,第1314页。

个通常非常诚实的人在某些情形下会不怎么诚实,有暴力性情的人在面对逆境时很可能保持平和心态①那样,具有良好品格的人也有犯罪的可能,而具有不良品格的人也并非一定会犯罪。曾经犯罪或者有不良行为的人会随着外界环境以及自身的调整而变为一个遵纪守法之人,所以,法官如果认为某个品格证据可能给陪审团认定事实造成的偏见远大于其自身的证明价值时,通常会以此证据没有关联性或者关联性微弱的理由排除该证据。日本学者田口守一也主张,被告人的恶劣品质、与指控犯罪属于同一种类的前科、没有被起诉的其他犯罪以及不良行为等相似的事实,同被告人的犯罪事实不存在逻辑的关联性或者法律上的关联性。② 所以,作为通常的规则,关于证明个人具有不良倾向或者名声的证据,不能被用以证明该人会在特定时空实施同其行为倾向或者品格相一致的行为。在司法实践中,证明某人某种行为倾向的证据可以为警察查获犯罪嫌疑人提供一定的线索,但多数品格证据在庭审中同犯罪的证明不存在较大的关联性,对案件事实的证明无法达到充分性的要求,也无法达到刑事诉讼证明标准要求,因而,通常情况下品格证据只能作为对证人的可靠性加以证明的间接证据。

2. 运用不良品格证据容易引起不公正的偏见。品格证据往往与案件的待证事实不存在直接的关联关系,并且容易引发事实认定的偏见,因为有关不良品格的证据总是会使人在主观上对具有该品格的人产生一定程度的偏见。诉讼中运用品格证据进行推理证明时,首先会将被告人具有何种品格作为事实裁判的焦点,但案件的争议问题一般不包括被告人的品格,庭审本该针对被告人的犯罪行为加以裁判,却变为对被告人是否具有不良品格的证明,这有悖审判的本义,审判的范围必须以指控为限。如果被告人被认为具有某

---

① R. J. Allen, R. B. Kuhns, An Analytical to Evidence: Text, Problem, and Cases, Boston, Toronto, London, 1989, p. 216.

② 参见[日]田口守一:《刑事诉讼法》,刘迪、张凌、穆津译,法律出版社2000年版,第238页。

类不好的品格，就会使得事实裁判者对被告人形成预断，因为按照一般人的常识，被告人很可能会按照其所具有的不良品格行事，这就会使品格证据的证明力被不当地抬高，从而因品格的因素导致对被告人事实认定上的不利偏见。心理学上的"晕轮效应"① 也表明，人们认知的最初的出发点是个人的喜好，在认识的过程中会无意识地选择认识对象的一种显著品质而忽视认识对象其他的品质。这种心理效应在品格证据的适用中也会发挥作用：品格证据会给某一个体贴上某种道德上的标签，事实裁判者会因此对该个体产生此类品格的强烈印象，在短暂的庭审期限内，裁判者也无法全面深入地了解该个体，而容易认为该人会以其一贯品格表现行事。所以，立法禁止用品格证据来证明被告人会按照其品格行事，正是为了防止案件的事实裁判者扩大品格证据对案件待证事实的证明力从而损害司法公正。

3. 不良品格证据的使用不利于保障被告人的诉讼权利。程序公正集中体现在对被告人诉讼权利的保障上，而如果允许控诉方在刑事审判中可以主动出示表明被告人品格不良的证据，将会加大本就处于弱势的被告方的辩护压力。譬如，法庭如果许可控诉方以被告人的犯罪前科来指控当前的犯罪行为，等于是将被告人已经受到刑事处罚的行为再一次提交给法庭，不仅会使裁判者产生事实认定上的偏见，也会造成被告人被定罪不是因为控诉方的当庭指控，而是因为之前法院的裁判，而被告人对之前的裁判却无法行使辩护权，损害了被告人的诉讼权利，因而对该类证据的使用需要加以限制。美国联邦最高法院杰克逊在不允许控诉方向法庭提交对被告人

---

① 心理学上的"晕轮效应"是指：美国心理学家凯利以麻省理工学院的两个班级的学生为对象作了一个实验，实验者事先告知学生有一位研究生会来代课，向一个班介绍该研究生具有热情、果断等品质，而向另外一个班介绍该研究生时，将热情品质换为了冷漠，其他品质不变，学生并不知情。结果是在课后前一个班学生同该研究生热情接触，后一个班学生对该研究生冷淡。由此可见，对热情和冷漠的强烈感知，会影响人们对同一对象的看法。参见章立早：《几种常见的人际偏见》，载《心理与健康》2000年第10期。

不利的品格证据的判决中解释道：虽然这些事实对案情具有逻辑上的说服力，很可能因此而推断被告人就是实施犯罪行为的人，排除不利于被告人的品格证据可采性并不是因为被告人的品格与待证事实缺乏关联，而是担心负责案件事实裁判的陪审团过于重视品格证据与待证事实之间的关联性，只依据有关被告人的不良记录就先入为主地形成不利于被告人的偏见，导致未审先判，一定程度上减少了被告人进行辩护的机会。审判实践也表明排除品格证据能够预防不公正的审判行为。① 对品格证据的排除也体现了通过权利保障以促进平等对抗的审判理念，因为在刑事诉讼中，公诉方在取证、举证方面相对于被告人具有先天的优势，为了保证控辩双方进行诉讼的能力尽可能平衡，立法对被告人和公诉方提出品格证据的权利作了不同的规定：在诉讼中被告人有权主动出示证明自己或者被害人品格的证据；但控诉方只能以反驳被告人品格辩护的目的而出示品格证据，不得首先以品格证据来证明对被告人的指控。如此规定是为了通过限制公诉方对品格证据的运用来增加被告人的举证优势，提高被告人的辩护能力，以此实现对被告人诉讼权利的保障。当然，在保障被告人权利的同时，为了保证诉讼程序上的公正，品格证据规则也规定了一些例外。如果在庭审中被告人主动以自己具有良好品格进行抗辩，则其品格就成为了案件的争点，公诉方对此具有反驳的权利，可以提出被告人具有不良品格的证据对被告人的良好品格进行反驳。

4. 品格证据会降低庭审效率。"迟来的正义非正义"。正义不仅要实现，而且还应及时得到实现。当事人会因诉讼的过于漫长而产生对司法的不满与失望，所以，司法公正包含着效率的诉求。在诉讼中提出品格证据，不仅容易导致案件认定上的偏见，也会混淆案件争点，拖延诉讼。尽管品格证据的证明对象一般不属于构成犯罪的必备要素，但是一旦品格证据出现在法庭之上，不管该品格证

---

① 参见蔡巍：《美国联邦品格证据规则及其诉讼理念》，载《法学杂志》2003 年第 4 期。

据是用来证明良好品格还是不良品格，都必须对该证据的真实性进行查明，这不仅增加了诉讼争议，将案件推向复杂化，而且使法庭成为评判品格的场所，审理者不得不分配时间和精力来应对一些琐碎的案件细节，而无法将审判集中于被告人是否实施指控犯罪这一诉讼之根本，从而忽视了诉讼的主要矛盾，延长庭审时间，有损司法效率。所以《美国联邦证据规则》第430条规定即便证据具有关联性，但是如果该证据容易造成不公正的偏见或者混淆案件争议、浪费时间、误导陪审团的，法官可以不采纳该证据。这为品格证据的排除提供了依据，法官可以上述理由排除品格证据，从而提高诉讼效率，以便将有限的司法资源用在最需要的事物上，解决诉讼需求的无限性同诉讼资源的有限性之间的矛盾。

品格证据虽然同案件事实没有直接的证明作用，但却对案件事实的证明有间接的作用，对品格证据不加区分地予以排除并不利于案件事实真相的发现。所以，英美法系国家在原则上排除品格证据的同时，规定了一些例外情形，例外的范围也随着司法实践具有一定的变化。对这些例外的认识必须注意品格证据所意欲证明的主体对象。尽管使用品格证据对某一个体的行为进行证明的原理是不变的，但是因证明主体对象的不同，品格证据所造成的偏见和引起错误后果的可能性也是不同的，所以分别适用于被告人、被害人以及证人的品格证据排除规则也有差异，对品格证据的认识必须分别从被告人、被害人以及证人三个角度来全面认识。

二、被告人品格证据规则

英美法系的证据法规通常规定被告人的不良品格不具有可采性，而被告人的良好品格证据则在例外的情况下具有可采性。通常立法对品格证据是先规定排除后规定例外。如《美国联邦证据规则》第404条（a）项明确规定不得采纳关于某人的品性或者品性特点的证据,来证明该人在具体场合下的行为与其品性相一致①,在第404条的(b)项又规定了品格证据排除的例外,印度《1872年证据法》的第54条也是先规定刑事诉讼中被告人具有不良品格的事实不具有关联性,而后继续规定被告人如果在案件中主动提出证明其具有良好品格的证据,使得该事实成为案件关联事实的,则不在排除之列。② 所以,研究被告人的品格证据规则,应将其分为有关被告人良好品格的规则和不良品格的规则两类加以理解。

(一)证明被告人良好品格的证据

被告人提出证明其品格良好的证据在当今英美证据法上是允许的,并且在被告人提出良好品格证据时,法官必须向陪审团解释该证据的意义。证明被告人良好品格的证据最初只与被告人是否无辜有关,但是被告人如果以证人身份出庭作证,其自身的良好品格就会发挥这样的作用:被告人具有良好品格的事实不但会降低其实施所指控罪行的可能性,也会使人认为同具有不良品格之人的证言相比,被告人的证言更具可信性。在被告人提出自己具有某一良好品格的情况下,法官需要指示陪审团该良好品格同被告人是否有罪有一定的关联。英美法系之所以允许采纳被告人的良好品格证据不是因为该证据具有很高的证明价值,或者是该证据不会引起偏见,其实,立法者也预料到了良好的品格证据会给被告人带来偏见,但是这种偏见是有利于被告人的,允许这种偏见的存在,是对被告人的一种特殊形式的保护,同刑事诉讼的控辩平等、人权保障理念相符合。

在刑事诉讼中,证明被告人具有良好品格的证据通常是由辩护方主动出示的。如果被告人以证人身份亲自出庭作证,他既可以在陈述己方事实时提出自己具有良好品格的证据,也可以在己方律师

---

① 参见王进喜:《美国〈联邦证据规则〉(2011年重塑版)条解》,中国法制出版社2012年版,第78页。

② 参见何家弘、张卫平:《外国证据法选译》(下),人民法院出版社2000年版,第1314页。

对其进行交叉询问时提出此类证据，还可以在陈述自身经历时表明其具有良好的品格。同时辩护方律师可以通过询问己方证人或者交叉询问诉讼相对方证人，引出能够证明被告人良好品格的证据。基于对抗式诉讼公平竞争的诉讼理念，辩护方一旦提出证明被告人具有良好品格的证据，就将被告人的品格置于了诉讼争议之中，控诉方因此获得了对被告人所主张的良好品格予以反驳的机会，控诉方反驳被告人良好品格主张的途径不仅包括出示证明被告人品格不良的证据，还包括通过交叉询问来揭示被告人之前的犯罪行为。但是，控诉方出示不利于被告人品格证据的前提是被告人的品格被置于案件争议之中，在以下的情况，辩护方并没有将被告人的品格置于争议之中：（1）如果被告人所出示的证据既可以证明其具有良好的品格，又同案件的争议事实相关的，不可以对品格加以辩论。① （2）被告人在没有律师帮助的情况下，为了证明某一文件而传唤证人，证人在没有被告人的授意下说明被告人具有良好品格的，控诉方不能对证人交叉询问有关被告人前科的内容。（3）辩护律师在开场陈述中有关被告人拥有良好品格的暗示，不会对被告人免受品格质询的权利产生影响。（4）如果暗示被告人具有良好的品格只是为辩护所提出证据的附带效果，则被告人仍然有权免受品格质询。

一般认为，在以下几种情形中，被告人的品格被置于案件争议之中：②

1. 被告人的良好品格是由辩护方以询问证人的方式提出的。此时为了保证控辩公平对抗，允许控诉方以提问的方式反驳陪审团因辩护方提出被告人良好品格证据而对被告人产生的良好印象。

2. 被告人以证人的身份证明其品格良好。被告人在诉讼中除

---

① 参见郭志媛：《刑事证据可采性研究》，中国人民公安大学出版社2004年版，第115页。

② 参见俞亮：《证据相关性研究》，北京大学出版社2008年版，第123～125页。

了通过证人表明自己品格良好之外,也可能在自我辩护或者被询问时陈述证明自己品格良好的个人经历,在这种情况下控诉方可以出示证明被告人品格不良的证据予以反驳。

3. 对被害人的品格加以质疑。根据《美国联邦证据规则》第404条的规定,如果被告人为了证明被害人是首先发起攻击者的主张而主动出示证明被害人具有暴力性格倾向的证据时,控诉方就有权提出证明被告人也具有相同性格倾向的证据来反驳被告人的主张。如此规定是为了保证控辩在形式上的平等,也可以使得审理案件事实的陪审团全面了解案件信息,准确判断何者首先发起了攻击。但是,如果被告人声称自己是因为知晓被害人具有暴力倾向的名声才以暴力的方式正当防卫,那么控诉方不能据此反驳被告人的品格,因为此时被告人只是为了表明其主观上认为正当防卫具有合理性,而不是为了攻击被害人的品格,所以,控方反驳被告人品格的前提必须是被告人首先对被害人的品格加以攻击。

4. 对案件中其他人的品格加以质疑。在庭审的主询问或者反询问中,某一被告人的辩护律师可能会提出证明另外一名被告人不可靠的证据,从而证明该名被告人自己主张的成立。只要是被告人律师所提出的证据证明的事项同案件事实是相关的,法官就会允许其出示表明另外一名被告人不可信的证据。被告人的品格此时也就被置于案件争议之中,另外的被告人或者控诉方可以提出类似的证明被告人不可信的证据进行反驳。

(二) 证明被告人不良品格的证据

一般而言,不良品格证据通常表现为如下形式:在所生活的社区中具有不好的名声、曾经的有罪判决、他人对其的不利评价、不名誉的行为、其朋友中有犯罪之人、表明其有罪或者道德不良的物品,等等。英国《刑事司法法案2002》在第81条对不良品格定义为:可以表明或者有趋势表明某人之前实施过犯罪行为,或是根据法官的看法,该人曾经实施的或者试图实施的行为会受到理性之人的反对。尽管在逻辑上不良品格对犯罪行为的证明具有某种关联性,并且在司法实践中,侦查机关通常会先从名声不好和有前科的人中排查犯罪嫌疑人，但是对于审判而言，不良品格的负面影响通常大于其自身的证明价值，特别是在陪审团审判中，它会引发陪审团产生对被告人不利的偏见。英美法系国家从保障被告人获得公平审判的角度，在庭审中普遍不允许控诉方主动提出表明被告人品格不良的证据，并且当被告人以证人身份出庭作证时，也不允许控诉方在对被告人进行交叉询问时首先提出有关被告人不良品格的问题。

在以下情况中被告人的不良品格证据具有可采性：

一是被告人的不良品格证据本身构成了类似事实证据，表明被告人有实施违反犯罪行为的性格倾向或者在某些场合实施了具体的不当行为。在此情况下，如果被告人的不良品格证据对证明犯罪是否成立拥有足够的证明价值，则该品格证据可以作为品格证据排除的例外而加以采纳。该类证据的可采性与被告人是否亲自作证无关，控诉方可以在诉讼的案情陈述阶段就提出此类证据。

二是在辩护方出于维护被告人良好形象的目的，主动出示表明被告人某一方面品格良好的证据，从而将被告人的品格置于诉讼争议之中时，为了防止陪审团被证明被告人品格良好的证据所误导，保证陪审团裁判事实的理性，控诉方有权出示表明被告人品格不良的证据以反驳被告人品格良好的诉讼主张。在诉讼中，控诉方一般是通过交叉询问辩方证人的方式而逐渐引出可以说明被告人具有不良品格的证据。美国和英国有关控诉方反驳被告人良好品格诉讼主张的司法实践有所不同，在美国的司法实践中，控诉方只能针对被告人所主张的那一方面的良好品格加以反驳，而不能对被告人所没有主张的品格加以反驳。而在英国，依据品格不可分的原则，被告人如果将其任何一方面的性格置于诉讼争议之中，那么控诉方就有权利攻击其品格的所有方面。被告人在诉讼中不可以在主张他具有某一方面的良好品格同时，使他其他部分的品格免受质询。① 在反

---

① See Christopher Allen, Practical Guide to Evidence, 2nd Edn, Cavendish Publishing Limited, 2001, p. 285.

驳辩护方出示的证明被告人品格良好的证据时,控方可以在交叉询问辩护方的品格证人时提出与被告人品格有关的特定行为事件。但是,控诉方的询问必须基于一定的事实基础,同时所提问题应当仅限于被告人所主张的品格方面,交叉询问时所提及的特定行为不能距审判太过遥远,也不能在对证人的交叉询问中涉及当前的诉讼如何影响被告人的名声,因为这样的做法违反无罪推定原则。

三是在被告人的不良品格属于犯罪构成要件时,证明该不良品格的证据具有可采性。实体法规定的某些犯罪的构成要件包含了行为人的品格因素,为了证实犯罪,就必须提出证据证明行为人的不良品格。如英国《1968年枪支管理法》第21条规定,曾经被处以3年或者3年以上监禁之人,无论在任何时间持有枪支或弹药的,都构成犯罪。① 根据该条的规定,被告人被判处3年或者3年以上刑罚的前科属于犯罪罪名的构成要件,因而诉讼中就必须提出证明被告人曾经被判处3年或者3年以上刑罚的证据。再如,根据英国《1959年街道犯罪法》第1条的规定,必须首先证明行为人是职业妓女,才能够认定其行为构成以卖淫为目的的勾引或者游荡罪。在诉讼中,因为职业妓女是该罪的主体构成要件,为了证明行为人构成该罪,控诉方是可以提出证明被告人是职业妓女的不良品格证据的。②

四是为其他的证明目的而采纳被告人的不良品格证据。《美国联邦证据规则》第404条(b)第(1)项虽然规定通常情况下,与犯罪、违法行为或者其他不良行为有关的证据,不能被采纳用来证明某一人的品格,以说明该人在特定时空的行为同其品格会有一致性。但是紧接着在第(2)项又规定了例外情形,即如果是为了其他的诉讼目的,如对犯罪准备、机会、意图、动机、计划,以及被告人的身份、知识背景以及不存在过错等进行证明,则与犯罪、

---

① 参见何家弘:《外国证据法》,法律出版社2003年版,第138页。
② 参见马贵翔:《刑事证据规则研究》,复旦大学出版社2009年版,第139页。

违法行为或者其他不良行为有关的证据具有可采性。① 该规定表明美国禁止将被告人的品格作为事实推理的基础，但并不反对在事实推理中运用品格证据。以品格为基础的推理是这样一种推理：从某人具有犯罪的前科推出该人有易于犯罪的品格，进而推出该人会再次犯罪。这种推理具有很大的错误危险，因为实践表明曾经犯罪的人因为自身和社会环境的改变，其品性也会逐渐变化，在随后出现类型情形时，也不会必然再次犯罪。所以，英美证据法通常禁止以被告人的不良品格来作出如下推论：被告人会实施同其不良品格相一致的犯罪。但是，法律并不禁止该类证据用于以下的证明目的：

1. 证明犯罪的机会、动机以及犯罪的预备。为了对犯罪过程进行完整的再现，控诉方可以使用被告人的不良品格证据来对被告人的主观恶性、身份以及犯罪的意图进行证明，还可以证明被告人具有实施犯罪的机会。例如，在某一盗窃案件的审判中，被告人之前偷过案发现场钥匙的事实，可以被作为证明被告人能够从外面进入盗窃现场的证据来使用。犯罪机会、动机以及预备通常并不是案件的实质性问题，提出被告人的不良品格证据对此加以证明，一般并不会导致事实裁判者高估其证明效力，因而用于此目的的品格证据是可以采纳的。

2. 证明存在另外的更大的意图、计划或者阴谋。如果存在更大的犯罪意图、计划或者阴谋时，之前的犯罪与现今的犯罪很可能只是一系列犯罪行为的一个部分，则之前的犯罪行为是可以被作为证明当前犯罪的证据而提出。例如，在一个系列抢劫犯罪行为中，犯罪行为人首先盗窃了一辆车，然后通过非法途径购买了枪支，并利用所盗的车辆和非法购买的枪支，实施了抢劫银行的犯罪行为，则作为犯罪预备的盗窃和非法购买枪支的行为即使尚没有被定罪处罚，也可以在指控抢劫时作为证据予以提出，以证明之后的抢劫行为属于有预谋、有组织、有计划的犯罪。

---

① 参见王进喜：《美国〈联邦证据规则〉（2011年重塑版）条解》，中国法制出版社2012年版，第79页。

3. 证明作案方式的相似性。控诉方可以主张被告人之前的作案方式与现在处于诉讼中的案件的作案手法具有很大的相似性，以此来说明该作案方式是被告人所特有的，可以由该独特的作案方式推出现在的犯罪行为是由被告人实施的。例如，被告人通常是扮作查水表的工人，进入被害人的家里进行查看，而后实施盗窃行为。如果控诉方提出了被告人曾经多次以查水表的名义实施踩点然后进行盗窃的证据，则该证据可以表明此种盗窃手段属于被告人所特有的，对于证明被告人实施了所控盗窃犯罪有较大的关联性。

4. 证明行为人的主观认识。公诉方可以通过被告人前后相类似的行为，来证明案件的争议事实并不是意外事件或者是没有主观过错的行为。以 Rex. v. Smith 案[①]为例，被告人的新娘在小浴缸中溺水而亡，新娘在死亡之前立有一份内容为将财产全部赠给 Smith 的遗嘱。虽然 Smith 构建了不在溺亡现场的假象，使得该事件看起来像是一个意外，但是控诉方指出该案被告人 Smith 的之前两位妻子也是在同他结婚之后，就分别在浴缸里溺亡，并且都在之前立有将全部财产留给 Smith 的遗嘱，同时 Smith 在溺亡案件中都巧妙地构建了其不在案发现场的假象，控方因此认为是 Smith 杀害了自己的妻子。法官认可了控诉方所举的证据，认为尽管 Smith 前后三位新娘的溺亡事件分开来看，可能纯属意外，但是三位新娘的溺亡都是在他们共同生活的家中发生，这就无法用 Smith 主观上没有过错的意外事件进行解释，因此推定是 Smith 谋杀了自己的妻子，判决认定 Smith 有罪。

5. 证明量刑的情节。尽管不良品格证据在定罪程序中被严格限制使用，但是为了实现刑罚个别化，在被告人已经被定罪之后的量刑程序中，可以对被告人的不良品格证据或者犯罪前科加以采纳，以便能够对罪犯做出恰如其分的处罚。在美国，《量刑指南》中明确规定，法官在裁量刑罚时，必须考虑被告人的人格以及犯罪

---

① See Rex. v. Smith [1915] 11 Cr. APP. R229.

的前科。① 在英国，犯罪人的家庭背景、生活环境、成长经历、自身的心理与生理特点、犯罪的动机和原因等，都是缓刑官在提出量刑建议时需要参考的依据。

三、被害人与证人的品格证据规则

证人的内涵在英美法系包括法庭上所有提供证言的人，这就不仅仅包括通常意义上的普通证人、专家证人，还包括出庭作证的被告人以及被害人。被告人同诉讼结果的利害关系最大，也是最容易受到品格证据不利影响的对象，因此为了保障被告人的诉讼权利，实现控辩的平等对抗，通常对被告人的品格证据加以排除，并且设置了相对于被害人和证人的品格证据规则而言更为复杂的规则。被害人品格的证明力并不高，容易引起一定的认识偏见，在案件中通常会间接地影响事实裁判者对被告人的公平裁判，在性犯罪中，被害人不良品格证据的使用，还会对被告人造成"二次伤害"，损害被害人的名誉，但是在一些案件，如故意伤害案以及性侵犯案件中，被害人的品格具有独特的证明价值，所以，英美法系对被害人的品格证据既设置了排除关联性的规则又规定了若干的采纳例外。在诉讼中提出证人的品格证据，一般是为了对证人的可信性加以质疑。在英美法系国家，证人的品格可以被作为一种削弱证言证明力的方法，经验表明，证人的品格与其是否如实作证具有较高的关联性，提出证人的品格证据的目的是试图以证人的品格来影响事实裁判者对证人证言真实可靠性的判断。所以，英美法系一般采纳有关普通证人证言可信性的品格证据，只有在例外的情况下才排除此类品格证据。

（一）被害人的品格证据规则

被害人的品格通常情况下与证明刑事犯罪行为不存在关联性，并且被害人的不良品格也可能对陪审团认定事实造成不良影响，陪

---

① 参见吕忠梅：《美国量刑指南》，法律出版社2006年版，第386页。

审团可能会认为犯罪是由被害人的不良品格引起的,所造成的后果也应该由被害人来承担,从而可能认为被告人无罪。但是,在某些情况下,被告人合理诉讼主张的证明需要用到被害人的品格证据,如被告人为了证明其行为属于正当防卫,可能会提出证明被害人有暴力倾向的证据,以此证明被害人是首先实施攻击的人。① 所以,为了保障被告人能够充分行使辩护权,立法规定了采纳被害人品格证据的例外规则。例如《美国联邦证据规则》第404条(2)和第412条(b)都规定了在刑事诉讼中被害人品格证据排除的例外。

1. 《美国联邦证据规则》第404条(2)所规定的采纳被害人品格证据的情形。主要包括②:

(1) 被告人所提出的证明被害人品格的证据。被告人基于辩护的需要,可以提出被害人具有某种品格的证据,以支持其诉讼主张。如在故意伤害或者谋杀案件中,被告人可以提出被害人的暴力倾向等不良品格证据,以说明是被害人首先发动了攻击行为,而自己的行为属于对被害人加害行为的正当防卫。

(2) 控诉方为了反驳被告人对被害人品格的质疑而提出被害人的品格证据。在刑事诉讼中,控诉方通常不能首先提出证明被害人品格的证据,但是被告人如果首先提出了被害人的不良品格证据,则被害人的品格处于了争议之中,为了反驳被告人对被害人品格的攻击,控诉方可以出示对被害人品格有利的证据进行反驳。例如,在审理杀人案件时,如果被告方提出了被害人具有暴力倾向,是事端挑起者的证据,则控诉方可以提出被害人具有平和品格特性的证据,或者其他能够证明被害人不会主动挑起事端的品格证据。因为杀人案件的被害人已经死亡,无法出庭反驳被告人对其品格的指控,如果不允许控诉方提出有利于被害人的品格证据对此加以反

---

① 参见[美]乔恩·R. 华尔兹:《刑事证据大全》,何家弘等译,中国人民公安大学出版社1993年版,第70页。

② 参见王进喜:《美国〈联邦证据规则〉(2011年重塑版)条解》,中国法制出版社2012年版,第78页。

驳，事实裁判者很可能对被害人产生咎由自取的偏见。

2.《美国联邦证据规则》第 412 条所规定的性犯罪案件被害人品格证据规则。在美国的司法实践中，曾经认为在性犯罪案件中被害人之前的、与性行为相关的评价或者名声证据具有可采性，其原因是被害人是针对被告人诉讼程序的启动者，因此被告人有权利用被害人的品格来防御被害人的指控；并且性犯罪中必须对被害人是否同意作出证明，而在性犯罪发生时通常并没有第三人在场，能够作证的只有被害人一人，为了查明指控是否属实以及被害人是否同意，被害人往往作为证人受到辩方律师的交叉询问。之所以允许法庭采纳有关被害人性方面的评价或者名声证据，是基于以下理由：一是基于一个不可靠的假设，即自愿发生婚前或者婚外性行为的一名女人同一名没有这样经历的女人相比，自愿和他人发生性行为的概率更高。美国证据法学家威格摩尔也支持该观点，他认为如果一名女孩或者妇女出庭指控自己遭受了某一男性的性侵犯，则她的诚实程度可能同其自身的贞洁程度有关。二是如果被害人在性方面具有不贞的名声，被告人在实施犯罪前也知晓被害人的这一不良品性，则该事实会影响被告人声称其认为是被害人自愿与其产生性行为的主张的可信性。如此认识的结果是证明性犯罪被害人之前性行为的证据能够没有限制地在法庭上予以提出，辩护律师可以在法庭上对被害人进行贬损性的询问，使得被害人经受着比被告人更加严厉的质询，被害人的人格尊严受到了侵犯，导致强奸等性方面的犯罪成为报案率最低的犯罪之一。① 随着被害人学理论的发展以及女权运动的兴起壮大，刑事政策开始对刑事诉讼中被害人的权利保障加以关注，特别是对性犯罪中被害人权利的保护。1970 年美国立法机关通过了有"强奸盾牌条款"之称的《美国联邦证据规则》第 412 条，对性犯罪中被害人品格证据的使用予以了规范，包括一

---

① 参见俞亮：《证据相关性研究》，北京大学出版社 2008 年版，第 132～133 页。

条原则和三个例外①:

（1）一条原则是指在涉及强奸或者性侵害的刑事案件中，有关被害人从事过其他性行为或者具有某种性癖好的证据不具有可采性。这就是说被告人对于强奸或者性侵犯的指控，原则上不能以有关被害人性方面的意见证据或者名声证据作为辩护的证据。

（2）在涉及强奸或者性侵害的刑事案件中，被告人为了反驳指控而将被害人曾经的性行为作为辩护证据的，通常也没有可采性，但是，当满足以下三种情形时，有关被害人之前性行为的具体事例的证据具有可采性：

①为了证明在取证过程中所发现的精液、伤害以及其他的物证属于被告人之外的人遗留而提出有关被害人之前性行为的具体事例。该规定暗含的案件情形是已经有证据表明被害人所遭受的性伤害来自于被告人之外的人，所以允许被告人提出被害人同另外的人之间的具体性行为的证据，以证明作为指控证据的精液、身体伤害以及物证属于他人的行为所导致。需注意的是，此时只允许被告人提出具体性行为事例的证据来证明作为案件证据的精液或者伤害的来源，而不能以此来证明被害人具有不良的品格，从而以此进一步推论被害人对性犯罪的发生具有过错。

②被告人为了证明被害人同意与其发生性关系而提供的关于被害人曾经与其有具体性行为实例的证据。在强奸案件中，被害人是否同意是有关罪与非罪的至关重要的争议，被告人对此有权进行充分地辩护。依据日常社会经验，如果被害人同被告人在之前发生过性行为，则人们往往会认为同陌生人相比，被害人更可能倾向于自愿同被告人发生性行为，此时将证明被害人与被告人存在性行为的具体事例证据加以排除，会对被告人行使辩护权造成不合理损害，所以该类证据具有可采性。但是，法官不能单独依靠被告人提出的曾经与被害人有性行为这一证据就认定当前诉讼中的性行为也是双

---

① 参见王进喜：《美国〈联邦证据规则〉（2011年重塑版）条解》，中国法制出版社2012年版，第111页。

方自愿的，因为"一次同意并不代表着永远同意"，被害人即便之前同被告人自愿发生性行为，也很难据此说明当前诉讼中的性行为也是经被害人事先同意的，因为在现实中存在婚内强奸、约会强奸等案件，所以，尽管法官有自由裁量采纳这类证据的权力，但是法官如果仅仅单独依靠此类证据就断定当前所指控的性行为也是基于被害人与被告人双方的自愿，则不仅对被害人不公正，也很可能会造成错误的裁判。

③如果排除有关被害人曾经的性行为的证据会侵犯被告人的宪法性权利，则应当采纳这类证据。在刑事诉讼中，《宪法》赋予了被告人可以充分地提出合法辩护理由的程序性权利，对被告人辩护权利的保护要优先于证据法所确立的"强奸盾牌条款"。例如，在强奸案件的审判中，针对被害人是否同意与被告人发生性行为这一关键争议，如果不允许被告人提出同被害人之前有不正当性行为的证据以表明被害人有诬陷被告人的目的，或者提出证明被害人属于性工作者的证据，就会违背宪法所保障的被告人充分辩护权利。

（二）证人的品格证据规则

在英美法系国家为了削弱证人证言的证明力，通常会对证人的可信性加以攻击。判断某一证人可信性的常用方法是尽量获得证人的品格证据，以此来帮助裁判者判断证人证言的可信度。所以，证人的品格证据在审判中具有关联性。[①] 但是，法庭考察证人品格的目的只是为了判断证人证言的可信性，并不会因品格方面的瑕疵而对证人的实体权利产生不良的影响，因而有关证据品格的证据规则同规范被告人、被害人品格证据运用的规则相比要宽松许多。证言同提供证言的主体的品性紧密相连，因此，在对证人证言进行质证时，证人的品格通常被用作质疑证言可信性的主要手段，但是如果对证人品格的质询不加任何限制，则会对陪审团认定事实产生误

---

① See Douglas N. Walton, Legal Argument and Evidence, Pennsylvania State University Press, 2002, p. 23.

导,并会引起偏见、困惑以及不必要的时间浪费,影响证人出庭作证的积极性。因此,在以证人的品格对证言可信性加以质疑时,必须对以下问题进行考量:一是运用品格证据质证证言的方法对证人可信性的证明价值能在多大程度上超过因弹劾而对证人以及传唤证人出庭的一方可能造成的不公正的偏见;二是弹劾证人的品格是仅限与证人是否诚实有关的品格还是包括证人的所有的品格。以美国运用品格弹劾证言可信性的情形来看,通过品格来弹劾证言的可信性的适用变得越来越谨慎。① 美国和英国对证人品格证据的运用规定了若干规则,以对运用证人品格质疑证言可信性进行合理的限制。

1. 美国的证人品格证据规则。在美国对证人品格证据运用的规范主要集中在《美国联邦证据规则》的第608条、第609条,原则上允许以名声、意见证据、之前的有罪判决或者具体不良行为事例来对证人的品格加以证明,并且对这三种不同的证人品格证明方法规定了具体规则:②

(1) 证人的名声与意见证据的采纳规则。美国法传统上允许通过名声证据来证明证人的品格,但禁止以意见证据对证人的品格加以证明,然而,社会的发展使得人员的流动性变大,在较为封闭的社会环境中,依靠名声或许可以证明品格,但是在诸如大城市等人口流动迅速的环境中,依赖名声来确认证人的品格并不现实。③ 所以,《美国联邦证据规则》第608条第(a)款对以名声或者意见证据证明证人的品格作了一定限制,有关人是否诚实的名声证言或者是否诚实的意见证据必须满足两个条件,才具有可采性,一

---

① 参见王进喜:《刑事证人证言论》,中国人民公安大学出版社2002年版,第317~318页。

② 参见王进喜:《美国〈联邦证据规则〉(2011年重塑版)条解》,中国法制出版社2012年版,第169~177页。

③ 参见[美]本杰明·卡多佐:《司法过程的性质》,苏力译,商务印书馆1998年版,第99页。

是只能用来证实或者否定证人的是否具有令人信赖的品质;二是证明证人可信性的名声或者意见证据只有在证人的诚实品性被名声证据或者意见证据质疑之后,才具有可采性。

(2) 证人先前的不良行为具体实例证据的采纳规则。证人先前的不良行为是指在庭审之前证人实施过的违反道德或者违法法律的行为。《美国联邦证据规则》第 608 条第(b)款规定,仅在以下情形中,允许在交叉询问中调查关于该证人先前的具体不良行为实例:一是只能用于证明或者否定证人是否具有诚实品性的目的;二是该行为实例能够证明证人是否具有诚实的品性;三是该行为实例可以证明为该证人是否可信进行作证的其他证人是否具有诚实的品性;四在对证人的诚实品性进行交叉询问时,不能侵犯证人的反对强迫自我归罪特权。

(3) 证人的先前刑事定罪判决证据的采纳规则。通常而言,证人之前的犯罪前科可以用来质疑证人的可信性。《美国联邦证据规则》第 609 条确立了使用证人之前的刑事定罪判决证据来质疑证人诚实可信品性的规则:一是在应判处死刑或者一年以上监禁刑犯罪,并且证人是被告的刑事审判中,如果法庭认为该证据的证明价值大于其对被告人造成的损害效果,则必须采纳该证据;二是无论犯罪的种类以及刑罚,只要是证人的不诚实行为或者虚假的陈述是犯罪要件成立的必要条件的,则有关证人曾经被定罪判刑的证据必须采纳;三是如果从证人被定罪之日距当前的审判时间不超过十年,则该证人的定罪证据具有可采性,如果证人的刑事有罪判决距当前的审判已经超过 10 年,则除非同时满足以下情形,否则该有罪判绝不可采:①证人的定罪判决有具体的事实和情况加以支持,并且其对证人可信性的证明价值远远大于其可能产生的损害;②提出证据的一方以合理的书面形式通知了对方当事人其使用该证据的意图,使得对方当事人有充分的机会对该证据的使用进行反驳。四是考虑到诉讼效率以及防止对证人产生偏见,对证人之前有罪判决的询问不能涉及犯罪行为的具体细节,只能询问罪名、判刑时间、地点和所受刑罚等概括性事实。

2. 英国的证人品格证据规则。英国的刑事审判中，证人的可信性属于与案件相关的事实，因为它可以使得庭审中的证人证言更加可能或者更加不可能是真实的，① 所以法庭允许在交叉询问的环节涉及证人是否具有诚实品格这一问题。为了防止法庭过分纠缠证人的可信问题而影响诉讼的效率，对法庭调查证人可信性的范围设置了界限。对证人的可信性查明可以通过询问有关先前的不一致陈述、不良品格以及精神或者身体缺陷的证据来实现，这些只影响证人的可信性而同案件待证事实关联性不大的事实被称为"附带性事项"，对附带性事项的询问必须遵守附带性事项终结性规则，即如果证人的品格不属于案件的争议事实而只是争议事实的附带性事项的，则在交叉询问中，证人对其品格问题的回答是终结性的，交叉询问人不得对证人有关品格问题的回答继续提问或者提出新的证据来反驳证人对自身品格问题的回答。② 该规则存在一定的例外：一是对于证人否认其犯罪前科的，交叉询问人可以提出证据对此加以反驳。二是证人否认其对被告人具有偏见的，交叉询问人可以提出新的证据证明偏见的存在。三是证人否定其具有不诚实名声的，交叉询问人可以提出对此予以反驳。四是如果在交叉询问中，证人否定先前所作的对案件有实质性影响的陈述同同证人当前的证言存在不一致之处，则交叉询问人可以提出证据证明上述不一致的存在，对证人的诚实品性进行质疑，但是前提条件是已经充分告知被询问的证人上述不一致的陈述可能产生的相关信息并且证人已被明确询问上述不一致陈述存在与否。③

对于被害人性行为证据的运用，英国《1999年性犯罪法》第

---

① 参见［英］艾伦：《英国证据法实务指南》，王进喜译，中国法制出版社2012年版，第97页。

② 参见齐树洁：《英国证据法》，厦门大学出版社2014年版，第197~198页。

③ 参见英国《1865年刑事诉讼法》第4条的规定，转引自齐树洁：《英国证据法》，厦门大学出版社2014年版，第200页。

41条第1款规定，在性侵害案件中，除了法院许可的情形外，不得提出关于被害人性行为的证据，也不得对此类证据进行交叉询问。其中性行为包括被害人同被告人之间的性行为、被害人同其他人之间的性行为。在此之外，该法也规定了辩方提出与被害人性行为有关的证据和问题的条件，在英国《1999年性犯罪法》第41条第2款对此进行了一般规定，当被告人或者其代理人向法庭提出了申请，并且法官认为有关争议符合该条第3款和第5款规定，如果拒绝申请有可能使陪审团或者法官无法对相关的争议作出可靠的结论时，法院可以允许被告人提出有关被害人性行为的证据或者对被告人的性行为进行交叉询问。该条第3款对第2款的适用条件进行了明确，第2款只适用于相关的问题或者证据涉及案件的有关争议，同时（a）该争议并非有关同意的争议；（b）尽管该争议有关同意，但证据所证明的或者问题所指向的被害人的性行为被指称同案件指控的被告人的犯罪行为的发生时间相同或者趋近；（c）尽管该争议有关同意，但是证据或者问题所指向的被害人性行为被认为在任何一个方面都非常类似于（i）被害人的任一性行为，该行为是作为指控被告人的主要事实的一个部分发生的，或者（ii）被害人的其他性行为，该行为发生的时间同前项所述的犯罪事实的发生时间一样或者大致一样，而这种相似性也无法用巧合来合理解释。第5款规定，如果证据或者问题和控诉方提出的有关被害人性行为的证据有关联，并且法庭也认为有必要由被告人或者其代理人来对控诉方所举的证据进行驳斥或者解释，则答辩方将被允许对已经提出的此类证据或者问题进行反驳或者解释。如在强奸案件的审判中，如果被害人出庭作证说其只愿同她的丈夫或者情人发生性行为，则辩护方就可以对被害人同任何人的性行为进行交叉询问。

第二节 类似事实证据规则

在英美法系中，类似事实证据是一种重要的证据形式，所谓类似事实证据指的是控方所提出的同本案的待证事实相似的、本案事实之外的其他事实证据,目的是用来对某一特定的证明对象加以证明,同本案的待证事实相似的案外事实就是类似事实。① 据此定义,在刑事诉讼中一般是由控诉方提出类似事实证据,目的是证明被告人具有实施所指控犯罪的倾向。不能仅仅因为某人在案外的与本案情形类似的场合以某一方式行事,就推断在本案的情形下,该人也会按照相同的方式行事。类似事实证据规则指的就是类似事实证据通常被认为同案件待证事实没有关联而被排除,但是这只是对一般情形的规定,并不是说所有的类似事实证据都同案件事实不相关,如果类似事实证据与案件的其他方面具有逻辑上的关联性,该证据也有被采纳的可能性。

一、类似事实证据解读

类似事实可以分为犯罪行为和错误或者不当的行为,前者可以用曾经的有罪判决进行证明,后者的证明需要调取另外的证据;还可以按照形成的时间将类似事实证据分为控诉前的事实与控诉后的事实,控诉后的事实指的是控诉方收集的被告人在控诉之后至法院判决前的这一期限内的行为事实。类似事实证据同其他证据相比,一个重要的特征就是该证据能够使得案件的事实裁判者产生较强的不公正偏见,可能会在没有充分其他证据支持的情况下,仅仅依据类似事实证据而认定被告人构成犯罪。这与品格证据能够影响事实裁判者在内心产生不公正的偏见具有相似的作用,一个品格良好的被告同品性恶劣的被告相比,更不可能被陪审团定罪。在某些情况下,类似事实证据同品格证据之间没有明显的界限,如被告人曾经的不法行为会对其品格产生不利影响,不良的名声也很可能是因被告人曾经的不法行为而造成的。基于两者具有某些相通之处,英国

---

① 参见蔡杰、汪键:《英国相似事实证据规则简介》,载《中国刑事法杂志》2005年第1期。

有学者将类似事实证据和品格证据统一归属于倾向性证据。① 在美国，类似事实证据被认为是品格证据的一种表现形式，被归入品格证据的范畴，而在英国则认为类似事实证据是不同于品格证据的一种证据。实际上，类似事实证据同品格证据之间存在着一定程度的区别，主要表现在以下几点：

1. 证明的方式不同。类似事实证据通过强调被诉行为与案件外的具体行为事例之间的相似性，来对特定对象的品性加以证明，侧重于个人行为前后的一致性；而品格证据侧重于从道德上评价行为人，通常以名声或者意见证据的形式证明特定对象的品性。

2. 证明对象的范围不同。类似事实证据的证明对象通常仅仅为被告人，而品格证据不仅可以用来证明被告人的品性，还可以用来证明被害人、证人等其他诉讼参与人的品性，其证明对象的范围明显宽于类似事实证据。

3. 证明的作用不同。在犯罪事实是否由被告人实施这一案件争议的证明上，类似事实证据可以提供与案件事实相似的情形下，何人可能实施该犯罪行为或者犯罪怎样发生等信息，从而对其他案件证据形成佐证并构成具有说服力的证据链条，进而对被告人是否犯罪这一争议形成间接的证明作用；品格证据却不能被用来对被告人是否犯罪这一争议进行证明，因为品格证据只是展示了被告人一般性的品性，只能引导案件事实裁判者对犯罪事实产生倾向性认定结果，品格本身无法告知裁判者案件的具体情况，品格的好坏同是否会实施所指控的犯罪不存在必然联系。刑事诉讼要求证据应该能够表明被告人是否实施了犯罪行为，而并非只是表明被告人可能实施了犯罪。所以，通常情况下，品格证据不能被用来证明被告人是否实施了所控罪行。

4. 发挥作用的诉讼阶段不同。类似事实证据通常只在诉讼的定罪阶段发挥作用，除了类似事实影响到了被告人的品格，如类似

---

① See Richard May, Criminal Evidence, 4th Edn, Sweet & Maxwell, London, 2002, p. 431.

事实同被告人是否构成累犯或者惯犯有关,一般在诉讼的量刑阶段,并不考虑该类证据;相对而言,适用品格证据的诉讼阶段较为广泛。不仅在法定的情况下,品格证据可以用来辅助犯罪事实的认定,而且在量刑阶段也发挥着重要作用。根据刑罚个别化理论,量刑应当依据被告人犯罪行为的社会危害性以及人身危险性,品格证据同证明被告人的人身危险性具有直接的关联性,所以品格证据能够影响法官对被告人的量刑。

5. 排除的依据不同。英美法系国家的法律对品格证据的采纳与排除有明确的规定,在刑事诉讼中良好的品格对于证明证人是否可信或者被告人具有良好的品格而言是相关的,法庭可以采纳;对于不良的品格,除了法律明确规定的例外情形之外,通常需要加以排除。但是,对于类似事实证据的采纳与排除,法律并没有直接的规定,主要是依赖法官在具体的诉讼情形中自由裁量。

类似事实证据的采纳与排除同相似性和倾向性这两个特征密切相关。所谓相似性是客观之物的异与同的矛盾统一体,通常提及相似性,不仅指事物之间具有雷同之处,也是在强调事物之间的客观差异。相似性在英美法系的法律中有广义和狭义之分。广义上而言,只要两个事物之间具有共同的特征就可以说二者具相似性;狭义上而言,只有两个事物之间具有的共同特征属于重要特征时,这两个事物才具有相似性。[①] 同广义相似性相比,狭义相似性对证据的可采与否提出了更高的标准,对前后事实之间关联性的证明提出了更高的盖然性要求。相似性的这种划分对法官审判案件有重要影响。对于某一事实,如果从广义相似性的角度来理解,能够得出同案件待证事实没有关联性的结论的,则该事实不能作为证据而采纳。但是广义相似性对事物之间的共同特征没有进行进一步的限制,在对证据要求严格的刑事诉讼中,法官更倾向于依据相似性的狭义概念来判断作为证据的事实同案件待证事实之间的关联,从而

---

① Julius Stone, The Rule of Exclusion of Similar Fact Evident: England. Harvard Law Review, Vol. 46, No, 6 (Apr., 1933), p. 955.

使这两者之间的相似性更加充分,以满足证明事实所要求的证明标准。

倾向性是一个中性词,指的是对某一事物表现出来的某种态度趋势,在英美法系的诉讼理论中,其通常指的是不利于被告人的态度或者评价,与"偏见"一词含义等同。刑事诉讼中,控诉方为了证明被告人具有实施所诉之罪的目的、动机以及方法,一般会出示表明被告人具有同案件事实相似的某一不良兴趣或者不法行为,使得作为事实裁判者的陪审团产生认为被告人有罪的倾向。这种倾向虽然是不利于被告人的一种偏见,通常应当排除,却也有一定的合理之处,表现在:一是从心理学的角度而言,个人的行为具有一定的稳定性与习惯性,由此而形成个人独特的行事风格。如果某人发展出了具有个人风格特点的犯罪行为模式,那么在出现相同情形时,该犯罪行为方式就会展现出来。即便犯罪人刻意伪装或者隐瞒之后实施的行为,也会遗留有先前行为模式的特征。所以,个人行为的这种习惯性与稳定性能够在前后类似的行为之间,以及类似行为同案件事实之间建构一种内在的相关性,使得根据已知的某一事实,可以对某一案件事实作出推定。[①] 二是从统计学的角度而言,某些情形下的类似行为具有极高的盖然性,原因是个人认知模式的形成要受到之前生活经验以及行为的影响,所以具有一定的稳定性和独特性,以这种认知模式为指引的个人行为在特定情形下通常表现为没有意识的、自动化的重复行为。所以,一旦相同或者类似的情形出现,同一人与其他人相比更可能实施与先前行为类似的行为,如果类似行为与案件的待证事实的关联性达到一定的程度,那么根据其推断待证事实也就具备一定的可靠性。正是由于类似事实证据的这种合理性,同其他形式的证据相比,类似事实证据更可能使得事实裁判者在内心形成对被告人不公正的偏见,以至于在其他有罪证据不足的情况下,事实裁判者依然会倾向于对被告人作有

---

① 李富成:《推定的运用》,中国人民公安大学出版社2008年版,第182页。

罪裁决。所以，法官在决定是否采纳类似事实证据时，必须谨慎衡量类似事实证据的证明价值以及可能对被告人造成的不公正影响，只有在法官认为类似事实证据的证明价值远大于其可能造成的不公正偏见时，才可以决定采纳该证据，否则应当排除类似事实证据。

二、类似事实证据的采纳与排除规则

（一）类似事实证据的采纳规则

英美法系国家没有详尽列举类似事实证据可以被采纳的情形，一般而言，如果类似事实属于所指控犯罪的构成部分，并具有充分的证明力，那么该证据就同案件事实是关联的，并且可以被法庭采纳。通常情况下，类似事实证据在以下情形中具有关联性，能够被采纳：

1. 证实犯罪实施人的身份。由于行为人通常倾向于反复实施与自己惯常行为模式与信念相一致的行为，在对犯罪实施者的身份产生争议时，如果案件的被告人与犯罪实施者具有相似或者相同的某种典型行为方式或者性格特点，可以推断二者身份吻合的，该证据就对案件事实的证明具有关联性，因而也能够被采纳。但是需要注意的是：（1）被告人同犯罪行为人相似或者相同的行为方式或者性格必须足够独特，排除了巧合的可能，以至于可以使事实裁判者认为案件的被告人就是犯罪行为的实施者，该类似事实才具有足够的证明价值，才能够被采纳。如果被告人和犯罪行为人所雷同的仅仅是一般性特征，则在被告人之外可能还有其他人具有这种特征，该证据对判断被告人是否实施了犯罪行为并没有多少证据价值，也就没有采纳的必要。（2）不能单独依据类似事实证据就认定被告人犯罪，类似事实证据只有同其他能够证明被告人犯罪的证据结合使用，才能发挥较大的证明力。

2. 对辩方主张进行反驳。类似事实证据如果被控方用来反驳辩方的辩护，一般都是可采的。但是，此时辩方的辩护必须是积极辩护，如果被告人的辩护只是消极辩护的话，则类似事实证据不能用来对此进行反驳。所谓积极辩护是指辩方以提出同控方证据相反的、有利于被告人的证据进行辩护；消极辩护是指辩方并不出示证据，而只是针对控方的证据指出问题或者从法律认识的角度进行辩护。①

3. 证明犯罪人的主观故意。如果某人多次以某种方式行为，则可以由此推断其主观上明白自己在做什么。因此类似事实证据可以证明被告人主观上有犯罪的意图，从而否定案件争议事实的发生是偶然的、毫无知觉的或者没有过错的主张。例如在著名的 R v. Smith 案②中，法官采纳了类似事实证据，认为只有一位新娘死在浴缸中可能是个意外事件，但是同样的死亡事件发生了三次，并且被告人都能从每一次新娘的死亡保险中受益，这无法用巧合来解释，之前两次类似事实的证据，可以用来认定是新娘死亡的事实并非偶然，而是被告人蓄意而为。

4. 印证证人的证言。类似事实证据在用来印证证人证言的真实性时，具有可采性。不同的证人有关被告人在不同时空下的行为的陈述，如果这些证人所陈述的事实有明显的类似之处，则这些证言很可能是真实的。因为尽管事实裁判者可能认为一个证人会说谎，但是在有多个证人对同一事实作证时，除非这些证人之前有共谋或者串供，否则不会说相同的谎言。

5. 证明犯罪动机或者意图。一般情况下，犯罪的基本构成要件并不包括犯罪的意图或者动机，但是犯罪动机或者意图的查明有助于解释被告人犯罪的起因，对揭示犯罪者的人身危险性也有帮助。同案件事实相类似的案外事实对于证明本案被告人的犯罪意图或者动机而言，具有可采性。例如刑事案件的被告人被指控实施了五次盗窃车辆和四次抢劫共九项犯罪，同时有证据表明被告人在每次盗窃车辆后不久，就会实施抢劫行为，在抢劫结束后抛弃所盗车辆；而后重新盗窃车辆，接着进行抢劫行为，反复如此。在此案的

---

① 参见 [日] 谷口安平：《程序公正》，载宋冰：《程序、正义与现代化》，中国政法大学出版社 1998 年版，第 65 页。
② See R v Smith 1915 11 Cr App R 229, CCA.

诉讼中,对被告人每一次盗窃车辆行为的审判,都可以用之前四次盗窃车辆后实施抢劫的类似事实来证明被告人本次盗车的动机。

6. 类似事实构成了某人的习惯。习惯是指某一个体对于重复性的具体情况所作出的常态反应。在证据法上,习惯证据一般情况下具有可采性。《美国联邦证据规则》第406条规定,证明某人的习惯或者某一组织的惯例的证据,对于证明该个人或者组织在具体场合下实施与其习惯或者惯例相一致的做法而言是可采的。法院对该证据的采纳不以有目击证人或者其他证据对其予以补强为条件。① 采纳习惯证据的原因包括两个方面:一是习惯虽然由若干个类似事实的不断重复来表现,但是它却具有多个零散的类似事实所不具有的稳定性和规律性,所以,习惯能够在案件待证事实和类似事实之间建立某种可靠的内在的关联;二是习惯是个体对某种具体情况的常态反应,这种反映基本上是无意识的、自动的反应。与品格证据相比,习惯更加客观、具体,可以避免因采纳品格证据而产生的不公正偏见,所以具有可采性,构成习惯的若干类似事实证据因此也就具有了可采性。

(二)类似事实证据的排除规则

排除类似事实证据的情形主要包括三种:一是没有关联性;二是证明力不足;三是因法官行使自由裁量权而被排除。

1. 因没有关联性而被排除。一般而言,类似事实证据同证明被告人会依据其品格行事没有关联性。尽管若干类似事实证据可以表现某个人的品格,但是品格的好坏同是否会犯罪不存在必然的联系,不能说好人一定不会犯罪,坏人就一定会再次犯罪。所以,如果类似事实证据涉及某人的特定品质或者性格特征的,则它对于证明此人会在特定的情形中按照其品质或者性格行为而言没有关联性,也就是说试图依据类似事实证据先证明品格,进而对该人的犯

---

① 参见王进喜:《美国〈联邦证据规则〉(2011年重塑版)条解》,中国法制出版社2012年版,第91页。

罪行为加以证明的推论是不成立的。另外，如果仅仅有一个类似事实发生，一般认为是偶然发生的，该偶然发生的事实对于证明案件事实是否发生通常不具有关联性；如果两个类似事实发生的时间相隔很远，无法断定发生在前的事实同之后发生的事实之间具有紧密的联系，因而前一事实就不能证明后一事实的情况。

2. 证明力不足。类似事实之间必须具有独特的相似或者相同之处，才能具有充分的证明效力。然而，在同一种类的犯罪中，犯罪手段上的雷同非常多见，此时用类似的犯罪手段这一事实来证明行为人实施了被诉的犯罪行为，往往显得证明不足。在没有其他有罪证据加以支持的情形下，单独依据这些类似的犯罪手段证明被告人有罪，一般不会被法庭采纳。该类似事实必须与另外一特定事实相结合，使相类似的事实具有独特性，并进而证明争议事实也具有这种独特的类似特征，才可以说类似事实证据对于争议事实的证明具有关联性，进而可以采纳此类似事实证据。

3. 因法官行使自由裁量权而被排除。法官具有自由裁量排除证据的司法权力，在对类似事实证据是否可采进行权衡时，通常需要考虑如下五个方面：一是除了证明品性之外，该证据对案件的争议问题具有的证明力如何；二是具体的行为对于品性之外的事实争议有多大的证明力；三是对于已经发生的行为证据具有的证明力如何；四是该证据的提出所造成不公正的偏见可能性以及程度；五是限制性指示对于不公正偏见风险的减轻具有多大的效果。[①] 所以，虽然某些类似事实证据对案件事实的证明具有较强的关联性，但是法庭采纳该证据会使陪审团在事实认定上产生较大的偏见，甚至可能导致陪审团以被告人曾经的不良行为倾向为依据而直接认定被告人有罪，此时法官会行使自由裁量权将该类似事实证据加以排除。

---

① 参见［美］罗纳德·J. 艾伦、理查德·B. 库恩斯、埃莉诺·斯威夫特：《证据法：文本、问题和案例》（第三版），张保生、王进喜、赵滢译，高等教育出版社 2006 年版，第 293 页。

第三节　其他证据关联性规则

除了品格证据、类似事实证据之外，英美法系国家在司法实践中还基于关联性的原因对概率证据，事后补救措施证据，和解、答辩中的妥协证据采纳与排除作了探讨，并逐渐形成了有关这些证据的关联性采纳与排除的一般规则，这些规则尽管没有品格证据、类似事实证据规则那么令人瞩目，但也在司法实践中发挥了重要作用。

一、概率证据排除规则

概率证据并非法律上的专业术语，学者们将数学上或者统计学上的概率方法或者概率引入司法证明中来，从而产生了概率证据。因此，概率证据是对数学推论的方法以及有关概率运算的统计数据的统称，它表现为两种形式：一是统计数据，如利用测谎仪得出的准确率数字；二是由公式构成的测算概率的方法，例如贝叶斯概率法则等。概率本身只是对事实发生的可能性进行衡量的量度，并不是证据，而是处于 0 到 1 的某个数字，用来表示从统计证据或者其他类型的证据所得出的结论。① 为了研究的方便，本书接下来使用概率证据来称呼用于诉讼证明中的概率。概率证据以概率论为基础，概率论主要研究随机现象的数学规律性，具体而言就是探求事件结果在相同情形下重现的可能性。概率证据在司法中对认定事实会发挥一定的作用，依据科学实验中获得的统计数据而形成的概率，拥有反复的相似性甚至是同一性，所以普遍被认为具有可靠性。概率通常可以对鉴定方法的可靠性加以证明，例如根据科学的统计数据显示，人类十个手指的指纹完全一样的概率只有六十亿分之一，危险的覆盖率特别低，所以利用指纹比对所做出的人身同一

---

① 参见［美］约翰·W. 斯特龙：《麦考密克论证据》，汤维建等译，中国政法大学出版社 2004 年版，第 426 页。

认定，常常拥有可信的排他性。① 但是在刑事案件中，概率证据的说服力并不像学者们期待的那么高，而且往往会被法官加以排除，这是有一定理论依据的。

（一）排除概率证据的理论根据

1. 概率证据具有假定性，使得其逻辑关联性受到限制。就像得出人类指纹同一的概率不是以全球所有人类的统计结果为依据，概率统计得来的数据不一定是来自所有的事实样本，而可能是基于一定原则选取有限的样本，然后依据一定的数学原理推算而来。这就无法避免统计的数据没有覆盖相关的全部领域，或者出现与概率统计的结论相违背的巧合性或者偶然性的因素。所以，概率证据具有某种假定性，其与案件待证事实的逻辑关联性有限。

2. 概率证据的机械性使得主体的个性被忽视。在科学实验和社会现象中应用概率证据的科学性是不同的。在科学实验中，可以控制主体因素不变，同样类型的实验可能会产生重复的近似性或者同一性的结果，因而人们可以较为容易地接受来自科学实验的概率。但是社会是由具有独特性的个体组成，不存在完全相同的两个人。在诉讼中如果机械地用概率来评价个人的行为，不可避免地会导致错误裁判的风险。因为，在刑事案件中运用概率证据时，个体之间的客观差异以及偶然性因素并没有被考虑在内，仅仅是以概率来定罪，具有明显的不公正缺陷。正如在 People v. Collins 一案②中美国加州最高法院在判决中的论述，控诉方的概率计算忽视了证人的观察能力以及当事人陈述的真实性，是在假设证人和当事人的陈述都是符合客观事实的基础上所作的推算。但是，证人可能会因主客观原因而观察失误，当事人可能出于胜诉的目的而说谎，这就使得言词证据可能并不真实客观，以此为基础的概率推算难免造成错误的认识。

---

① See People v. Adamson, Supreme Court of California, (1946) 27Cal. 2d 478.

② See People v. Collins (1968) 438 p. 2d. 33.

3. 概率结论稳定性较差。在司法实践中，直接运用概率法则来判断案件事实，会面临因人为计算概率导致结论不稳定的风险。原因是计算概率所依据的社会调查数据会因研究主体的价值倾向、研究目的、方法的不同而产生差异。对于同样一个社会现象进行调查，即使分析的方法相同，但在调查项目、对象以及倾向性问题的设计上存在差异，也会造成最终调查结论的不同，这也就意味着以社会调查的方式而得出的概率结论，会因调查主体的不同而有所变化，其可靠性并不能够达到认定行为人同一的程度，在美国陪审团不愿意赋予概率证据充足的证明力也与概率证据因人为性而造成的结论不稳定有关。[①]

4. 概率证据可能导致不利于被告人的偏见。尽管具有较高犯罪概率的人群实施犯罪的可能性大，但是犯罪概率只是对可能实施犯罪的倾向描述，具有较高犯罪概率的人并不一定客观上会实施所指控的犯罪，因此庭审必须仅仅围绕被告人是否犯有所指控犯罪这一中心，不能过分夸大概率证据的证明力。例如根据某项长期调查显示，曾经实施过犯罪的人再次犯罪的概率是72%，尽管该数据并不一定精准，但是该数字会使陪审团对具有犯罪前科的被告人的偏见更进一步，陪审团甚至会认为所有具有犯罪前科的人都可能再次犯罪。即便统计所得的数据非常精准，但是如果一项犯罪指控没有其他具有较强证明力的证据支持，而只依靠概率来推断是否有罪，就很可能使无辜者被定罪。所以，除非某一概率的可靠性是百分之百，否则运用该概率来证明被告人是否犯罪就会具有较大的错误风险。因此，在刑事案件审判中应坚持法定的证明标准，对有罪的证明必须达到排除合理怀疑的程度，不能将概率作为主要的定罪证据，以防止被告人单纯因为概率而被非理性地定罪。

（二）概率证据排除规则

概率证据在诉讼证明中的关联性非常有限，因为概率是对可能

[①] 参见[美]詹妮·麦克埃文：《现代证据法与对抗式程序》，蔡巍译，法律出版社2006年版，第61页。

性进行的量度，其只可能接近百分之百而无法达到百分之百，并且计算概率的规则的人为性与机械性并存，在司法实践中运用概率公式面临着复杂的、个性化的情境条件，概率没有重复的正当性。所以，在诉讼中一般应排除概率证据，只有在限定的特殊情况下，概率证据才具有关联性，从而可以采纳。

1. 通常情况下概率证据不能被用作对当事人不利的主要证据。排除概率证据的目的是为了防止以概率统计的结果为依据来对案件的主要争议事实加以认定，也就是指不能主要依靠概率证据来指控被告人，例如不能依据概率证据来对犯罪行为人的身份加以确认，进而推断被告人是犯罪行为的实施者。英美法系在证据法上没有明确排除概率证据的规定，但是从英美法的判例可以发现，原则上不允许法庭依据概率就对被告人作出不利的判决。[①] 原因包括两个方面：一是司法需要查明的是犯罪人如何实施了犯罪行为，审判需要判断的是事实上发生了什么情况，而概率仅仅是对某种可能性的揭示，依靠概率无法作出确定性的判断，这同刑事案件的证明标准相违背；二是诉讼证明属于一种极其复杂的人类行为，根据通常的经验，统计学上的资料对于证明复杂的历史性事实一般并不充分，在偶然性的证据中往往又包含着个别性事实，因而将统计资料作为基础的概率性证明等科学证明的方法，现今仍然无法彻底替代证据法。[②] 在美国，概率证据不能被用作对被告人不利的实质证据，这一方面是为了对被告人的正当权益加以保障，另一方面也是对无罪推定原则的遵循，在证据出现疑义时，应作对被告人有利的推定。

2. 概率证据排除的例外规则。概率证据与案件主要争议事实的关联性不足，并不影响其对案件主要事实之外的事实的证明，在对非关键性的、非主要的事实的证明上，概率证据具有一定的正当

---

① 参见[美]约翰·W. 斯特龙：《麦考密克论证据》，汤维建等译，中国政法大学出版社2004年版，第430页。

② 参见[日]石井一正：《日本实用刑事证据法》，陈浩然译，五南图书出版社公司2000年版，第11页。

性，在特定情况下发挥了一定证明作用。主要表现在两个方面。一是作为对主要证据的补强证据使用时，概率证据具有关联性。在诉讼证明中，鉴定意见较之于言词证据等其他类型的证据而言，具有较高的可靠性，但是鉴定意见的可靠性是以其鉴定方法的科学性为前提的。鉴定是对犯罪遗留的物证进行分析，其分析的对象现场物证与纯粹的逻辑数理统计相比，具有更高的可信度，鉴定意见的可靠性同其所用的鉴定方法有关，概率证据能够为鉴定方法的科学性提供支持，从而补强鉴定意见的证明力。二是可以依据概率对抗辩的理由进行反驳。尽管不可以用概率证据来证明被告人是否犯罪，但是却可以依据概率来反驳被告人的辩解。例如在 Rex. v. Smith 案[①]中，被告人 Smith 对新娘在浴缸中溺死这一事实的辩解是新娘因自己的癫痫病发作而死亡，控诉方提出了反驳证据表明，Smith 之前的两个妻子同样是在和他结婚后不久就在浴缸中溺死，并且两位死者都由同一名医生作出的身患癫痫病的诊断结果，控诉方试图说明是 Smith 谋杀了本案的被害人。法官基于以下的理由采纳了控诉方提出的反驳证据：三位新娘死亡的事件分别来看似乎属于意外事件，但是被告人的三位新娘都是因癫痫病发作而溺水死亡的事件，在同一个人身上发生的概率如此之小，以至于可以反驳被告人主张的被害人因癫痫病发作而死亡的抗辩，从而推断 Smith 同被害人的死亡有关。该案中控诉方提出的是类似事实证据，是以这么多数量的类似事实在同一个人的身上发生的概率太小来反驳被告人的意外事件或者自己无辜的诉讼抗辩。但是，控诉方以概率来反驳被告人的抗辩，必须以被告人提出此类抗辩理由为前提，而不能主动以概率为主要证据证明被告人实施了所指控的犯罪。

二、事后补救措施关联性排除规则

事后补救措施关联性排除规则是指事件发生后的救助行为或者补救措施对于证明犯罪行为或者伤害事件的相关过失没有关联性。

---

① See Rex. v. Smith [1915] 11 Cr. APP. R229.

对此规则,《美国联邦证据规则》在第 407 条、第 409 条有明确规定。第 407 条规定如果在事后采取了可能避免损害或者伤害发生的措施,则事后所采取的这些措施对于以下事项的证明不具有可采性:过失;罪错行为;产品缺陷或者设计缺陷;缺乏警示或者说明。第 409 条规定有关给予、提议支付或者承诺支付由于伤害所造成的医疗或者类似费用的证据,如果被用来证明对该伤害负责,则不具有可采性。① 该规则的确立并不是为了事实真相的查明,而是出于社会政策的考虑,其目的是鼓励社会公众及时采取减少损害的措施,增进社会安全,鼓励公众积极提供人道主义援助,为了防止公众因行善而遭受法律的制裁,消除人们行善的顾虑,而排除可能因事后的补救措施而被认定为自认的证据。② 尽管从经验角度来讲,在事后救助受害人、对致害设施或者产品采取补救行为的人很大程度上就是加害人,但是也不排除某些心地善良的人虽然对加害行为没有任何责任,却主动采取措施帮助受害人,如果法律仅仅因为事后的救助行为就规定这些人同加害行为有关,就会挫伤社会公众助人为乐的积极性,使得社会缺失互助精神。司法裁判的社会政策价值取向的意义表现在其能够对社会道德产生引导作用。法律道德化和发挥教育功能的关键在于司法裁判的社会可接受性。尽管审判外在地表现为一个发现事实真相的过程,其实质确是一个公众能够以自身参与而知晓如何行为的信息的剧场;虽然有助于准确裁判的措施也能够增加裁判的可接受性,但是却不是一定能够产生如此的效果,例如某些证据规则,如非法证据排除规则,其目的并不是促进案件事实的发现,而是为了维护司法公正,从而增加裁判的社会可接受性。排除有关事后补救措施的关联性有可能不利于事实真相的发现,也可能会使得真正的罪犯逃脱惩罚,但是该规则可以消

---

① 参见王进喜:《美国〈联邦证据规则〉(2011 年重塑版)条解》,中国法制出版社 2012 年版,第 94 页、第 102 页。

② 参见何家弘、张卫平:《外国证据法选译》(下),人民法院出版社 2000 年版,第 613 页。

除救助者的顾虑，受害人因此可能得到他人及时的援救，也可以维护正常社会所必需的互助精神，是为了维护社会所珍视的伦理价值而不得不在事实发现方面做出的妥协。

排除事后补救措施的关联性仅在该证据被用来证明犯罪行为或者伤害事件的相关过失，如果被用于其他的证明目的，则可能具有关联性。如《美国联邦证据规则》第407条规定，法院可以基于其他合理的目的而采纳有关事后补救措施的证据，如对存在争议的所有权、控制权加以证明或者弹劾，证明或者否定预防措施的可行性等。第409条规定的提议支付医疗或者类似费用的证据可以为证明存在伤害事实、存在雇佣关系等目的而具有可采性。但是在采纳这些证据时，必须不能违法《美国联邦证据规则》第403条的规定，即这些证据的证明价值必须远大于其可能造成的损害或者混淆等不良影响，才有可能被采纳。

三、和解、答辩中的妥协关联性排除规则

为了鼓励当事人之间的妥协，促进诉讼纠纷的化解，《美国联邦证据规则》第408条和第410条分别规定了排除和解与答辩中的相关妥协关联性的规则。

（一）和解协议关联性排除规则

根据《美国联邦证据规则》第408条第（a）项的规定，和解协议关联性排除规则是在对某一项索赔的有效性或者数额存有争议时，为了对索赔进行和解或者试图和解而提议、承诺或者给予，或者提议接受、接受、承诺接受某一有价值的对价；以及在就索赔进行和解谈判过程中的陈述或者行为的证据，不得采纳用来证明或者证否争议索赔的有效性或者数额，或者用来以前后陈述不一致或者相互矛盾为由弹劾当前的陈述。该规则的适用前提是诉讼当事人就索赔存有争议，只有在针对存有争议的索赔进行和解谈判期间而提

出的过错陈述或者和解协议,才不可以被采纳。① 如果诉讼双方对索赔没有争议,那么有关过错的陈述或者和解协议可以用来证明主动提出和解或者作过错陈述一方对伤害的发生具有责任。该规则的确立具有以下四个原因:一是该类证据同争议事实关联性不大,因为当事人主动提出和解的目的并不一定是为了承认自己对案件有责任,而可能仅仅是为了促进争议的解决,尽快息事宁人;二是鼓励当事人之间主动进行和解。如果法律不鼓励和解,那么将会有众多的轻微刑事案件进入法庭审判,法院将不得不花费大量的司法资源来处理这些轻微案件,这将对本就紧缺的司法资源带来不必要的浪费,不仅影响司法的效率,也无法实现司法资源的合理分配;三是排除此类证据,可以保障诉讼双方在和解中自由地表达,从而促进庭外和解的有效达成;四是维护司法公正。将诉讼一方出于和解目的而作出的坦诚表达用于庭审反驳其本人的证据,客观上是对坦诚行为的一种惩罚,这对坦诚相待的一方是不公平的,为了保障和解中如实陈述者获得公正对待,对以达成和解协议目的而为的坦诚陈述的可采性进行了限制。

《美国联邦证据规则》第408条(b)项规定了和解协议关联性排除的例外,法庭可以为了其他的目的而采纳这一证据,例如,用来证明证人对一方当事人具有成见或者偏见,对有关不当拖延诉讼的观点进行否定,或者用来对妨碍刑事调查或起诉的行为加以证明等。又如有关提议和解和和解谈判的证据,可以对被告人具有解决争议的诚意加以证明,从而反驳对被告人恶意拖延诉讼的指责。再如被害人同某一共同被告人在庭前达成和解,当该名共同被告人出庭作证时,则相关的和解协议对于证明该共同被告人的证言受到了和解协议的影响具有关联性。

(二) 答辩、答辩讨论或者相关陈述关联性排除规则

答辩、答辩讨论或者相关陈述关联性排除规则主要体现在

---

① 参见王进喜:《美国〈联邦证据规则〉(2011年重塑版)条解》,中国法制出版社2012年版,第100页。

《美国联邦证据规则》第 410 条①（a）项之中，该规则是指在刑事诉讼中，关于下列事项的证据，不可采纳为不利于被告人的证据：（1）之前作有罪答辩，之后又撤回有罪答辩；（2）被告人所作的既不承认犯罪又没有进行抗争的答辩；（3）在所有依据《联邦刑事诉讼规则》第 11 条的规定②或者州法规定的类似程序而开展的诉讼活动中，被告人作出的与以上任何一种答辩有关的陈述；或者（4）被告人在与控诉方律师的答辩讨论中作出的尚未构成有罪答辩或者虽然构成有罪答辩但随后又撤回的陈述。在以解决诉讼争议为目的的谈判中，被告人为了能够获得诉讼利益而提出的妥协或者达成的妥协不能被采纳为证明被告人有罪或者反驳被告人无罪主张的证据，这会在一定程度上促使辩护证据不充分的被告人打消顾虑，积极同控诉方进行辩诉交易，既能够使被告人尽快摆脱诉累，也可以减轻庭审的压力，提高司法资源的利用效率。

《美国联邦证据规则》第 410 条（b）项规定了答辩、答辩讨论或者相关陈述关联性排除的例外，即在下列情况下，法院可以采纳（a）项第（3）或者（4）项所规定的陈述：（1）在任何程序的同一答辩或者答辩讨论中作出的另外一个陈述也被提出，为了公平应当同时对这两个陈述加以考量；（2）在涉及伪证或者虚假陈述的刑事诉讼中，假若该陈述是被告人在宣誓之后作出，并且律师在场且记录在案的。根据第（1）项例外，如果被告人在庭审中提出了其在辩诉交易谈判过程中作出的一部分陈述，则控诉方就可以提出被告人在辩诉交易谈判中的其他陈述，以便为被告人提及的陈述提供解释或者背景，避免被告人选择性使用辩诉交易中的陈述而

---

① 《美国联邦证据规则》第 410 条的内容参见王进喜：《美国〈联邦证据规则〉（2011 年重塑版）条解》，中国法制出版社 2012 年版，第 105 页。

② 《美国联邦刑事诉讼规则》第 11 条对被告人答辩的种类、程序等问题进行了规定。根据该条规定，被告人可以作出的答辩包括：有罪答辩、无罪答辩以及不抗争答辩。其中被告人作不抗争答辩必须事先经过法庭的同意，法庭在接受不抗争答辩前必须对当事人的主张以及有效司法中的公共利益进行恰当的考虑。

误导陪审团。该条规定的第（2）项例外可以防止被告人逃避伪证罪的起诉。如果被告人在答辩程序中作了虚假的陈述或者伪证，则在对被告人虚假陈述或者伪证行为的指控中，可以使用被告人在答辩程序中的陈述，如此规定的目的是以可能被起诉的风险来促使被告人在对法官进行的有罪答辩时如实陈述。

第五章　我国证据关联性规则之构建

　　具有关联性是证据被法庭采纳的基本前提，因而是审查判断证据的标准之一。在英美法系的证据规则体系中关联性规则居于基础性地位，发挥着重要作用。一方面有助于案件事实的准确认定。由于陪审团审判普遍适用于英美法系的刑事审判，为了防范陪审团成员在审判中被自身偏见或者成见所干扰，或者被当事人的经历、背景以及被告人、律师的不当辩护所影响进而作出有损公正的裁判，英美法系国家创立了证据关联性规则，从而确保陪审团成员不被没有关联性的证据所干扰，能够依据可靠证据准确认定案件事实。另一方面可以对法庭调查的范围进行限制，进而提高庭审效率。当事人主义诉讼模式的缺点之一是会导致某些诉讼当事人为了胜诉而采取不当的手段，例如通过向法庭提出与案件待证事实没有关联的证据，试图混淆事实争议、拖延审判。确立关联性规则可以对当事人诉讼权利的行使形成合理约束，使得法庭能够紧紧围绕案件的争议事实开展调查，有利于庭审的快捷进行。所以，关联性规则对于实体正义和程序正义的实现都有积极意义。

　　我国的证据制度总体上更类似于大陆法系国家：都没有统一的证据立法和健全的证据规则。但是，同大陆法系不同的是，我国在证据法的发展历程中没有经历法定证据制度，因此并不排斥以成文的证据规则来对法官审查判断、取舍证据的行为进行规范。同时，我国刑事诉讼模式发展的总体趋势是学习借鉴英美法系的当事人主义诉讼模式，当事人在诉讼程序中的主体作用越来越凸显，诉讼的结果也逐渐取决于庭审的举证、质证等活动，出于防范诉讼主体滥用诉讼权利、干扰庭审顺利进行的目的，有必要设置证据规则对庭审运用证据的行为进行规范。另外，我国法官在审判中具有较高的自由裁量权,这也在一定程度上为司法腐败埋下了伏笔,出于保证法官合理行使自由裁量权的目的,也有必要建立健全证据规则。证据关联性规则对所有的证据类型都适用,属于基础性证据规则,是理性证明制度的基本要求,但是关联性规则在我国还仅处于起步阶段,立法中缺乏相应的规定,司法中也没有给予应有的重视,因此,有必要采取措施建立健全我国的证据关联性规则。

第一节　我国证据关联性规则的现状

从 1979 年第一部《刑事诉讼法》诞生到 2012 年《刑事诉讼法》颁布,我国一直没有形成完善的证据规则体系。1979 年《刑事诉讼法》只有 7 个条文与证据有关,这其中有关证据规则的只有 3 条,分别是第 32 条规定的依法收集证据规则,第 35 条规定的口供补强规则,第 36 条规定的证人证言质证规则。1997 年《刑事诉讼法》修改,并没有对 1979 年《刑事诉讼法》所确立的证据规则作修改。2012 年《刑事诉讼法》修改,基于人权保障的理念,在第 54 条增加规定了非法证据排除规则,在第 188 条增加了有限的证人拒绝到庭作证的特权规则。① 由此可见,在刑事诉讼立法上我国缺乏关联性规则的相关规定,这也导致在司法中证据的关联性没有像可采性那样受到应有重视,使得法官对关联性的判断显得十分任性。

一、关联性规则的立法现状

在严格意义上来讲,我国在《刑事诉讼法》的层面并没有关

---

① 2012 年《刑事诉讼法》第 54 条规定:"采用刑讯逼供等非法方法收集的犯罪嫌疑人、被告人供述和采用暴力、威胁等非法方法收集的证人证言、被害人陈述,应当予以排除。收集物证、书证不符合法定程序,可能严重影响司法公正的,应当予以补正或者作出合理解释;不能补正或者作出合理解释的,对该证据应当予以排除。"第 188 条规定:"经人民法院通知,证人没有正当理由不出庭作证的,人民法院可以强制其到庭,但是被告人的配偶、父母、子女除外。"

联性证据规则，只有 2012 年《刑事诉讼法》第 50 条规定的内容勉强算是同关联性有关，根据该条规定侦查主体、检察主体以及审判主体不仅应该按照法定的程序收集证据，而且所收集的证据还应当能够有助于证明犯罪嫌疑人是否有罪以及犯罪情节的轻重程度。该条要求司法机关所收集的证据必须同犯罪嫌疑人有无犯罪以及犯罪的情节事实关联，是对证据与案件实体法事实关联性的一种要求，没有包括证据同案件程序法事实的关联性，也没有对关联性的概念以及判断作出规定，具有明显的局限性。

从司法解释的层面而言，有关证据关联性的规定主要体现在 2010 年颁布的《关于办理死刑案件审查判断证据若干问题的规定》和 2012 年最高人民法院颁布的最高人民法院《关于适用〈中华人民共和国刑事诉讼法〉的解释》中①。

1. 《死刑案件证据规定》中体现关联性规则的内容。《死刑案件证据规定》在以下三个方面体现了对关联性的重视：

一是强调物证、书证的审查内容应包括关联性，并对收集证据的程序予以规定。该规定第 6 条强调，应当重点审查物证、书证的以下内容：物证、书证是否同案件事实存在关联；对现场遗留的同犯罪相关的能够进行检验鉴定的指纹、血迹、体液、毛发等生物物证、物品、痕迹，是否通过指纹鉴定、DNA 检验等鉴定手段同被害人或者被告人相对应的生物特征、生物检材、物品等进行同一认定；同案件相关的物证、书证是否得到全面收集。第 7 条规定，对通过搜查、检查、勘验等方式而发现的可能与案件事实相关的字迹、足迹、血迹、指纹、毛发、人体组织、体液等物品和痕迹应该提取但未提取，应该检验而未检验，使得案件事实存在疑问的，人民法院应向人民检察院予以说明，人民检察院可以调取证据或者补

---

① 本书为了行文简洁，在之后的论述中统一将《关于办理死刑案件审查判断证据若干问题的规定》简称为《死刑案件证据规定》，将最高人民法院《关于适用〈中华人民共和国刑事诉讼法〉的解释》简称为最高法《解释》。

充收集证据,进行合理说明或者将案件退回补充侦查,调取相关的证据。第 9 条规定,通过搜查、检查、勘验而扣押、提取的物证、书证,没有附有搜查笔录、勘验、检查笔录、提取笔录以及扣押清单,无法证明物证、书证的来源的,该物证、书证不能被作为定案的依据。如果物证、书证收集的程序或者方式有以下瑕疵,但是相关办案人员能够补正或者予以合理解释,则可以采纳:收集或者调取的物证、书证,在搜查笔录、提取笔录、勘验、检查笔录以及扣押清单上没有物品持有人、侦查人员、见证人员的签名或者物品的数量、特征、名称、质量等标注不详的;……物证、书证的收集过程以及来源存在疑问,无法对此作出合理解释的,该证物证、书证也不能用于定案的依据。因此,来源不明的物证、书证不能被用来定案,来源存在疑问的证据如果无法对证据来源作出合理解释的,也不能用来定案,原因是物证、书证的来源直接同其与案件待证事实是否关联有关,如果物证、书证的来源不可靠,则其与案件事实之间很可能不具有关联性,没有关联性的物证、书证当然也不具有可采性。

二是将关联性作为鉴定意见、视听资料以及电子证据审查判断的重要内容,并规定缺乏关联性的鉴定意见、视听资料以及电子证据不能被采纳为定案的依据。第 23 条规定的对鉴定意见应该着重审查的内容的第(八)项就是"鉴定意见是否同案件的待证事实存在关联",并在第 24 条规定,如果鉴定意见同案件的证明对象不存在关联的,该鉴定意见不能被采纳为定案的依据。第 27 条强调对视听资料证据的审查应当包括审查视听资料内容同案件事实之间的关联性。第 29 条规定针对电子数据交换、电子邮件、网络博客、网络聊天记录、电子签名、手机短信、域名等形式电子证据的审查内容,应包括审查该电子证据同案件事实之间是否存在关联性。

三是规定应从关联性的角度审查判断证据的证明力。《死刑案件证据规定》第 32 条规定,应当依据具体案件情况,从证据与证据之间的关联、证据与案件待证事实之间关联的程度等综合分析判断证据的证明力。证据可以被作为定案根据的条件是证据之间存在内在联系，共同指向同一案件待证事实，并且相互之间不存在矛盾。据此，证据同案件待证事实之间的关联程度是判断证明力的重要标准。

2. 最高法《解释》中体现关联性规则的内容。2012 年最高法《解释》借鉴吸收了《死刑案件证据规定》中涉及关联性规定的内容，在第 69、72、73、84、85、92、93、104 等条中对关联性有所涉及，这些内容体现在以下六个方面：

一是将关联性作为审查证据的重点。最高法《解释》第 69 条规定了应当从哪些方面审查物证、书证，其中第（四）、（五）项内容涉及关联性，第（四）项规定应当审查物证、书证是否同案件事实存在关联，对遗留在现场的同犯罪相关并能进行鉴定的指纹、体液、毛发、血迹等生物物品、痕迹、样本，是否已经进行指纹鉴定、DNA 鉴定等，并同被害人或者被告人相对应的生物特征、生物检材、物品等进行比对；第（五）项规定应当审查是否已经全面收集同案件事实具有关联性的物证、书证。

二是规定对具有关联的物证必须全面收集，否则需要人民检察院依法加以合理解释或者补充。最高法《解释》吸收了《死刑案件证据规定》第 7 条的内容，在第 72 条规定，对同案件事实可能存在关联的人体组织、毛发、体液、血液、足迹、字迹、指纹等痕迹、物品、生物样本，应当提取但没有提取，应当检验但没有检验，从而致使案件事实存有疑问的，人民法院应该向人民检察院进行情况说明，由人民检察院依法调取、补充收集证据或者予以合理解释说明。

三是规定了物证、书证收集程序不合法的后果。没有按照法定的程序收集物证、书证，可能会导致对该证据同案件事实的关联性产生疑问，从而使得该证据不能被采纳为定案的依据。最高法《解释》第 73 条借鉴《死刑案件证据规定》第 9 条的内容对收集程序存在瑕疵的物证、书证的采纳作了如下规定，在搜查、勘验、检查的过程中扣押、提取的物证、书证，没有附有笔录或者清单，无法证明该证据的来源的，不得作为认定案件事实的依据。如果物证、书证的收集方式、程序有如下瑕疵，能够补正或者给予合理解释的，可以加以采纳：（一）搜查、检查、勘验、提取的笔录或者扣押清单上没有物品持有人、侦查人员、见证人的签名，或者没有注明物品的质量、数量、名称、特征等；（二）物证的复制品、录像、照片，书证的复制件、副本没有注明同原件核对无误，没有复制的时间或者缺少被调取、收集人的盖章、签名的；（三）物证的复制品、录像、照片，书证的复制件、副本缺少制作人对原件、原物存放地点或者制作过程的说明，或者虽然有说明但是说明中没有签名的；（四）存在其他瑕疵的。对于收集的程序、来源存在疑问且无法作出合理解释的物证、书证，不得作为认定案件事实的依据。

四是将关联性规定为视听资料、鉴定意见以及电子数据证据审查的重要内容，并规定了缺乏关联性的后果。最高法《解释》第84条第（4）项、第92条第（6）项以及93条第（4）项明确规定在对鉴定意见、视听资料以及电子数据证据进行审查判断时，要重点审查证据同案件事实是否有关联。第85条第（8）项规定，如果鉴定意见与案件的争议事实没有关联，那么该鉴定意见不能被采纳为定案的依据。第94条规定，电子数据、视听资料经过审查不能确定真伪或者取得、制作的方式、时间、地点等存在疑问，但无法提供合理的解释或者必要的证明，则不能被采纳为定案的依据。

五是强调关联性在证据证明力判断中的作用，在第104条第2款指出，应当依据具体的案件情况，从证据与案件待证事实之间关联的程度、证据之间的关联等方面综合分析判断证据的证明力。第3款指出，只有证据之间存在内在的联系，共同指向同一个案件待证事实，并且也没有无法解释的疑问和排除的矛盾时，该证据才能被采纳为定案的依据。

六是在某些有关诉讼程序的规定中体现了对证据关联性的要求，如在最高法《解释》第203条有关申请证人出庭作证程序的规定中指出，控辩双方如果申请证人出庭或者出示证据的，必须对证据的来源、名称以及拟用来证明的事实加以说明。法庭如果认为有必要,应当对证人出庭或者证据出示的申请加以准许;如果对方当事人认为申请出示的证据或者证人证言与案件事实缺乏关联或者缺乏出示的必要而提出异议,法庭审查后认为异议能够成立,可以不准许证人出庭或者出示证据的申请。这就意味着如果拟申请出庭的证人或者出示的证据与案件的争议事实不存在关联性的,该证人或者证据也就失去了出庭或者被出示的资格。第 214 条在对庭审的讯问、询问的规定中指出,控辩双方的发问、讯问的内容同案件无关或者方式不当的,对方有权提出异议,申请审判长予以制止,审判长应当对情况加以判明并予以驳回或者支持;如果对方没有提出异议,那么审判长也可以主动根据具体情况加以制止。据此控辩双方的讯问或者询问内容必须同案件事实有关联,与案件没有关联的提问将会受到制止。

2012 年《刑事诉讼法》的个别条文也体现了关联性的要求。例如,《刑事诉讼法》第 118 条[①]有关侦查讯问的规定,从对犯罪嫌疑人个人权利进行保障的角度规定犯罪嫌疑人有拒绝回答同案件无关的讯问的权利,这也意味着侦查人员只能针对同案件相关的问题进行讯问。第 139 条[②]规定侦查活动中的查封、扣押行为只能针对与证明犯罪嫌疑人是否犯罪有关联的文件或者财物。尽管《刑事诉讼法》的这些条文也或多或少地体现了证据关联性的要求,但是中国司法显然没有接受以可采性来包含关联性的证据理念,从大量的限制证据能力的规则以及试图否定证据定案依据资格的排除

---

① 《刑事诉讼法》第 118 条规定:"侦查人员在讯问犯罪嫌疑人的时候,应当首先讯问犯罪嫌疑人是否有犯罪行为,让他陈述有罪的情节或者无罪的辩解,然后向他提出问题。犯罪嫌疑人对侦查人员的提问,应当如实回答。但是对与本案无关的问题,有拒接回答的权利。侦查人员在讯问犯罪嫌疑人的时候,应当告知犯罪嫌疑人如实供述自己罪行可以从宽处理的法律规定。"

② 《刑事诉讼法》第 139 条规定:"在侦查活动中发现的可用于证明犯罪嫌疑人有罪或者无罪的各种财物和文件,应当查封、扣押;与案件无关的财物、文件,不得查封、扣押。"

规则的确立可以发现,最高司法机关所采用的是将证据能力和证明力加以区分的证据立法体例。① 这种立法理念导致有关证据可采性的规则在我国得到广泛关注,并趋于完善,而证据的关联性规则不仅在立法上被忽视,没有规定严格的关联性规则,在司法上也不受重视,法官较少因证据的关联性而排除证据,对证据关联性的判断也存在很大的随意性。

二、关联性规则的司法现状

关联性在司法实践中通常被作为证明力问题加以对待,而不是像英美法系国家那样将关联性作为可采性的前提条件。在具体的诉讼操作中,法官通常将关联性作为证据的属性之一,依据自己的经验知识、逻辑思维进行判断,并没有明确的规则可循。不可否认的是,尽管缺乏关联性规则,诉讼的参与主体却普遍根据自己对关联性的理解来判断证据。上海市人民法院针对不同法律职业工作者对关联性规则的认识程度的调查②显示,有44.6%的被访者声称"可以运用关联性规则决定不予调查同案件无关的证据",并且法官了解、运用关联性规则的程度高于检察人员、公安人员以及律师。在对"是否经常依据关联性规则对准备出示的刑事证据加以筛选"的调查中,有56.1%的被访者声称在刑事案件的办案过程中经常使用关联性规则筛选证据。针对"依靠何种标准来判断证据材料或者证据内容同案件是否具有关联性"的调查显示,70%以上的被访者是将"证据对案件事实的查明是否有证明效用""证据能否对案件的部分事实具有一定的证明作用"作为证据关联性的判断标准,并且法官、检察官、公安人员以及律师对关联性判断标准的认识基本一致。由此可见,尽管法律上没有对关联性规则加以规

---

① 参见陈瑞华:《刑事证据法学》,北京大学出版社2012年版,第676页。

② 参见沈志先主编:《刑事证据规则研究》,法律出版社2011年版,第154页。

定，却并不影响司法实践中人们运用关联性来审查判断证据。但是没有规则约束的关联性判断活动具有很大的随意性，并且因主体的认识不同，在诉讼中对同一问题的关联性可能产生不同的理解，法官对关联性的判断也表现出很大的随意性。例如，在李某某案件的二审中，辩护方向法庭出示了一份可以否定证明被告人李某某有罪的证人证言的视频证据，该证据直接指向了用来证明李某某有罪的证人证言是否真实，进而对被告人是否犯罪加以质疑，间接上能够对被告人是否犯罪产生证明作用。所以，该视频证据同案件事实是具有关联性的。但是，在二审结束后，审判长就拒接采纳被告人李某某辩护律师所提交的视频证据而给出的理由是该证据与案件事实缺乏直接的关联性。[①] 虽然该证据同证明被告人是否有罪不存在直接的关联性，但是却对被告人是否有罪的证明具有间接的关联性，间接的关联性也是关联性，因此该视频证据同案件事实是具有关联性的，法官如果想要排除该证据，必须另辟蹊径。同时，法官也没有说明其依据什么标准来判断证据是否具有关联性，仅仅给出该视频证据没有直接关联性的判断结论，这难免引发人们对该结论产生合理怀疑。在司法实践中，法官不采纳具有关联性的证据还可能会导致刑事错案，河北"徐辰东案"[②] 的发生同法官拒绝采纳关联证据密切相关。该案的案情如下：

1998年6月10日下午，河北省邢台市某村的一位村民在村南自己的麦田中发现一具女尸，经村民辨认确认死者为霍庄村已婚妇女沙某，法医鉴定得出的结论为他杀，根据死者阴道残留的擦拭用的卫生纸推断死者生前同男性发生过性关系，警方因此锁定与被害人关系密切的4名男子为嫌疑对象，包括死者丈夫、徐辰东以及村里另外2名男子，并对这4人进行血型鉴定，发现只有徐辰东的血

[①] 参见张建伟：《指向与功能：证据关联性及其判断标准》，载《法律适用》2014年第3期。

[②] 有关"徐辰东案"的详情，参见杜萌：《辩护律师提出六大问题，昭雪八年八审杀人冤案》，载《法制日报》2006年12月13日。

第五章 我国证据关联性规则之构建

型同死者阴道残留的卫生纸上的精斑血型一致，经进一步 DNA 鉴定，获得结论：不排除被害人沙某阴道擦拭用的卫生纸上的精斑为犯罪嫌疑人徐辰东所留。警方随即确认徐辰东为该起强奸杀人案件的犯罪嫌疑人，并对其实施了 5 天 6 夜的刑讯逼供，使得徐辰东被迫承认了"杀人"事实。但是，有证人可以证明徐辰东案发时不在犯罪现场。在侦查初期排查犯罪嫌疑人时，徐辰东的父亲徐某某作证证明案发时徐辰东和他在一起，不在案发现场，收割机车主张某和施某、高某、蒋某等几十个村民都作证证明案发当晚徐辰东和他们在一起。邢台市人民法院并没有采纳这些证言，而主要依据案件的 DNA 鉴定意见和被告人的供述认定被告人徐辰东犯故意杀人罪，并处以死刑。被告人徐辰东向河北高院上诉，之后该案经历了 5 次发回重审，6 次判决，法院仍然维持原有的死刑判决。徐辰东家人的一直为其伸冤，终于在 2005 年 7 月 11 日，河北省高院开庭审理此案，并作出被告人徐辰东无罪的终审判决，该起冤案才得以纠正。

尽管该起错案的产生同刑讯逼供以及过分迷信 DNA 鉴定结论具有不可分割的联系，但是法官忽视证明被告人不在犯罪现场的证言对案件事实的证明作用也是造成该起错案的重要原因。本案中被告人徐辰东父亲以及收割机车主等二十多位证人都作证证明被告人在案发时不在犯罪现场，不存在作案时间，不存在作案的时间也就可以证明被告人没有实施犯罪行为的机会，从逻辑上可以得出被告人没有实施犯罪行为的结论；同时被告人是否实施犯罪行为是刑事审判的核心争议，属于案件的实质性问题；证据同案件事实之间的关联不仅表现为肯定性的证成关系，也表现为否定性的证否关系，不在犯罪现场的证言可以从逻辑上使得被告人实施犯罪行为这一指控更不可能成立，因而不在犯罪现场的证言同案件争议事实存在关联性，法官不应忽视该关联证据。本案中如果法官能够重视证明被告人不在犯罪现场的证人证言，并以该证人证言同 DNA 鉴定意见相互印证就可以发现，DNA 鉴定意见"不排除被害人沙某阴道擦拭用的卫生纸上的精斑为犯罪嫌疑人徐辰东所留"最多只能证明徐辰东同被害人曾经发生过性行为,而无法证明被害人是被徐辰东杀害。同时本案被告人仅有的一次有罪供述所涉及的"作案"过程同案件其他证据存在矛盾,且在关键点上差距很大,结合被告人不在犯罪现场的证言,法官是可以得出被告人不是杀人行为实施者的结论,该起冤案也可以避免。

从以上分析可以发现,虽然法官在司法实践中也懂得利用关联性来排除证据,但是由于缺乏关联性规则的约束,法官并不一定会按照通常的逻辑、经验法则来判断关联性,导致证据关联性判断的结果有失公正,因此急需建立关联性规则,来指导、约束法官对证据关联性的判断。

第二节　我国证据关联性规则的构建

一、确立关联性规则的意义

（一）关联性规则是建立理性证据制度的客观要求

当今世界各国无论是采用自由心证证明制度的大陆法系国家,还是奉行以证据规则约束法庭审判的英美法系国家,都在诉讼中坚持证据裁判主义。证据裁判主义的基本内涵是案件的裁判者只能通过自身的理性,在分析庭审证据的基础上构建案件事实真相。理性证据制度要求认定案件事实不能依据同案件没有关联的神明指示或者裁判者的主观猜测或者臆断,即使证据形式符合法律规定,但是举证方无法说服裁判者相信该证据同案件待证事实有关,无法说明该证据对裁判者理性裁判有何帮助,该证据也不会被采纳为定案的依据。在理性证据制度下,法官对证据关联性的判断具有自由裁量权,但其自由裁量权的行使要受到关联性规则的限制。我国没有英美法系国家那样的陪审团审判制度,案件的事实认定和法律适用是由法官或者法官与普通民众共同裁决,但是即便普通民众参与了审判,也无法发挥主导作用,法官仍然发挥着主导庭审的作用。人们主观上会认为法官与社会普通公众相比,法律知识素养高并且司法经验丰富,所以没有关联性的证据对法官断案不会形成干扰。但是经验告诉我们,同样属于社会成员的法官同样存在某些理性缺陷,其理性也具有局限性,法官本人也会失去理性而被误导,从而产生偏见、造成错误。考察英美法系证据规则形成发展的过程可以发现,陪审团制度并不是决定证据规则产生的唯一因素。历史上,衡平法院虽然不采用陪审团审判,但是仍然适用证据规则;在当今英美法系国家的刑事诉讼中,即使案件实行法官独任审判,审判中也仍然适用证据规则。① 这就表明,英美法系证据规则的建立不仅是为了规范陪审团的裁判行为,也是为了对法官的庭审行为进行规范,保证法官理性裁判。随着英美法系和大陆法系近年来在诉讼制度上的借鉴、融合趋势的加强,某些大陆法系国家也逐渐以立法的形式规定证据规则,证据规则逐渐成为理性证据制度的一种标志。证据关联性规则凝结着历史上许多法官解决关联性问题的智慧和经验,体现了一定时期人类理性在认识证据问题上的整体能力,是人类宝贵经验的传承。尽管我国没有实行类似英美法系国家的陪审团制度,无须担心陪审团会对案件事实作出非理性的裁决,但是我国法官的法律素质仍需提高,职业道德仍需加强,滥用审判权力的行为时有发生,冤案错案屡屡出现,面对这种司法现实,有必要通过立法确立证据关联性规则,从而对法官的证据裁判行为进行指引和制约,保证法官证据裁判的理性化。

(二) 关联性规则有利于司法公正的实现

司法公正是诉讼的首要目的,人们也在通过各种途径来保障诉讼结果的公正,但是近年来所曝光的杜培武、佘祥林、赵作海等冤案表明,刑事错案仍然存在,司法公正仍然没有完全实现,所以党的十八届四中全会提出要努力让民众在所有的案件中都能够感受到公平正义,这就要求尽量防止刑事错案的发生,以正确的事实认定

---

① 参见左卫民、刘涛:《取向与框架:两大法系刑事证据法之比较——兼论中国刑事证据立法的基本走向》,载《中国法学》2001年第5期。

来保证最终结果的公正。刑事错案之所以形成,是由多方面因素造成的,这些因素包括:① 过分追求客观真实结果;侦查活动缺少制约;鉴定制度以及科学证据制度不健全;证据规则的缺失;刑事司法体制的行政化倾向严重等。但是,案件事实的认定是建立在证据之上的,证据的运用同刑事错案的形成具有密切关联,在一项对证据同刑事错案之间是否存在关联的调查问卷中,有接近调查对象总数91.5%的人认为办案过程中证据方面的错误会影响刑事错案的形成,其中又有60.1%的人认为证据的错误会对错案的形成产生很大的影响。② 所以,对刑事错案成因的研究必须以证据为中心。

刑事错案形成于法庭,法庭是依据证据来进行定案的,案件出现错误肯定与证据的错误运用有关。在刑事诉讼中,从侦查、审查起诉直至审判,证据经历了取证、举证、质证以及认证四个环节,证据能否通过质证是其能够成为定案证据的关键,法庭必须依法对证据进行调查,法官具有依法独立作出是否采纳证据的决定权。我国《刑事诉讼法》对公、检、法三机关之间的关系规定为"分工负责,相互配合,相互制约",这就要求公、检、法不但要各司其职、相互配合共同实现刑事诉讼的目的,也强调三机关要相互制约,不能为了配合而忽视制约。

法庭审判流于形式会危害案件的实体公正。尽管造成刑事错案的原因很多,不能单独归结为庭审的虚化,但是许多刑事错案的发生同庭审虚化具有关联,如果庭审发挥实质性功能,法官严格依法审查判断证据,以刑讯逼供等非法手段收集的证据也不会在法庭上被采纳,案件事实的认定也不会偏离正确的方向。造成庭审虚化的原因复杂,如以侦查为中心的流水作业式的纵向诉讼模式,以案卷

---

① 参见张丽云:《刑事错案探究——兼及证据与刑事错案之关系》,载《山东警察学院学报》2009年第2期。

② 参见何家弘、何然:《刑事错案中的证据问题——实证研究与经济分析》,载《政法论坛》2008年第2期。

第五章 我国证据关联性规则之构建

为中心的庭审模式,以服从为特征的行政化管理模式等,这些因素共同导致法官不是通过法庭调查来认定案件事实,而是通过庭审之前或者庭审之后的案卷审阅来认定案件事实,庭审并没有成为诉讼的中心。如果诉讼能够以庭审为中心,证据的审查判断、案件事实的认定都是在法庭上由法官依法独立作出,则可以有效保证最终案件实体结果的公正。审判特别是庭审对于保证案件质量以及司法公正至关重要,党在十八届四中全会所通过的《决定》① 中也指出,要"推进以审判为中心的诉讼制度改革",从而首次提出了审判中心主义。审判中心主义的本质是确立审判在刑事诉讼中的权威,维护控辩双方权利对等、地位平等的诉讼格局。② 审判中心主义具有以下三个方面的基本含义:一是在刑事诉讼中,只有审判活动可以认定被告人有罪,侦查、审查起诉活动能够认定犯罪嫌疑人无罪,但不能在法律上认定犯罪嫌疑人有罪,即只有审判机关才能行使定罪权;二是审判活动对审前程序具有制约作用,如对侦查行为实施司法控制;三是审判机关必须以庭审的方式对被告人进行定罪量刑,而不能以行政性手段进行裁判。以审判为中心与以庭审为中心存在一定的差别:审判中心主义所解决的是审判同侦查、起诉以及刑罚执行行为的外在关系,强调审判活动的中心地位以及对其他刑事诉讼活动的决定作用;庭审中心主义则关注的是审判机关内部如何对被告人进行定罪量刑以及相关诉讼事项的行为准则,但是二者也存在密切的联系:审判中心主义实现的主要路径是庭审中心主义,只有以庭审为中心,审判相对于其他诉讼活动的中心地位才能得以实现。③ 所以,推进以审判为中心的诉讼制度改革必须强调庭审的中心地位:对事实证据的调查必须在法庭上开展;对定罪量刑

---

① 全称为《中共中央关于全面推进依法治国若干重大问题的决定》。

② 参见冯英菊:《审判中心观与刑事证据规则的构建》,载《法学杂志》2003年第5期。

③ 参见顾永忠:《试论庭审中心主义》,载《法律适用》2014年第12期。

的辩论必须在法庭上进行；对被告人的裁判必须在法庭上形成。以庭审为中心的前提是必须对庭审活动进行规范，特别是必须用证据制度对法官的权力加以约束。在庭审中，法官有权依法决定采纳或者排除庭审中的证据，拥有一定的自由裁量权，但是没有外在制度的约束，自由裁量权很可能被滥用，如某一法官以没有关联性为由，任意排除某一关键性证据，就会导致案件结果发生实质性的变化。只依靠内部的行政禁令来防止法官滥用司法权是不够的，必须依靠外部的证据规则来规范法官认定案件事实的每个环节。[①] 作为基础性证据规则的关联性规则可以对法官采纳证据的行为加以规范，从而保证没有关联性的证据不被采纳为定案的根据，保证案件事实认定的准确性，进而防止刑事错案，实现司法公正。

二、关联性规则构建的理论准备

（一）厘清关联性的概念

我国证据理论界传统上对证据关联性的理解强调其同案件事实联系的客观实在性，以及因此而产生的能够证明案件事实真相的证据价值，所以对关联性的判断设置了较为严格的标准，从而一定程度上造成了其同证明力在概念上的混淆。在英美法系国家的证据法上，关联性的概念主要表现为在诉讼证明的过程中证据能够对裁判者的主观认识产生影响的能力，以及因此决定证据能否被法庭采纳的证据资格。我国同英美法系对关联性的不同理解同各自实行的诉讼模式有关，我国对关联性的理解与当前偏职权主义的诉讼模式是密切相关的，其目的是为案件裁判者单方探查案件事实真相服务；而英美法系国家对关联性的理解则受到当事人主义诉讼模式的影响。当事人主义诉讼模式将解决案件争议作为其根本目的，诉讼当事人之所以举证是为了说服法官认可自己的诉讼主张，作出对自己有利的判决，所以证据只要能够对法官认识案件事实产生影响就可

[①] 参见张保生：《审判中心与证据裁判》，载《光明日报》2014年11月5日第13版。

以说其同案件事实具有一定的关联性。虽然我国现在正在学习、借鉴当事人主义诉讼模式的合理因素进行诉讼改革，学者们也逐渐开始接受英美法系证据关联性的概念，但是由于法律并没有明确规定关联性的概念，司法实践中传统的关联性概念仍然发挥着一定的影响，在审判中对具体证据是否具有关联性的判断会因关联性概念理解上的差异而产生分歧，进而使法官对相同的法律作出不同的司法适用，导致法律适用上的混乱，所以立法应该对证据关联性的概念进行明确，从而保证法律适用统一。

  我国传统上认为证据关联性的概念只包括证明性，并认为可以依据证据对案件事实进行推理的原因是证据与案件事实之间具有客观联系，因而对证明性的要求也比较高，认为必须将客观性和真实性作为证明性的条件。① 但是检验证明性是否客观真实的依据只能是案件的客观事实，而案件的客观事实却是需要通过庭审来查明的，案件的客观事实是不会再次重复出现的历史性事实，法官无法通过诉讼认识对案件客观事实进行完全的认知。因此，要求法官依据一个无法检验的标准来对某一证据证明性的真实性进行先验判断是很难实现的。而英美法系通常认为证据的关联性包括实质性和证明性两个方面，证明性表示证据可以对案件事实的存在与否产生证明作用，实质性则是表示证据所证明的案件事实属于实质性争议。与我国严格要求证据证明性不同的是，英美法系证据法的证明性只要求证据能够改变事实裁判者内心对事实主张存在与否的相信程度，所以对某一证据是否具有关联性的判断主要是依据逻辑规则和经验法则，而不是取决于需要加以证明的案件事实。诉讼当事人对其证据的解释、说明、论证对于法官承认其证据的关联性至关重要，这进而促使当事人为了说服法官而尽可能全面地收集能够证明自己事实主张的证据，从而为案件事实的准确认定提供更多的证据支撑。同时，依据逻辑与经验可以更加理性地判断证据关联性，符

---

① 参见俞亮：《证据相关性研究》，北京大学出版社2008年版，第193页。

合现代理性证明的要求。因此,应改造我国证据关联性中的证明性,不应再将客观性和真实性作为证据证明性的条件,而应明确证据证明性的判断应依据逻辑规则和经验法则,并对逻辑规则和经验法则加以解释。另外,我国立法对关联性的定义也应包含实质性的内容,实质性是对证据所证明对象的限制,英美法系证据法上认为证据的实质性同实体法的规定以及当事人的诉讼主张密切相关,并且对证据实质性的要求不高,证据所证明的事实只要能够对最终裁判产生影响,都会被认为具有实质性。我国虽然也对证据的证明对象有一定要求,但是仅仅将待证事实的范围限制为诉讼当事人双方存在争议的实体法事实,在理论上也没有区分最终争议事实、中间事实、证据性事实等情况。司法实践中,法官对某些证据的可采性、证人的可信性以及有关诉讼程序的事实是否需要加以证明的认识并不一致,造成了一定的司法混乱。同时,一部分法官通常倾向于接受能够直接证明案件事实的直接证据,不重视可以证明案件相关事实的间接证据,也不愿意对许多间接证据的证明效力加以认定,理由是间接证据与案件待证事实不存在直接的关联,这就对当事人的证据运用造成了不合理限制。所以,我国立法在对证据的实质性进行规定时,不应规定得过于严格,只要是证据所证明的事实能够对最终的裁判产生影响,该证据就满足了实质性的要求。此外立法规定关联性概念时也应将适格性包括在内。适格性是从法律上对关联性进行的限制,证据从最初进入法庭到最终被采信为定案的依据,不仅要经历证据采纳规则的检验,还要经历证据采信规则的筛选,而后法官才会将该证据作为认定案件事实的根据。作为法官定案依据的证据要想具有关联性,就不能违反法律有关关联性采纳与采信的特殊规定,例如不能违反品格证据规则等法定的限制关联性的证据规则。所以,立法对关联性概念的规定应当包括三个方面的构成要素:证明性、实质性以及适格性,这样才能从事实和法律上对关联性加以全面反映;证据的关联性因此可以被界定为在具体案件的诉讼中,证据依据逻辑、经验以及法律的规定,所具有的可以证实或者否定案件待证事实的倾向。

（二）明确判断关联性的标准和方法

关联性判断标准必须根据关联性的构成要素来确定。我国学者目前普遍认为关联性由实质性与证明性构成，并认为关联性表示的是证据同案件证明对象之间的形式联系。[①] 这种观点可以较好地表明证据客观上所具有的证明案件实质性争议事实的价值，使得对证据关联性的判断有了明确路径，因此具有一定合理性。纵观英美法系的证据法规可以发现，法律通过某些规则对证据的关联性产生了一定的限制，例如品格证据规则、类似事实证据规则以及关联性裁量排除规则等等，这些规则对证据是否具有关联性具有重要影响，具有实质性和证明性的证据可能因为法律的规定而不具有关联性，所以，证据关联性的构成要素还应包括适格性。适格性是从法律上对证据关联性的一种限制，要求某一证据具有法律关联系除了要满足实质性和证明性的要求之外，还必须符合法律对关联性的规定，只有同时包含实质性、证明性和适格性的证据才具有法律意义上的关联性。据此，对于某一证据是否具有法律上关联性的判断标准有三个：证明指向标准、证明功能标准和法律规则标准。

证明指向标准主要用来判断证据是否具有实质性。证据的证明指向主要是指证据用来证明诉讼活动中的什么内容。证明指向标准要求证据的证明指向应当是案件的实质性争议问题，只有证据能够证明案件的实质性争议问题，才能够满足证明指向标准的要求。所谓实质性争议就是对案件事实的查明具有重要意义的争议事实，在刑事诉讼中这种争议事实不仅包括实体法方面的事实，如被告人是否有罪、如何量刑等，还包括证据法以及程序法方面的事实，如证据是否非法取得、是否属于禁止使用的证据等。

证明功能标准主要用来判断证据是否具有证明性。证据的证明功能是指证据具有对案件事实真相进行证明的能力，即该证据有助

[①] 参见卞建林：《证据法学》，中国政法大学出版社2000年版，第469页。

于揭示案件的事实真相，可以使案件的待证事实更有可能或者更没有可能存在。证明功能标准要求证据证明应当具有证明案件事实真相的功用，只有证据具有影响法官对案件待证事实存在与否的判断的功能，该证据才满足证明功能标准的要求。我国《刑事诉讼法》第48条也是从证明功能的角度对证据加以定义，材料必须能够证明案件的真实情况，才可以称为证据。因此将证明功能作为判断关联性的标准，也符合《刑事诉讼法》对证据的定义。

法律规则标准主要用来判断证据是否具有适格性。适格性要求证据必须符合法律有关证据关联性的相关规定，如果证据不符合法律的这些规定，即便具有实质性和证明性，也无法在法律上被法官认可为同案件待证事实存在关联性。法律对关联性的规定集中体现为关联性采纳、采信规则，英美法系的证据法通常只涉及关联性采纳的原则与规则，其关联性采纳的一般原则是利益衡量原则：衡量证据对案件事实的证明价值与可能对司法公正造成的危害。对具有实质性和证明性、但可能有损司法公正的证据，如果其对案件待证事实的证明价值远远大于其可能对公正造成的不良影响的，该证据在法律上可以被认为具有关联性；反之，则在法律上不具有关联性。英美法律所规定的关联性规则主要包括品格证据规则、类似事实证据规则等规范关联性证据采纳的规则，证据如果符合这些规则规定的不能采纳情形的，也不会具有法律上的关联性。在我国构建关联性判断的法律规则标准时，除了要确立诸如品格证据规则等规范关联性证据采纳的规则之外，还应该确立规范关联性证据采信的规则。关联性采信规则可以对法官依据证据对案件事实形成心证的过程进行规范，保证法官依据真实可靠的关联性证据认定案件事实。

对证据关联性判断的重点是判断其证明性。实质性同刑事法律的规定以及当事人的诉讼主张、案件审理的范围有关，需要依据法律及诉讼的具体情形进行判断；适格性则是依靠法律有关关联性的具体规则加以判断；证明性是指证据同案件待证事实之间的逻辑、经验上的联系，需要运用一定的逻辑推理手段才能辨别，所以判断关联性的方法集中体现为对证据证明性的判断方法。对证据证明性的判断需要综合运用逻辑方法以及经验法则,证明性的逻辑判断方法包括形式推理方法和逻辑基本规律,前者主要包括演绎推理、归纳推理等推理方法,后者主要包括矛盾律、同一律、排中律等逻辑规律,在证据证明性的逻辑判断中,一般是综合运用形式推理方法和逻辑规律来判断具体证据的证明性。经验法则是指在人类的生产、生活实践中形成的,通过逻辑归纳和抽象概括之后而获取的,有关客观事物性质以及事物之间常态化联系的普遍性知识。证明性体现的是证据同案件待证事实之间的逻辑证明关系,这种关系是事实之间的具有逻辑推理性的经验性关系,受到经验法则的制约。这种制约表现在:当法官确认某一证据具有形式逻辑上的证明性之后,就需利用经验法则检验论证该证据具有证明性所依据的推理大前提的真实性,如果法官依据经验法则认为作为推理大前提的事实不真实,则有关该证据证明性的逻辑推理就缺乏实质有效性,该证据也就没有证明性。

(三) 了解关联性规则的功能

证据关联性规则是指以证据关联属性的视角对评价证据能力和证明力的诉讼活动予以法律上规范的各类规则的总称,其范围包括对证据能力和证明力进行评价的规则。关联性规则在刑事诉讼中不仅是评判证据能力的标准,也是评判证明力的重要依据。依据有关证据能力的关联性规则,可以初步确定证据是否具有证据价值以及是否可采,这决定着证据是否可以进入庭审,从而成为有证据能力的证据;法庭在采纳有证据能力的证据之后,需要判断证据的证明力,从而确定证据是否可信,该判断过程需要依据有关证明力的关联性规则进行评判,最终的结论是证据可否被采信为定案的依据。在我国刑事诉讼中,法官主导着对证据能力和证明力的判断活动,关联性规则对证据能力和证明力评价的限制会对法官审查判断证据的行为形成制约,所以关联性规则的直接功能是对法官的证据评价行为进行制约。在刑事诉讼中,法官对于证据的评判拥有一定的自由裁量权,这种裁量权集中体现在法律没有明确规定的情况下,法官可以依据自己的理性和良心对证据的取舍以及证明力的大小作出合理判断。赋予法官自由裁量权具有一定的合理性：由于现实司法的复杂性以及立法的滞后性，法律事先无法对将来可能发生的诉讼情形全部予以规定，在司法的过程中总是会遇到立法上的空白，在此种情况下，允许法官根据自己的理性和良心进行裁判可以保证证据问题得到及时、合理地解决；法官具有自由裁量权还可以避免法官机械地裁判案件，从而发挥其主观能动性。但是法官只是具有法律专业知识和司法经验的社会成员，其理性是有限的，其行为也会受到自身感情、偏好、利益等因素的影响而无法保证总是公正可信。关联性规则可以对法官评判证据能力和证明力的活动进行合理规制，一方面可以引导法官如何通过证据的关联性来评判证据是否可采以及是否可信；另一方面也可以规范法官的证据采纳、采信行为，否定法官不合理的证据评价行为。通过关联性规则的引导与制约，法官可以准确地对关联证据的取舍加以判断，这有助于案件事实的准确认定。所以，关联性规则的间接功能是促进司法公正的实现。司法公正包括实体公正与程序公正，实体公正实现的前提是查明案件的事实真相，准确认定犯罪事实，其实现的标志是定罪准确、量刑适当。在坚持证据裁判原则的诉讼制度下，定罪准确、量刑适当的实现很大程度上取决于证据是否得到合理的采纳与采信。关联性规则对法官采纳、采信证据的范围加以限制，可以将不具有关联性、易引发认识上偏见的证据排除在庭审调查范围之外，也可以从众多的证据中甄选出相对可靠的证据，从而保证法官据以定案的证据真实可靠，进而保证案件事实认定的准确客观。程序公正要求诉讼过程必须体现公正价值，这就要求法官判断证据的诉讼过程必须客观公正。刑事证据审查判断的精细化是保证程序公正的重要手段，刑事证据审查判断的精细化要求尽可能以证据规则来对法官判断证据的步骤、过程进行指引约束，使得法官的证据裁判行为有法可依。关联性规则有助于刑事证据审查判断精细化的实现，关联性规则不仅规范着法官判断证据是否具有关联性的认知过程，也会对因关联性而产生的证据能力和证明力判断问题予以规范，从而对法官评价证据的主要步骤都予以约束，可以保证法官采纳、采信证据的过程公正无偏倚。

三、我国需确立的关联性规则

(一) 关联性规则的制度背景

证据关联性规则目前在我国的刑事立法中并没有明确的规定，构建关联性规则必须借鉴域外的有关制度，但是在借鉴的同时必须明确法律制度属于一种社会制度，任何社会制度都具有体系性，制度体系包含着互相关联、互相支撑的内部内容，每一社会制度都有其产生的背景，正是基于这种客观背景的需要而生发了某种社会制度。① 在借鉴域外的关联性规则之前，必须了解国外关联性规则的具体背景，以及支撑关联性规则的其他相关制度。如果在事先没有清楚认识这些之前就盲目引入国外的关联性规则，将很难产生预期的法律效果。证据关联性规则作为一项重要的英美法证据规则，同英美法系国家的刑事诉讼制度密切相关，我国在借鉴英美法系的关联性证据制度之前，必须了解其所依赖的制度背景同我国有关制度之间的差异，然后根据我国司法制度的具体情况，有分别加以选择性借鉴，吸收符合我国司法制度的关联性规则内容，并进一步加以完善，构建有中国特色的证据关联性规则。在借鉴英美法系国家证据关联性规则之前，必须考虑英美法系以下三个方面的制度。

首先，英美法系国家普遍实行当事人主义诉讼模式，诉讼当事人双方主导着诉讼的进程，并且决定着法庭审判中证据审查和事实裁判的范围，因而，通过法庭所认定的事实并非是完全客观的事实，而是经过诉讼双方根据自己的诉求筛选过的事实，体现了诉讼双方的合意。在此背景下，证据关联性判断的实质性标准并不完全是犯罪构成的要件事实，而是控辩双方存在争议的案件事实，也就是说案件争议事实是判断证据对案件是否具有实质性的标准，法律

---

① 参见樊崇义主编：《刑事证据规则研究》，中国人民公安大学出版社2014年版，第239页。

所规定的犯罪构成要件事实不是判断证据实质性的标准。而我国的刑事诉讼尽管是在向着当事人主义的方向改革，但相对于英美法系典型的当事人主义诉讼而言，还是偏向职权主义诉讼模式，法官主导着庭审的进程，庭审所认定的案件事实是根据实体法犯罪构成要件来确定的客观事实，决定着对被告人的定罪与量刑，即便被告人对重要的定罪量刑事实不存在异议，控诉方仍然需要出示证据对此加以证明。我国《刑事诉讼法》第53条第1款①的规定表明，即使被告人承认了犯罪，控辩双方对被告人是否犯罪不存在争议，法庭也不能直接作出裁判，公诉方仍需提供被告人供述之外的能够证明有罪的证据。所以，在我国当前的刑事诉讼制度下，控辩双方对案件事实是否存有争议并不是证据实质性的判断标准，判断证据的实质性依据的仍然是实体法有关犯罪构成的规定。

其次，英美法系陪审团审判中存在事实审判与法律适用的不同分工。法官承担案件的法律适用，陪审团承担事实问题的裁判，被告人是否有罪的事实裁判由陪审团来作出，并且陪审团不需要对自身的裁决进行理由说明，这使得外界无从得知陪审团是依据什么证据以及经过怎样的推理论证来得出被告人是否有罪的裁决的，同时陪审团成员往往是法律外行，这就导致陪审团裁决很可能演变为一种非理性的裁决。英美法系制定了一系列的证据规则保障陪审团理性裁判，证据关联性规则也是一项保证陪审团理性裁决的防范措施。用证据关联性规则防范陪审团的非理性裁判需要进行平衡：如果提高证据关联性的标准，严格规范证据的关联性，则会使得陪审团可以用来作出裁决的证据的较少，很可能导致有罪的被告人被判无罪，从而放纵罪犯；反之如果降低证据关联性的标准，放松对证据关联性的控制，又可能导致陪审团因证据杂乱而裁决错误。而在

---

① 《刑事诉讼法》第53条第1款规定："对一切案件的判处都要重证据，重调查研究，不轻信口供。只有被告人供述，没有其他证据的，不能认定被告人有罪和处以刑罚；没有被告人供述，证据确实、充分的，可以认定被告人有罪和处以刑罚。"

我国的刑事审判中,即便有陪审员参与庭审,也不实行法官和陪审员分别负责法律适用和事实裁判的制度,陪审员和法官行使相同的职权,两者既承担裁决案件的事实问题,也承担案件的法律适用。在有法官参与甚至主导事实裁判的情况下,在很大程度上可以有效避免出现因证据而导致事实争点混淆、误导陪审团进而造成不公正偏见的危险。所以,在借鉴英美法系国家证据关联性规则时,应当着重借鉴其有关证据实质性判断的制度。

最后,英美法系国家实行的是定罪程序与量刑程序相互分离的庭审制度,一般意义上所指的审判是指对被告人进行定罪的定罪程序,在定罪程序中,判断证据是否具有关联性的标准也是以是否同证明被告人有罪与否有关联为标准,所以英美法系的证据关联性规则主要是以定罪事实为中心来构建的,而较少考虑被告人的量刑事实。我国当前的刑事审判并没有明确区分定罪程序与量刑程序,而是将二者统一于审判程序中。因而,在构建我国的证据关联性规则时,不能仅仅以定罪事实来判断证据的关联性,同时应当考虑证据对量刑的作用,即只要证据能够对被告人的定罪或者量刑有证明作用,均应视为同案件具有关联性。某些证据可能仅仅对定罪或者量刑有证明作用,那么该证据的关联性也应被限制在其能够发挥证明作用的定罪或者量刑方面,而不能在定罪量刑的全过程都采纳该证据。

(二) 关联性规则的体系

构建关联性规则离不开对其功能的考察,虽然关联性规则具有限制当事人滥用无关联性证据来干扰庭审的作用,但是该规则另一方面的功能却不能被忽视,即保障诉讼当事人向法庭提交的相关证据能够被法庭采纳为定案根据。英美法系传统上也认为,如果证据同有争议的诉讼事实存在足够的关联性,并且对事实裁判者裁决当事人之间的纠纷争议具有帮助的,该证据不仅可采,而且法庭必须采纳该证据。这暗含着两个方面的含义:就消极意义上而言,法官应该排除对在逻辑、经验或者法律上不能帮助事实裁判者进行理性裁判,或者同案件争议事实的关联过于遥远而没有考虑必要性的证据;就积极意义上而言,法官应该采纳来源正当、形式合法以及目的恰当的证据。所以,对于法官而言采纳不应采纳的证据和拒接采纳应该采纳的证据都会在法律上造成错误。在当今英美法系国家的证据法上,除了法律所规定的排除情形之外,裁判者仍然遵循必须采纳关联证据的原则。因此,法官既需要根据关联性规则排除关联性有瑕疵的证据,也需要根据关联性规则采纳关联性符合要求的证据,关联性规则成为法官采纳证据与否的重要依据;同时,法官采纳证据只是允许证据进入法庭调查的范围,之后还要对证据的证明价值进行判断,从而决定是否将其作为最终定案的依据,对证明价值判断的主要依据是证据同案件事实之间关联性的强弱程度,证据关联性的程度成为法官采信证据的重要依据,因而关联性规则也是法官采信证据的重要指南。证据关联性规则的构建应考虑到其规范证据采纳与采信的功能,在体系上可以分为采纳规则与采信规则两类。关联性采纳规则不仅包括从正面对证据的关联性加以肯定,进而要求法官确认该证据证据能力的规则,还包括从反面对证据的关联性加以否定,进而要求法官据此排除该证据证据能力的规则,并且排除规则是关联性采纳规则的主要表现形式,如品格证据规则、类似事实证据规则、概率证据规则、事后补救措施证据规则、和解、答辩中的妥协关联性排除规则等关联性规则都属于排除形式的关联性采纳规则,主要规范法官采纳证据的行为。关联性采信规则是对法官依据关联性判断证明力的行为进行规范的规则,证明力的程度由关联性来决定,因而法官必须依据关联性来判断证明力的强弱程度,进而决定是否采信证据。最佳证据规则、补强证据规则以及证据印证规则等虽然表面上是规范证明力判断的规则,但由于关联性是证据产生证明力的基础,证明力方面的规则也是事关关联性的规则,如原始证据之所以比复制件证据的证明力更强,是因为原始证据同案件事实之间的联系更直接,而复制件证据经过复制等环节,其是否同案件事实相关这一点值得怀疑,这直接关系到其是否可以证明案件事实,因此其与案件待证事实的关联程度不及原始证据同案件待证事实的关联程度;补强证据之所以需要补强,往往是因为其证明力较弱，其证明力较弱很大程度上是因为其与案件待证事实的关联性不足，需要其他证据予以补足；证据印证则是通过证据相互之间的对比，确认证据同案件待证事实之间的关联性是否真实可靠。所以，最佳证据规则、补强证据规则以及证据印证规则等属于关联性采信规则。建立健全我国的关联性规则体系，应该考虑完善我国证据规则的现实需要，以关联性的证据把关功能为视角，从关联性采纳规则与关联性采信规则两个方面进行体系构建：关联性采纳规则主要从关联性的角度规范证据的采纳过程，主要用来判断证据是否具有证据能力，法官必须依据关联性采纳规则对证据是否可采作出判断，当前需要确立的此类规则主要是品格证据规则；关联性采信规则主要以证据关联性的视角规范证据的采信过程，其适用的前提是证据已经被法庭采纳，法官必须依据关联性采信规则对证据的证明力进行判断，进而决定是否将其作为定案的依据。

第三节　需要设立和完善的关联性规则

证据能力的判断离不开关联性，只有具有关联性的证据才具有证据能力，进而被法庭采纳。品格证据规则在产生之初就是为了防止因出示品格证据而造成事实裁判者的不公平裁判，目的是在诉讼中排除品格证据与案件待证事实之间的关联，因而属于关联性采纳规则。关联性同证明力也存在密切联系，它是证明力的来源，证据具有证明力就意味着其同案件事实具有关联性，并且证明力的大小同关联性存在正相关性：证据同案件事实的关联性越大，其证明力就越大；反之，其证明力就越小。对证据关联性的限制会影响到证据证明力的判断，而约束证明力的规则也会反过来影响关联性的判断，所以规范证明力的某些规则也是规范证据关联性的规则，如最佳证据规则要求将原件证据的证明力置于复制件之上，这也意味着原件同案件事实之间的关联性大于复制件；补强证据规则的目的是对某些证明力薄弱的证据的可靠性加以补强，这也意味着法官在判断这些证据的关联性时需要借助其他证据的支持，因而最佳证据规则与补强证据规则也都是约束证据关联性的规则,并且两者强调的是如何才能采信证据,故而属于关联性采信规则。现今,我国需要建立和完善的关联性规则至少应包括品格证据规则、最佳证据规则以及补强证据规则三项。

一、品格证据规则

一个人的品格、性情在一定时期内比较稳定,并能对个人的行为方式产生某种程度的影响,因而人们往往将个人的品性同其可能采取的具体行为联系起来。[①] 但是,在刑事诉讼中必须对品格证据的使用进行严格的限制,这一方面是因为具有某种品性的人并不必然会采取同其品性相符合的行为,甚至可能在类似的情形中出现与其品性相反的行为;另一方面是因为刑事诉讼要求对犯罪的证明必须达到排除合理怀疑的程度,对可能导致案件事实认定错误的任何情形都严加防范,品格证据同刑事案件事实的关联性通常被否定,所以英美法系国家规定了一系列品格证据规则,对诉讼中品格证据的运用进行了合理限制。我国同英美法系国家在品格证据运用上的区别表现为没有基于关联性的考虑而对品格证据的可采性加以限制,因而也缺乏完整的品格证据规则。对于刑事诉讼中品格证据的运用,只有在司法解释中有零散的规定。根据最高法《解释》第190条的规定,审判长在宣布开庭并传唤被告人到庭之后,应当对被告人之前是否受过法律处分以及所受处分的种类、时间等进行查明。最高法2000年颁布的《关于审理未成年人刑事案件的若干规定》也在第21条明确规定,控辩双方在开庭审判之前,可以分别调查未成年刑事被告人的性格,将调查结果以书面材料的形式提交给案件的合议庭。由此可见,我国的司法解释不仅没有对品格证据的使用进行限制,反过来却要求法官要对被告人的品格证据加以审查,这至少说明我国当前并没有对品格证据的负面作用形成共识。

---

① 参见马贵翔、柴晓宇:《论刑事品格证据规则之构建》,载《山东警察学院学报》2012年第4期。

第五章 我国证据关联性规则之构建

品格证据规则的产生同陪审团审判密切相关,为了保证陪审团的理性裁判,英美法系国家逐渐发展出了一系列证据规则,其中就包括品格证据规则。尽管我国实行的是法官同人民陪审员共同负责事实认定与法律适用的审判制度,一定程度上可以防止陪审员的非理性裁判,但是也不能忽视品格证据规则的作用。事实上即便是专业法官也会被从证明被告人品性的证据所得来的不良信息所诱导,从而得出被告人有罪的预断,使得其更加重视证明被告人有罪的证据材料而忽视能够表明被告人无罪的材料。所以,在英美法系即使在没有陪审团的法官审判中品格证据仍然发挥着作用,品格证据也对规范法官的证据采纳行为发挥着作用。另外,品格证据规则也是对被告人的一种诉讼保护措施。英美法系品格证据规则的一个特点是对控诉方运用品格证据的限制要严于对被告人的限制。被告人在刑事案件中可以主动提出同自己或者被害人的品格有关的证据,而控诉方一般不能主动提出证明被告人的品格证据,只有在被告人出示有关其品格的证据之后或者法定的几种情形下,才可以向法庭出示品格证据。如此规定的原因是为了保证控辩双方在诉讼中公平对抗,因为被告人相对于具有国家权力的控诉方而言,举证能力过于弱小,为了防止控辩失衡,限制控诉方首先提出被告人品格证据可以对被告人的举证权加以保障。因此,无论从约束法官审判行为的角度还是从被告人诉讼权利保障的角度,都应当在我国完善品格证据规则。我国的品格证据规则应该从以下几个方面完善。

1. 明确规定在刑事诉讼中公诉方不得首先出示证明被告人具有不良品格的意见证据或者名声证据,公诉方提出品格证据的前提是辩护方首先向法庭提出证明被告人具有良好品格或者被害人品格不良的证据。尽管被告人已经在刑事诉讼中取得了主体地位,有诸多规定保障其诉讼权利,但无法否认的是被告人同公诉方在承担审判结果时面临的风险是不同的,错误的裁判结果至多对公诉方的工作造成不良影响,但是却会使得被告人丧失财产、自由甚至生命,所以在刑事诉讼中必须公正地对被告人进行定罪量刑。品格证据在刑事诉讼中既可以在定罪过程中用来证明被告人会依据其品格或者性情实施指控的犯罪行为,又可以在量刑过程中对被告人的主观恶性加以证明。通常品格证据规则只是禁止在定罪过程中运用品格证据,因为运用品格证据对被告人进行定罪所产生的偏见影响会远远超过其对案件事实的证明价值。以名声证据和意见证据来证明被告人具有不良品格通常发生在定罪过程中,同时名声证据和意见证据所包含的事实信息的准确度并不高,所以立法应当明确禁止公诉方首先提出被告人的名声证据或者意见证据来证明被告人具有同其名声或者意见一致的不良品格。例外情形是如果被告人主动将自身的品格置于诉讼争议之中,或者对被害人的品格进行攻击,公诉方可以提出表明被告人品格不良或者被害人品格良好的证据对此加以反驳。

在我国出于消灭犯罪前科、帮助罪犯回归社会的目的,可以规定在其前科被勾销的情况下不允许在定罪过程中继续使用被告人的犯罪前科证据,但这并不意味着应在立法上明确禁止公诉方提出被告人具有犯罪前科或者曾经违法的证据。如果提出被告人前科证据的目的是为了证明被告人会实行同其前科相一致的犯罪行为,则前科证据同待证事实不具有关联性;如果前科证据的提出是为了证明被告人的身份、计划、知识、犯罪预备、机会、动机以及主观过失的有无等其他的目的,则前科证据对这些事实的证明具有关联性,所以不能一概规定禁止使用被告人的前科证据,而应该明确只有前科证据用来证明被告人实施了同其前科一致的犯罪行为,或者虽用于其他的证明目的,但是其对案件事实的证明价值远远小于所造成的偏见影响时,被告人的前科证据同案件事实没有关联性,应当加以排除。

在对被告人定罪之后的量刑过程中,通常不应禁止法官接触表明被告人品格的证据,因为品格证据有助于法官对被告人的主观恶性加以准确判断,并依据被告人自身的情况适用刑罚,实现改造罪犯、预防再次犯罪的目的。特别是在青少年犯罪案件的审判中,为了保证青少年犯能够顺利回归社会,法官需要对其之前的一贯品性加以了解,查明导致其犯罪的深层原因,进而作出有利于青少年罪

第五章　我国证据关联性规则之构建

犯改造的判决。品格证据在定罪程序和量刑程序中的采纳标准不同，因而为了防止品格证据的使用背离正当性，定罪程序和量刑程序必须分离。我国传统上的审判程序是定罪与量刑合一的模式，2010年发布的《关于规范量刑程序若干问题的意见》的第1条规定人民法院在刑事案件的审理过程中，应当保障量刑活动具有相对独立性，从而标志着我国相对独立量刑程序改革的开始。所谓相对独立的量刑程序具有两个方面的含义：一是量刑程序同定罪程序相分离，具有一定的独立性；二是量刑程序并非完全独立，是一种相对独立，同定罪程序仍有交错，没有完全分离。① 这是对我国定罪与量刑程序的一种有益探索，为立法确立品格证据规则提供了制度保障。

2. 明确规定在审判性犯罪案件时禁止使用涉及被害人性方面的名声和意见的证据，一般也不允许使用证明被害人同被告人之外的人存在性行为的证据；证明被害人良好品格的证据通常只能在被害人的品格遭受被告人方的攻击时才可以使用。被害人是否自愿同意是性犯罪案件中需要证明的实质性争议，有关被害人性方面的品格证据无法证明被害人在当前的指控犯罪中是否自愿，被害人具有性自主权，之前的自愿同意并不能代表性犯罪实施时被害人也是自愿的，所以被害人性方面的品格证据同证明性犯罪案件的实质性争议没有关联性。另外，允许在性犯罪案件中使用被害人性方面的品格证据，会使被害人遭受辩护方的贬损性询问，从而对身心造成二次伤害。如果司法程序不充分保障性犯罪被害人的隐私和尊严，就会使得具有不良性品格的被害人惧于报案并指控被告人，从而对国家打击性犯罪造成不良影响。所以，在性犯罪案件中应当限制使用有关性犯罪被害人性方面的不良名声或者意见证据。同时，为了保障被告人的辩护权，应当规定对被害人性方面品格证据的使用规定如下例外：被告人可以提出证明被害人曾经同其发生性行为的具体

---

① 参见陈瑞华：《论相对独立的量刑程序——中国量刑程序的理论解读》，载《中国刑事法杂志》2011年第2期。

实例证据，从而证明在当前的案件中被害人是自愿与其发生性行为。尽管之前曾经的自愿性行为并不必然说明当前的性行为也是自愿，但是在司法实践中，往往对曾经自愿发生性行为的人之间是否构成性侵犯的认定较为谨慎，认为被害人同被告人曾经的存在性行为的事实可以对指控的性犯罪是否确实发生进行间接证明，所以在我国的刑事诉讼中不宜禁止使用被害人同被告人曾经存在性关系的具体事例证据。

一般应禁止控方主动提出证明被害人具有良好品格的证据，因为通常而言被害人的良好品格同案件待证事实没有关联性，如果法庭不限制此类证据的使用，将会严重影响事实效率，并可能误导审判。但是如果被告人首先对被害人的品格进行攻击，那么控诉方可以出于反驳被告人的目的而提出证明被害人具有良好品格的证据。另外，在致人死亡的暴力案件中，如果被告人提出表明被害人具有暴力倾向等不良品格，试图证明是被害人首先对其发动了攻击时，由于被害人已经死亡无法亲自出庭对此予以反驳，应允许控诉方提出证明被害人品格良好的证据，对被告人的正当防卫辩护进行反驳。

3. 明确对证人诚实与否的品格只能以意见证据、名声证据或者定罪判决等证据形式予以质证；只有在证人的诚实品格受到质疑之后，才可以出示证明其具有诚实品性的证据。最高法《解释》第 213 条第 1 款[①]规定了庭审中询问证人的规则，该规则要求询问证人的内容应当同案件事实相关，而在我国的刑事司法实践中，通常认为证人是否可信对于案件事实的证明没有关联性；并且该规则也不允许询问时对证人的人格尊严造成损害，如果对证人的品格进行质证，很可能对其人格尊严造成不良影响，所以单从该规定的内

[①] 最高人民法院《关于适用〈中华人民共和国刑事诉讼法〉的解释》第 213 条第 1 款规定："向证人发问应当遵循以下规则：（一）发问的内容应当与本案事实有关；（二）不得以诱导方式发问；（三）不得威胁证人；（四）不得损害证人的人格尊严。"

容来看，我国的刑事庭审限制询问证人的品格问题。但是作为证明案件事实材料的证人证言必须是真实可靠的，而证人证言的是否真实同证人自身的品性密切相关，通过对证人个人情况的了解来对其证言是否真实进行间接推测是一种合理的推理方式。并且，证人不同于案件的当事人，其同案件裁判结果没有实质性的利害关系，其品格证据的适用不会对其造成诉讼上的不公正影响，所以，通过质证证人的品格来查明证人的可信性成为英美法系国家的一种通行做法，证人的可信性争议问题也成为待证的案件争议事实。所以，我国应承认证人品格证据同案件事实的证明具有关联性，并且允许对证人的品格进行质证。同时，为了防止庭审过分纠缠于证人的可信性，而忽视主要争议事实的证明，应该对证人品格质证的范围和方式加以限制：首先，对证人品格的质证范围应该仅限于与证人是否诚实相关的品格。允许质证证人的品格是为了查明其证言是否可信，所以同证人诚实与否无关的品格不应允许被质证，否则容易模糊质证的边际，降低审判效率。其次，对证人品格的质证只能依据名声证据或者意见证据，而不能依据特定行为事例。因为个人在生活中的行为或者表现为诚实，或者表现为不诚实，这就使得证明证人诚实品格的特定行为事例非常多，而庭审时间有限，法官不可能通过对大量有关证人品格的行为事例进行调查。而证人品格的名声或者意见证据的数量较易控制，并且也不需要其他证据对其予以支持，所以，名声和意见证据可以被用来质证证人的品格。另外，有关证人品格的生效裁判的内容通常被认为是真实可靠的，法庭不需要专门对此裁判进行调查，这就避免了审判的拖延，所以有关证人品格的生效裁判可以用来质证证人的品格。最后，只有在证人的诚实品格受到诉讼攻击的情况下，才可以提出证明证人品格诚实的证据。诉讼当事人申请证人出庭作证，就表明其相信证人具有诚实的品格，并且也试图让法官信任该证人的证言，如果对方当事人没有对该证人的可信性提出质疑，那么该证人的证言是否可信就不属于案件的争议事实，就失去了证明的必要性。所以，对证人的可信性产生争议是适用证人品格证据的前提。

二、最佳证据规则

证明力是对证据证明案件事实程度的一种表征,也是对证据与案件待证事实关联程度的反映。最佳证据规则是对法官证据证明力评价进行规范的规则,指的是当相互矛盾的证据指向同一案件事实时,事实裁判者必须优先认定某些证据的证明力的规则。最佳证据规则的重要意义表现在以下三个方面:一是可以防止事实认定者被欺骗或者发生认识错误;二是可以对法官自由审查判断证据的行为加以合理限制;三是指导证据收集行为,促使诉讼当事人按照最佳证据的原则收集证据,从而节约质证成本、提高司法效率。① 英国证据法学者吉尔伯特最早对最佳证据规则进行了阐释,在其所著的《证据法》(*The Law of Evidence*) 一书中将最佳证据规则视为证据法的首要规则,其指出"同证据相关的第一位也是最为重要的一条规则是,人们必须提交同争议事实本身的性质最相符合的证据……即,如果针对事实本身而言,当事人还掌握更好的证据,那么任何其他证据都不应被容许。"② 最初最佳证据证据规则针对的仅仅是文书证据,被称为原始文书优先原则,其内容是:"一方当事人如果以文书的内容而不是以文书的本身作为证据的,必须出示文件内容的原始证据。"③ 随着最佳证据规则的发展完善,又出现了优先采纳原始物证、优先采纳具有出庭证人支持的书证、优先出庭证言等等若干规则。20世纪之后,人们逐渐认识到最佳证据规则尽管具有防范诉讼欺骗、提高审判效率等积极的功能,但是也会因其严格适用而造成不公正的诉讼结果。因为不可能每次诉讼都能够获得最佳证据,但是如果存在最佳证据,法院严格按照最佳证据规则就

---

① 参见宋强、邓贵杰:《最佳证据规则的现代发展及在我国的适用问题探讨》,载《贵州民族学院学报》(哲学社会科学版) 2007年第6期。
② 转引自易延友:《最佳证据规则》,载《比较法研究》2011年第6期。
③ 转引自马贵翔:《刑事证据规则研究》,复旦大学出版社2009年版,第190页。

第五章 我国证据关联性规则之构建

无法确定案件的事实,可能造成对客观上不能提供最佳证据的当事人不公平。另外,随着现代科学技术的发展,复制件、复印件等非原件可以很好地保留原件的内容,通过程序上的补强可以大大减少非原件原物可能造成的错误,因此最佳证据规则的例外情形开始出现,只要当事人具备法定的情形,法官也可以采纳真实性、可靠性得到确认的不属于最佳证据的证据。现今,最佳证据规则在英美法系的证据法中主要针对文字材料的可采性,通常认为适用最佳证据规则的必备条件是当事人向法庭出示的文字材料应是文书证据。该文书同传统上的文书有差异,它不仅指传统上的文书,也指录音、照片以及相似的记录等。数据存储方式随着科技的发展发生了重大变化,出于诉讼证明的目的,最佳证据规则应适用于通过现代存储技术所形成的证据,① 但是没有载体或者载体上不存在图形或者符号的物体不适用最佳证据规则。另外,现代证据法认为物证不应再是最佳证据规则的载体,原因是物证和书证发挥证明作用的方式不同。物证对案件事实的证明是通过其自身的客观存在或者物质属性特征,其存在、特征属性是唯一的,本身没有好坏等级之分,所以无法用最佳来形容物证。

在我国刑事诉讼立法中不存在明确的最佳证据规则规定,最高法有关刑事诉讼法的《解释》以及《死刑案件证据规定》中的个别条文内容体现了最佳证据规则的精神。最高法《解释》第70条规定,"据以定案的物证应当是原物",必须是在原物难以保存、不便搬运,依法需要由有关部分保管、处理或者必须返还的情形下,才可以拍摄等途径制作可以反映原物特征、外貌的复制品、照片或者录像。物证的复制品、照片、录像成为定案依据的前提是同原物核对没有错误或者经鉴定等其他方式被证明为真实。第71条规定,"据以定案的书证应当是原件",只有在取得原件确实存在困难的情况下,才可以复制件或者副本代替原件。书证的复制件、

---

① 参见何家弘、张卫平:《外国证据法选译》(下卷),人民法院出版社2000年版,第867页。

副本成为定案依据的前提是同原件核对没有错误或者经过其他的途径被证明为真实。从这两条规定来看，物证原物、书证原件的证明力要优于其复制品、复制件等非原物、原件，强调原件、原物较高的证明效果，暗含着防止非原件造成欺诈或者错误的最佳证据规则理念。《死刑案件证据规定》第8条对依据原件、原物认定案件事实作了与最高法《解释》类似的规定。同时在第9条强调收集物证、书证的程序必须合法，一定程度上是为了保证物证原物、书证原件的真实性，从而保证定案所依据的是最佳证据。总而言之，我国的刑事诉讼法缺乏最佳证据规则的规定，立法只是从物证、书证的采纳规则、原件的证明力优先以及原件要求的例外等方面初步体现了最佳证据规则的精神。同国外的成熟立法相比，我国对最佳证据规则缺乏应有的刑事立法，体现最佳证据规则精神的司法解释过于严格，缺少可操作性的例外规定，因此，有必要从以下几个方面构建并完善最佳证据规则。

1. 完善最佳证据规则的适用范围。对文书证据采用较为宽泛的定义使得英美法系最佳证据规则适用的范围较为合理。最佳证据规则英美法系的适用对象包括了书证以及视听资料，强调最佳证据规则对通过高科技存储技术形成的证据的适用性。我国刑事诉讼法已经明确将视听资料、电子数据等证据列为法定的证据种类，这两种证据也是以自身的内容来证明案件待证事实，同书证的证明方式具有一定相似性，因此，也应该将视听资料、电子数据明确为最佳证据规则的适用对象。另外，英美法系在规定最佳证据规则的同时也规定了许多规则的例外情形，防止因规则太过严苛导致进入庭审的证据太少。而我国只是对物证原物、书证原件提出了严格要求，关于原件、原物的例外规定比较模糊且操作性差。另外，只有文书上所载明的内容是案件需要证明的对象时，最佳证据规则才发挥作用，并非对于任何文书证据都必须适用该规则。因此，在立法中应当改变在诉讼中当事人必须出示书证证据原件的做法，明确只有案件争议事实是文书的内容时，最佳证据规则才适用，司法解释应对最佳证据规则的例外情形加以列明，增加规则的可操作性。

  2. 对第二手证据采纳的前提加以明确。立法上必须对最佳证据规则适用的例外情形加以明确的条件限制，立法可以从两个方面加以规定：一是明确规定采纳第二手证据的前提，承认第二手证据的可采性；二是对不能提出原件的情形加以明确规定，只有在这些情形下，才可以出示复制件。

  （1）采纳第二手证据的前提应规定为：①能够证明原件之前曾经存在；②必须能够证明原件具有真实性，所出示的复制件同原件相符，其制作的程序方法合法；③必须对无法提供原件的事由加以说明，该事由应符合最佳证据规则的例外情形。

  （2）对法定无法出示原件的事由加以明确：①原件遗失或者损坏。用于证明的原件如果是在该证据持有人没有恶意的情况下遗失或者损坏，从而无法在法庭上出示的，可以出示复制件；②诉讼的相对方拒绝提供原件。如果用于诉讼证明的原件被诉讼的对方当事人所持有，并且在庭审调查程序结束之前，穷尽了法定的司法手段和程序，仍然无法使得原件持有方提交原件的，可以出示复制件；③案外人员的合法拒绝。如果用于证明的原件被当事人之外的案外人员持有，通过穷尽法定手段和程序原件持有人仍然拒绝提供原件，或者无法联系该持有人的，可以向法庭出示复制件；④原件为官方保存。如果原件因涉密而被国家机关保管，不宜动用或者当庭公开出示的，当事人可以提供复制件；⑤原件出示不能。原件因客观自然因素或者法律规定确实不能在法庭上出示的，如文书的载体为墙壁或者公路等，此时就可以允许通过照片、录像等其他载体代替原件出示；⑥其他无法出示原件的情形，因例举法无法穷尽所有的司法情形，故以此项为兜底条款，法官遇到上述没有规定的、但只能出示复制件的情形，可以自由裁量决定是否允许出示复制件。

  3. 明确不提供原件的法律后果。我国刑事诉讼立法没有规定最佳证据规则，从有关司法解释的规定可以看出，我国对物证、书证的适用都体现了最佳证据规则的精神，物证的录像或者照片，书证的复制件，经与原物、原件核对后属实或者被鉴定为真实的，就具有与原物、原件同样的证明效果。该规定不是从可采性的角度来限制物证、书证，仅仅表明原件、原物的证明力要优于复制件。如果复制件无法同原件核对，则不能单独依据其定案。而依据英美法系最佳证据规则的理念，如果诉讼当事人无法提供原件，又不能提供充足的理由对此予以说明的，则当事人所提供的非原件证据没有可采性，从而防止不真实的复制件进入庭审，欺骗事实裁判者。由于我国刑事诉讼法没有规定不提供原件的法律后果，使得刑事诉讼实践中存在许多不要求出示原件而直接采纳复制件的做法，这样为图简便而采纳复制件的做法容易使得当事人实施证据造假，进而造成审判结果的不公正。所以，《刑事诉讼法》应该明确规定当事人如果无法提供原件的，除了满足法定的最佳证据规则例外情形，所提交的复制件不具有证据能力，这样就可以防止不真实的复制件干扰案件事实认定，保证案件的实体公正。

三、补强证据规则

补强证据规则指的是法律对某些证明力存在明显缺陷的证据，明确规定该证据必须依靠其他证据的辅助才能够作为定案依据的规则。[①] 补强证据规则是从充分性方面对证据提出了要求，如果某一证据的证明力不充足，补强证据规则要求运用其他证据对其证明的"量"进行补充，从而在"质"上增强其证明力。在诉讼中，如果控诉方只依据单一的证据来证明案件的主要事实，并且该证明没有达到确实充分的标准时，补强证据规则就要发挥作用。因此，补强证据规则在诉讼中的适用具有以下两个特点：一是通常发生在依赖单一的直接证据来认定案件主要事实的情形下。直接证据尽管能够从逻辑关联性角度推论出某一案件主要事实，但若从法律关联性的角度观察，直接证据对案件事实的证明不一定能够达到证明标准的

---

① 参见何家弘：《从应然到实然——证据法学研究》，中国法制出版社2008年版，第252页。

第五章　我国证据关联性规则之构建

要求,还可能因为直接证据的真实性、客观性、可靠性等质量问题而导致错误的裁判,所以在这种情况下法律要求对该证据进行补强。二是所适用的对象通常是言词证据。直接证据在诉讼中通常表现为被告人供述、被害人陈述、证人证言、关联性书证、视频监督等等,除了文书、音像资料之外,这些证据的载体大多是善于变化的个人,被告人、被害人同诉讼有着密切的利害关系,其陈述夹杂着个人的主观感受;证人因自身观察、记忆、表达能力以及精神状况等因素的影响,会造成其证言同客观事实产生偏差。所以,单一的直接言词证据多数需要其他证据予以补强。

补强证据规则主要是英美法系证据法的一个规则,除了日本之外的其他大陆法系国家基本上没有规定该规则,这使得有学者认为补强证据规则特别是口供的补强规则是英美法系以及日本的专属。① 英美法系学者普遍认为该规则的起源同英国的佩里案②有关,在该案之后法庭开始要求对证明犯罪行为的某些单独的谋杀自白进行补强,之后补强证据规则在英美法系的代表性国家英国和美国得以逐步完善。

补强证据规则在英国的发展主要体现在补强证据的范围上,制定法有关证据补强的规定逐渐增多。1795 年的《叛国法》要求对指控弑君的单个证人的证言需要其他证人的证言进行补强;1911 年的伪证法明确规定用来指控伪证罪的单个证人的证言需要补强;1984 年的公路行驶管理法要求对指控被告人超速的单个证人的证

---

① 参见徐美君:《口供补强法则的基础与构成》,载《中国法学》2003 年第 6 期。

② 佩里案发生在 17 世纪的英国,在该案的审判中,法庭只依据一个没有经过补强的自白就判决三名被告人的谋杀罪指控成立。而在一个被告人被执行死刑之后,却发现所谓的案件被害人仍然活着。该案使得人们逐渐认识到口供具有潜在的不可靠性,从而在法庭上开始要求对口供进行补强。参见樊崇义主编:《刑事证据规则研究》,中国人民公安大学出版社 2014 年版,第 491 页。

言进行补强。① 同时,英国也赋予了法官一定的是否要求补强证据的裁量权,如果法官认为存在表明某一证人不可靠的证据,对该证人的证言产生怀疑的,法官可以对陪审团发出只依靠该证据进行事实认定可能产生错误的警告。

美国19世纪从英国继承了补强证据规则,并将该规则适用于所有的刑事案件。美国当前的补强证据规则主要分为两类:一种是规范事实标准,该规则被大多数州所接纳,指的是被告人法庭之外的自白要想被视为对被告人犯罪证明到排除合理怀疑的程度,控方必须向法庭提出充分的并且与被告人自白相独立的证据,来对被指控的犯罪事实加以证明;另一种是可信性自白规则,该规则由联邦最高法院于1954年的奥伯案中所设立,该规则衡量补强的标准不是犯罪的事实,而是直接以自白的可靠性作为衡量是否需要补强的标准,因此也被称为可信性标准。联邦法院在奥伯案中指出,有罪判决不能仅仅依据没有佐证的自白作出,同时,佐证不应要求证明犯罪的事实,但应该是能够证明自白真实性的独立于自白的证据。② 据此,控诉方不需提出独立的证明指控犯罪事实的证据,而需对自白的可靠性提供独立证据加以证明,如果法庭认定自白可靠,则该自白就可以被用来定案。

尽管我国《刑事诉讼法》第53条③的规定被学界认为是有关口供补强的规则,但是该规定同口供补强规则仍然具有差距,没有规定补强证据的资格,缺乏补强的对象,没有补强的程序以及补强

---

① 参见[英]理查德·梅:《刑事证据》,王丽、李贵方等译,法律出版社2007年版,第471~474页。
② 参见樊崇义主编:《刑事证据规则研究》,中国人民公安大学出版社2014年版,第492页。
③ 《刑事诉讼法》第53条规定:"只有被告人供述,没有其他证据的,不能认定被告人有罪和处以刑罚;没有被告人供述,证据确实、充分的,可以认定被告人有罪和处以刑罚。"

第五章 我国证据关联性规则之构建

不能的法律后果等。[①] 因而，严格意义上而言，我国刑事诉讼法没有明确并且完善地对补强证据规则加以规定。建构我国的补强证据规则，必须从以下五个方面进行。

1. 明确证据补强的范围。需要补强的证据的范围可以分为两类来考察：一是必须补强的自白的范围；二是自白之外的必须补强的证据范围。

（1）需要补强的被告人自白的范围。我国《刑事诉讼法》第53条只规定被告人的口供用来定案时需要其他证据补强，但是没有规定被告人在什么诉讼阶段作出的口供必须补强。法律应该明确规定被告人的庭前供述与庭审中的供述都需要其他证据补强。对证据补强的目的是消除证据可能虚假的隐患，我国审前取证程序较为封闭，非法的取供手段也屡屡出现，导致被告人的口供为假的可能性很大，因此需要对审前获得的被告人口供进行补强。被告人在法庭上也会因为自身的利益或者法律认知的错误而作出不真实的供述，并不能保证其供述完全真实，因此也需要对其加以补强。另外，口供必须包含犯罪构成要件的全部事实信息才需要补强，对于只包含部分犯罪构成要件事实的供述，只用通过印证规则对其证明力进行加强即可，而不必强制要求对其补强。因为法官即使错误采信了包含部分犯罪事实信息的口供，也并不一定会造成对全案的错误裁判。[②] 共犯的口供尽管可能包含犯罪的大部分构成要件事实，但却可能没有犯罪人主观状态的信息，因此，即使有其他证据表明共犯的口供真实可靠，也无法单独依据共犯的口供进行定罪，所以共犯的口供不属于需要补强的证据，但是如果共犯的口供包含了犯罪构成要件的全部事实信息，单独依据该证据进行定案时需要对其进行补强。

（2）自白之外的需要补强的证据范围。我国《刑事诉讼法》

[①] 参见党建军、杨立新：《死刑案件适用补强证据规则若干理论问题研究》，载《政法论坛》2011年第5期。

[②] 参见陈瑞华：《论被告人口供规则》，载《法学杂志》2012年第6期。

并没有规定自白之外的证据是否必须补强。判断证据是否需要补强的标准是该证据是否包含了指控犯罪必需的全部构成要件事实信息。如果口供之外的证据在包含所控犯罪客观方面构成要件事实的同时，还具有能够推断行为人存在所控犯罪主观方面构成要件事实的，也就包含了指控犯罪所需要的全部要件事实信息，从而成为需要补强的证据。

2. 明确证据补强的对象。对证据补强的目的是为了增强其可靠性，因此，既可以对证据所包含的犯罪构成要件事实进行补强，也可以对其他能够增强证据可靠性的事实进行补强，如被害人或者证人能够正确感知案件的事实，被害人或者证人没有进行不真实陈述的可能性等等。犯罪构成要件事实由主体方面的事实、客体方面的事实、主观方面的事实以及客观方面的事实构成，如果通过对需要补强的证据所包含的犯罪构成要件事实的证明来补强证据，则只需证明犯罪对象、行为以及犯罪结果等客观方面的事实即可，而犯罪的目的、故意或者过失等主观方面的事实以及被告人是否是犯罪行为人等事实并不需要补强，因为犯罪主观方面的事实较难证明，通过对证据客观方面事实的补强，也会一定程度上对其主观方面的事实产生补强作用，并且被告人是否是犯罪行为的实施人这一事实也会随着犯罪客观方面事实的补强而得以证明，因此不需要再专门对其补强。

3. 明确补强证据的资格。对于补强证据的资格，应该满足以下条件：一是补强证据必须具备证据作为定案依据的资格，即具有证据能力和证明力；二是补强证据必须是被补强证据之外的其他证据，被补强证据的传来形式不能作为补强证据，否则就会出现证据自我补强的矛盾情形；三是用来作为补强的其他证据必须具有独立于被补强证据的来源，如果是以根据被告人的指认或者供述而获得的物证、书证来补强被告人的供述，则这些物证或者书证必须具有很强的隐蔽性，并且此类证据的收集过程必须合法；四是同案共同被告人的供述通常不能作为补强被告人口供的证据，因为这些共同被告人之间存在着明显的诉讼利害冲突，使得他们较难对其他人的行为作出客观评价，同时我国在司法实践中对同案的共同被告一般采取共同侦查的做法，无法保证同案共同被告人口供的独立性。

4. 明确证据补强的程度。证据补强的程度即是证据补强的证明标准，指的是补强证据对需要补强证据的补强达到什么样的程度，才能够使得被补强的证据成为定罪量刑的根据。对于证据补强的程度，我国有学者认为补强证据必须达到能够单独对案件事实加以证明的程度，特别是对死刑案件中证据的补强必须坚持此标准。① 有学者主张区分重罪和轻罪而适用不同的标准：对重罪案件中的口供进行补强的证据必须能够单独对案件事实证明到排除合理怀疑的程度；而在轻罪案件中只要求口供同其补强证据相结合，能够对案件事实证明到排除合理怀疑的程度即可。② 还有学者认为应该将补强证据同被补强的证据结合起来进行判断，看该证据集合是否可以对被告人有罪产生确信的证明。③ 对证据进行补强的必要性体现在已经包含了所控犯罪全部构成要件事实的证据存在巨大的虚假风险，因而需要以其他证据来对其可靠性加以保障。所以，证据补强的程度指的是补强证据对需要补强的案件证据的证明程度，而并非其证明案件犯罪事实的程度。同时由于需要补强的证据已经包含了指控犯罪的全部构成要件信息，该证据一旦得到补强，就可以对被告人是否有罪加以认定。所以，为了保证案件事实认定的准确性，补强证据对被补强证据的补强程度应当同被补强证明对有罪认定的证明程度相当，即达到排除合理怀疑的补强程度。

5. 明确证据补强的程序。构建证据补强的程序应当根据证据

---

① 参见党建军、杨立新：《口供补强规则的代价及其调控》，载《国家检察官学院学报》2011 年第 6 期。

② 参见郭华：《口供补强规则研究》，载《甘肃政法学院学报》2004 年第 3 期。

③ 参见张吉喜：《论自白补强证据规则》，载《西南政法大学学报》2007 年第 2 期。

补强的不同方式来区别构建。通常而言证据补强的方式有两种：一是通过对部分案件事实的证明来对证据的可靠性进行补强；二是通过证明同案件事实没有关联的事实来对证据的可靠性进行增强。法官在庭审准备阶段应当区分补强证据对被补强证据的补强方式，如果证据是通过对部分案件事实的证明来增强被补强证据的可靠性的，则法庭调查时应当先对补强证据进行调查，后对被补强证据进行调查；如果证据是通过证据与案件事实没有关联的事实来增强被补强证据的可靠性的，则法庭调查时应当先对被补强证据进行调查，后对补强证据进行调查。原因是需要补强的证据通常包含了指控犯罪的全部构成要件事实信息，如果法官在证据调查时首先接触了需要补强的证据，那么法官就会对案件事实形成预断，可能会对法官判断通过证明案件事实的方式进行补强的证据是否可采产生干扰；但是如果补强证据是通过对非案件事实的证明来实现对证据的补强，那么法官先接触被补强证据就不会对补强证据形成预断，并且，由于此时补强证据并不证明案件事实，只是对被补强证据的可靠性事实进行证明，法官如果在接触被补强证据之前，先接触补强证据，则很可能使得法官认为补强证据同案件事实的证明没有关联性而加以排除，所以此种情况下应该先对被补强证据进行调查，然后再通过补强证据对被补强证据进行补强。

结 论

在我国，证据关联性长期以来在理论上仅仅被作为证据的一种属性对待，缺乏对关联性进一步深究；司法实践中尽管认为证据的关联性很重要，但是没有将关联性作为可采性的前提条件对待，法官可以对关联性加以随意解释。考察英美法系证据法的理论与实践可以发现，关联性被理解为可采性的前提条件，具有丰富的内涵，并且存在许多规范审判活动的关联性规则。我国同英美法系国家在诉讼模式、审判组织等方面有所不同，但这并不影响两者都认同理性证明方式必须依据证据从逻辑与经验上对案件事实进行论证，并且公正与效率都是各自诉讼制度所要实现的价值目标，所以我国有必要借鉴英美法系国家的证据关联性理论及其合理制度，完善关联性的理论及其规则。

首先，应该对关联性的概念予以明确，关联性的概念除了包括实质性与证明性之外，还应该包括适格性。证明性表示证据依据逻辑和经验可以对案件事实的存在与否产生证明作用，实质性表示证据所能够证明的案件事实属于案件的实质性争议，两者在英美法系被统称为逻辑上的关联性。适格性则是法律对关联性的一种要求，某些证据尽管从逻辑和经验上而言可以对案件待证事实产生证明作用，但是该证据的运用会引起偏见、误解或者造成诉讼的不必要拖延，对审判造成的不良影响远大于其证明价值；或者其同案件待证事实的关联性非常微弱，则该证据在法律上的关联性一般不会得到承认，如品格证据、类似事实证据、事后补救措施证据等，法律通常不承认这些证据同证明案件事实的关联性；英美法系国家的立法中也规定了诸如品格证据规则、类似事实证据规则、事后补救措施证据规则等关联性证据规则，对证据有无关联性的判断受到这些法定证据规则的制约。所以我国在确立关联性的概念时,也应该包含法律的要素,适格性就是从法律上对关联性采纳与采信行为的一种要求,定案证据具有关联性除了要满足证明性和实质性的要求之外,还必须符合法律所规定的采纳与采信规则。因此,可以对关联性作如下规定:证据的关联性是指在具体诉讼中,证据依据逻辑、经验以及法律的规定,具有的与案件争议事实在一定程度上的证成与证否的联系。

其次,应当建立并完善我国的证据关联性规则。党的十八届四中全会提出要在我国推动以审判为中心的诉讼体制改革,实现以审判为中心的重要路径是以庭审为中心,以庭审为中心必须保证审判公正。在我国刑事诉讼中,法官主导着法庭审判,依法对案件事实的认定和法律适用享有自由裁量权,庭审是否公正同法官的行为密切相关,法官依法行使权力才能保证审判的公正。证据关联性规则的设立不仅可以从外部对法官判断关联性的行为加以指导,弥补法官自身能力的不足,还可以对法官判断证据关联性的行为进行规范,设立统一的关联性判断规则,可以防止法官在证据关联性判断上各自为政。但是一方面我国刑事诉讼法没有明确规定关联性规则,司法实践中鲜见法官以关联性为由来排除或者采纳证据的案例;另一方面关联性规则也没有受到应有的重视。最近几年来,随着司法改革的不断深化,有关证据可采性的规则特别是非法证据排除规则受到格外关注,并在2012年修改《刑事诉讼法》时初步确立了非法证据排除规则,试图通过排除非法证据来保证取证的合法性,进而保证诉讼的程序公正。但是证据要想成为定案根据的首要前提是必须具有关联性,即便证据是通过合法的途径取得,但是如果对其关联性的判断出现错误,采纳了没有关联性或者关联性微弱、可能导致不公正偏见的证据,也会损害诉讼的实体公正,所以关联性规则具有保障诉讼实体公正的重要作用。司法公正体现为实体公正和程序公正两个方面,任何一个方面的缺失都不能实现司法公正,因此在我国应该重视并建立保障诉讼实体公正的关联性规则。我国的关联性规则体系应当包括关联性采纳规则和采信规则两个方面：采纳规则主要侧重于要求法官依据关联性规则判断证据是否可采，是对法官评判证据能力行为的规范；采信规则主要侧重于要求法官依据关联性规则判断证据是否可信，是对法官评判证明力行为的规范。当前应当尽快确立并完善的关联性规则包括品格证据规则、最佳证据规则以及补强证据规则，其中品格证据规则侧重于关联性证据的采纳，最佳证据规则和补强证据规则侧重于关联性证据的采信，分别构成了现阶段我国关联性采纳与采信规则的主要内容。

最后，应当完善关联性规则的配套制度。一项诉讼制度要想发挥应有的作用，必须有其他相关制度的配合，例如非法证据排除规则作用的发挥就离不开侦查讯问录音录像制度、质证制度、证人出庭制度等相关诉讼制度的保障。关联性规则作用的充分发挥，同样需要有相应的制度予以保障，这包括定罪量刑相分离的庭审制度、证人出庭作证制度、裁判理由公开制度，等等。某些证据可能在同定罪事实的证明没有关联性，但是却可能对量刑事实的证明具有关联性，定罪量刑制度的分离会导致对证据的定罪作用与量刑作用分别加以考虑，这样有利于在定罪程序和量刑程序中依据不同的关联性规则准确判断证据的关联性。在证人品格证据规则中，出示证人品格证据的前提是证人在出庭作证时其诚实品格受到了诉讼相对方的攻击，这就意味着只有证人出庭作证，证人品格证据制度才能发挥作用，才能更好地对证人证言的可靠性加以检验，所以完善证人出庭制度有利于落实证人品格证据制度。如果法官不公开裁判的理由，就无从知晓并评价其判断证据关联性的原则和方法，只有法官公开自己所作证据关联性判断的理由，诉讼当事人才可以关联性规则对其进行评价，从而救济法官对司法公正造成的损害，裁判理由公开制度为监督关联性规则的实施情况提供了途径。

参考文献

一、中文著作

[1] 樊崇义主编:《刑事证据规则研究》,中国人民公安大学出版社 2014 年版。

[2] 沈达明:《英美证据法》,中信出版社 1996 年版。

[3] 吴宏耀、魏晓娜:《诉讼证明原理》,法律出版社 2002 年版。

[4] 郭志媛:《刑事证据可采性研究》,中国人民公安大学出版社 2004 年版。

[5] 李学灯:《证据法比较研究》,五南图书出版公司 1999 年版。

[6] 陈一云:《证据学》,中国人民大学出版社 2007 年版。

[7] 程荣斌:《中国刑事诉讼法教程》,中国人民大学出版社 1993 年版。

[8] 徐友军等:《刑事诉讼法通论》,光明日报出版社 1985 年版。

[9] 沈德咏:《刑事证据制度与理论》,法律出版社 2002 年版。

[10] 江伟:《证据法学》,法律出版社 1999 年版。

[11] 毕玉谦:《证据法要义》,法律出版社 2003 年版。

[12] 何家弘:《从应然到实然——证据法学研究》,中国法制出版社 2008 年版。

[13] 谢佑平:《刑事司法程序的一般理论》,复旦大学出版社 2003 年版。

［14］樊崇义主编：《证据法学》，法律出版社2012年版。

［15］林钰雄：《严格证明与刑事证据》，新学林出版股份有限公司2002年版。

［16］林山田：《刑事程序法》，五南图书出版公司1998年版。

［17］黄东熊：《刑事诉讼法论》，三民书局1987年版。

［18］陈朴生：《刑事诉讼法实务》（增订版），三民书局1984年版。

［19］纪格非：《证据能力论——以民事诉讼为视角的研究》，中国人民公安大学出版社2005年版。

［20］樊崇义等：《刑事证据法原理与适用》，中国人民公安大学出版社2003年版。

［21］肖胜喜：《刑事诉讼证明论》，中国政法大学出版社1994年版。

［22］俞亮：《证据关联性研究》，北京大学出版社2008年版。

［23］何家弘主编：《新编证据法》，法律出版社2000年版。

［24］樊崇义主编：《刑事诉讼法学》，法律出版社2004年版。

［25］陈光中、徐静村：《刑事诉讼法学》，中国政法大学出版社1999年版。

［26］何家弘、刘品新：《证据法学》，法律出版社2008年版。

［27］陈卫东、谢佑平：《证据法学》，复旦大学出版社2005年版。

［28］何家弘：《证据法学研究》，中国人民大学出版社2007年版。

［29］李国光：《最高人民法院〈关于民事诉讼证据的若干规定〉的理解与适用》，中国法制出版社2002年版。

［30］樊崇义等：《刑事诉讼法再修改理性思考》，中国人民公安大学出版社2007年版。

［31］叶自强：《民事证据研究》，法律出版社1999年版，第455页。

［32］毕玉谦：《民事证据法及其程序功能》，法律出版社1997

年版。

［33］卞建林：《证据法学》，中国政法大学出版社 2000 年版。

［34］赵利主编：《法律逻辑学》，人民出版社 2010 年版。

［35］黄伟力：《法律逻辑学导论》，上海交通大学出版社 2011 年版。

［36］张亚东：《经验法则 自由心证的尺度》，北京大学出版社 2012 年版。

［37］齐树洁：《民事司法改革研究》，厦门大学出版社 2004 年版。

［38］王亚新：《社会变革中的民事诉讼》，中国法制出版社 2001 年版。

［39］陈荣宗、林庆苗：《民事诉讼法》，三民书局 1996 年版。

［40］邱爱民：《科学证据基础理论研究》，知识产权出版社 2013 年版。

［41］黄朝义：《刑事证据法研究》，元照出版公司 2000 年版。

［42］何家弘：《法苑杂谈》，中国检察出版社 2000 年版。

［43］张保生主编：《证据法学》，中国政法大学出版社 2009 年版。

［44］陈学权：《科技证据论——以刑事诉讼为视角》，中国政法大学出版社 2007 年版。

［45］陈光中、江伟主编：《诉讼法论丛》（第 10 卷），法律出版社 2005 年版。

［46］陈朴生：《刑事证据法》，三民书局 1979 年版。

［47］何勤华：《法国法律发达史》，法律出版社 2001 年版。

［48］江伟：《民事诉讼法学》，复旦大学出版社 2002 年版。

［49］葛洪义：《法与实践理性》，中国政法大学出版社 2002 年版。

［50］陈征楠：《法正当性问题的道德面向》，中国政法大学出版社 2014 年版。

［51］杨震：《法价值哲学导论》，中国社会科学出版社 2004

［52］程龙：《法哲学视野中的程序正义——以程序正义研究中的分析模式为主的考察》，社会科学文献出版社 2011 年版。

［53］万光侠：《效率与公平》，人民出版社 2000 年版。

［54］陈卫东、谢佑平：《证据法学》，复旦大学出版社 2005 年版。

［55］艾思奇：《辩证唯物主义与历史唯物主义》，人民出版社 1961 年版。

［56］徐昕：《英国民事诉讼与民事司法改革》，中国政法大学出版社 2002 年版。

［57］何家弘：《外国证据法》，法律出版社 2003 年版。

［58］纪格非：《证据能力论》，中国人民公安大学出版社 2005 年版。

［59］何勤华：《澳大利亚法律发达史》，法律出版社 2004 年版。

［60］刘立霞、路海霞、尹璐：《品格证据在刑事案件中的运用》，中国检察出版社 2008 年版。

［61］高玉祥：《健全人格及其塑造》，北京师范大学出版社 1997 年版。

［62］翟中东：《刑法中的人格问题研究》，中国法制出版社 2003 年版。

［63］黄希庭：《人格心理学》，浙江教育出版社 2002 年版。

［64］吴江霖：《心理学概论》，广东高等教育出版社 2003 年版。

［65］苏力：《送法下乡——中国基层司法制度研究》，中国政法大学出版社 2000 年版。

［66］翟中东：《刑罚个别化研究》，中国人民公安大学出版社 2001 年版。

［67］张文、刘艳红、甘怡群：《人格刑法导论》，法律出版社 2005 年版。

[68] 林纪东：《刑事政策学》，中正书局 1969 年版。

[69] 曲新久：《刑法的精神与范畴》，中国政法大学出版社 2003 年版。

[70] 马贵翔：《刑事证据规则研究》，复旦大学出版社 2009 年版。

[71] 吕忠梅：《美国量刑指南》，法律出版社 2006 年版，第 386 页。

[72] 王进喜：《刑事证人证言论》，中国人民公安大学出版社 2002 年版。

[73] 齐树洁：《英国证据法》（第 2 版），厦门大学出版社 2014 年版。

[74] 李富成：《推定的运用》，中国人民公安大学出版社 2008 年版。

[75] 宋冰：《程序、正义与现代化》，中国政法大学出版社 1998 年版。

[76] 樊崇义主编：《诉讼原理》，法律出版社 2003 年版。

[77] 陈瑞华：《刑事证据法学》，北京大学出版社 2012 年版。

[78] 沈志先主编：《刑事证据规则研究》，法律出版社 2011 年版。

[79] 马克昌：《比较刑法原理》，武汉大学出版社 2002 年版。

二、中文译著

[1] [日] 田口守一：《刑事诉讼法》（第五版），张凌、于秀峰译，中国政法大学出版社 2010 年版。

[2] [美] 约翰·W. 斯特龙主编：《麦考密克论证据》，汤维建等译，中国政法大学出版社 2004 年版。

[3] [美] E. 博登海默著：《法理学 法律哲学与法律方法》，邓正来译，中国政法大学出版社 2005 年版。

[4] [美] 格雷厄姆·莉莉：《证据的相关性》，蒋恩慈选译，载《法学论丛》1984 年第 2 期。

参考文献

[5][美] 摩根：《证据法之基本问题》，李学灯译，世界书局 1983 年版。

[6][美] 乔恩·R. 华尔兹：《刑事证据大全》，何家弘等译，中国人民公安大学出版社 2004 年版。

[7][日] 土本武司：《日本刑事诉讼法要义》，董璠舆、宋英辉译，五南图书出版公司 1997 年版，第 307 页。

[8][德] 拉德布鲁赫等：《法学导论》，米健、朱林译，中国大百科全书出版社 1997 年版。

[9][美] 爱伦·豪切斯泰勒·斯黛丽、南希·弗兰克：《美国刑事法院诉讼程序》，陈卫东、徐美君译，何家弘校，中国人民大学出版社 2002 年版。

[10][美] Arthur Best：《证据法入门——美国证据法评释及实例解说》，蔡明秋等译，元照出版公司 2002 年版。

[11][美] 阿瑟·库恩：《英美法原理》，陈朝碧译，法律出版社 2002 年版。

[12][美] 鲁格罗·亚狄瑟：《法律的逻辑》，唐欣伟译，法律出版社 2007 年版。

[13][德] 卡尔·拉伦茨：《法学方法论》，陈爱娥译，商务印书馆 2003 年版，第 169 页。

[14][美] 罗纳德·J. 艾伦、理查德·B. 库恩斯、埃莉诺·斯威夫特等：《证据法：文本、问题和案例》（第三版），张保生、王进喜、赵滢译，高等教育出版社 2006 年版。

[15][德] 托马斯·魏根特：《德国刑事诉讼程序》，岳礼玲、温小洁译，中国政法大学出版社 2004 年版。

[16][英] 亨利·西季威克：《伦理学方法》，廖申白译，中国社会科学出版社 1993 年版。

[17][法] 让－马克·夸克：《合法性与政治》，佟心平等译，中央编译出版社 2002 年版。

[18][英] 韦恩·莫里森：《法理学》，李桂林等译，武汉大学出版社 2003 年版。

［19］［美］庞德：《通过法律的社会控制 法律的任务》，商务印书馆1984年版。

［20］［美］约翰·罗尔斯：《正义论》，何怀宏、何包钢、廖申白译，中国社会科学出版社2009年版。

［21］［德］汉斯·普庭斯：《现代证明责任》，吴越译，法律出版社2000年版。

［22］［日］谷口安平：《程序正义与诉讼》，王亚新、刘荣军译，中国政法大学出版社1996年版。

［23］［美］约翰·罗尔斯：《政治自由主义》，万俊人译，译林出版社2000年版。

［24］［日］松尾浩也：《日本刑事诉讼法》（上卷），丁相顺译，中国人民大学出版社2005年版。

［25］［美］阿蒂亚·萨默斯：《英美法中的形式与实质——法律推理、法律理论和法律制度的比较研究》，金敏等译，中国政法大学出版社2005年版。

［26］［美］波斯纳：《法律之经济分析》，台北商务印书馆1987年版。

［27］［英］弗里德利希·冯·哈耶克：《法律、立法与自由》（第一卷），邓正来等译，中国大百科全书出版社2000年版。

［28］［法］卡斯东·斯特法尼：《法国刑事诉讼法精义》（上），罗结珍译，中国政法大学出版社1998年版。

［29］［德］克劳斯·罗科信：《德国刑事诉讼法》，吴丽琪译，法律出版社2003年版。

［30］［美］艾伦、库恩斯、斯威夫特：《证据法：文本、问题和案例》，张保生等译，高等教育出版社2006年版。

［31］［美］兰博约：《对抗式刑事审判的起源》，王志强译，复旦大学出版社2010年版。

［32］［美］本杰明·卡多佐：《司法过程的性质》，苏力译，商务印书馆1998年版。

［33］［英］艾伦：《英国证据法实务指南》，王进喜译，中国

法制出版社 2012 年版。

[34]［美］詹妮·麦克埃文：《现代证据法与对抗式程序》，蔡巍译，法律出版社 2006 年版。

[35]［日］石井一正：《日本实用刑事证据法》，陈浩然译，五南图书出版社公司 2000 年版。

[36]［英］理查德·梅：《刑事证据》，王丽、李贵方等译，法律出版社 2007 年版。

[37] 何家弘、张卫平：《外国证据法选译》，人民法院出版社 2000 年版。

[38] 王进喜：《美国〈联邦证据规则〉（2011 年重塑版）条解》，中国法制出版社 2012 年版。

[39]《马克思恩格斯全集》第 26 卷 Ⅲ。

[40]《法国刑事诉讼法典》，罗结珍译，中国法制出版社 2006 年版。

[41]《韩国刑事诉讼法》，马相哲译，中国政法大学出版社 2004 年版。

三、中文论文

[1] 吴晓：《论类型化方法对宪法学研究的意义》，载《政法学刊》2006 年第 1 期。

[2] 张子培：《略论刑事证据的属性》，载《政法论坛》1981 年第 1 期。

[3] 吕萍：《证据关联性的思考》，载《理论月刊》2007 年第 2 期。

[4] 苏尚志：《关于刑事证据基本特征的争论》，载《法学》1983 年第 1 期。

[5] 李蓉：《证据能力与证明力辨析》，载《河南政法管理干部学院学报》2000 年第 5 期。

[6] 毛淑玲：《证据相关性与充分性的逻辑判定》，载《哈尔滨工业大学学报》（社会科学版）2007 年第 3 期。

［7］冯晶：《证据充分性的逻辑分析》，载《海南大学学报》（人文社会科学版）2006年第3期。

［8］李汉昌：《论证据的合法性》，载《法商研究》1999年第5期。

［9］张晋红、易萍：《证据客观性特征质疑》，载《法律科学》2002年第4期。

［10］李忠民：《证据概念与证据属性》，载《学海》2007年第1期。

［11］沈德咏：《论刑事证据合法性及其意义》，载《中国法学》1989年第6期。

［12］汤维建：《关于证据属性的若干思考和讨论——以证据的客观性为中心》，载《政法论坛》2000年第6期。

［13］马秀娟：《论证据的关联性及其判断》，载《政法学刊》2008年第6期。

［14］麻爱琴：《比较视野下的证据关联性及其判定》，载《辽宁警专学报》2012年第5期。

［15］汤维建、卢正敏：《证据"关联性"的涵义及其判断》，载《法律适用》2005年第5期。

［16］杨兵、鲁珺瑛：《心证自由的层次性分析及其客观化制约》，载《黑龙江省政法管理干部学院学报》2004年第5期。

［17］杨立云、徐惠：《论侦查的目的、价值与功能及其关系》，载《湖北警官学院学报》2008年第5期。

［18］甄贞、孟军：《审查起诉程序研究》，载《法学杂志》2005年第4期。

［19］李玉萍：《发挥庭审功能 确保司法公正》，载《人民法院报》2013年11月4日第2版。

［20］邱爱民：《论证据关联性的界定与判定》，载《扬州大学学报》（人文社会科学版）2009年第6期。

［21］汪海燕、张小玲：《论证据的关联性规则与关联性法则》，载陈光中、江伟主编：《诉讼法论丛》（第10卷），法律出

社 2005 年版，第 59 页。

[22] 汤维建、卢正敏：《如何确认证据"关联性"》，载《人民法院报》2004 年 6 月 9 日。

[23] 史立梅：《论刑事诉讼中的证据裁判原则》，载《暨南学报》（人文社会科学版）2004 年第 4 期。

[24] 梁庆寅、柯华庆：《论形式推理与实质推理在法治化过程中的定位——兼评张保生〈法律推理的理论与方法〉》，载《中山大学学报》（社会科学版）2001 年第 4 期。

[25] 毕玉谦：《试论民事诉讼中的经验法则》，载《中国法学》2000 年第 6 期。

[26] 毕玉谦：《举证责任分配体系之建构》，载《法学研究》1999 年第 2 期。

[27] 杨波：《对科学证据的反思——以程序为视角的关照》，载《当代法学》2005 年第 6 期。

[28] 张斌：《论科学证据的概念》，载《中国刑事法杂志》2006 年第 6 期。

[29] 张斌：《科学证据采信的基本原理》，载《四川大学学报》（哲学社会科学版）2011 年第 4 期。

[30] 张保生：《证据规则的价值基础和理论体系》，载《法学研究》2008 年第 2 期。

[31] 马贵翔：《我国刑事司法程序形式化的程序正义透析——兼论隐形程序与程序隐形化的区别》，载《法商研究》2002 年第 5 期。

[32] 易延友：《证据法学的理论基础》，载《法学研究》2004 年第 1 期。

[33] 文冠斌：《被告人品格证据对刑事裁判之影响——以基层法院 G 为样本》，载《中山大学法律评论》2011 年第 2 期。

[34] 陈志兴、方小斌：《简析英美法系国家的品格证据》，载《和田师范专科学校学报》2005 年第 5 期。

［35］骆东平：《论品格证据在性骚扰案件中的运用》，载《山西师大学报》（社会科学版）2008年第6期。

［36］刘建清：《论犯罪人的人身危险性及其人格测评》，载《中国监狱学刊》2005年第4期。

［37］章立早：《几种常见的人际偏见》，载《心理与健康》2000年第10期。

［38］蔡巍：《美国联邦品格证据规则及其诉讼理念》，载《法学杂志》2003年第4期。

［39］蔡杰、汪键：《英国相似事实证据规则简介》，载《中国刑事法杂志》2005年第1期。

［40］张建伟：《指向与功能：证据关联性及其判断标准》，载《法律适用》2014年第3期。

［41］左卫民、刘涛：《取向与框架：两大法系刑事证据法之比较——兼论中国刑事证据立法的基本走向》，载《中国法学》2001年第5期。

［42］张丽云：《刑事错案探究——兼及证据与刑事错案之关系》，载《山东警察学院学报》2009年第2期。

［43］何家弘、何然：《刑事错案中的证据问题——实证研究与经济分析》，载《政法论坛》2008年第2期。

［44］樊崇义：《法律监督职能哲理论纲》，载《人民检察》2010年第1期。

［45］何家弘：《从"庭审虚化"走向"审判中心"》，载《法制日报》2014年11月5日第1版。

［46］冯英菊：《审判中心观与刑事证据规则的构建》，载《法学杂志》2003年第5期。

［47］顾永忠：《试论庭审中心主义》，载《法律适用》2014年第12期。

［48］张保生：《审判中心与证据裁判》，载《光明日报》2014年11月5日第13版。

［49］宋强、邓贵杰：《最佳证据规则的现代发展及在我国的

适用问题探讨》，载《贵州民族学院学报》（哲学社会科学版）2007 年第 6 期。

［50］易延友：《最佳证据规则》，载《比较法研究》2011 年第 6 期。

［51］徐美君：《口供补强法则的基础与构成》，载《中国法学》2003 年第 6 期。

［52］党建军、杨立新：《死刑案件适用补强证据规则若干理论问题研究》，载《政法论坛》2011 年第 5 期。

［53］陈瑞华：《论被告人口供规则》，载《法学杂志》2012 年第 6 期。

［54］党建军、杨立新：《口供补强规则的代价及其调控》，载《国家检察官学院学报》2011 年第 6 期。

［55］郭华：《口供补强规则研究》，载《甘肃政法学院学报》2004 年第 3 期。

［56］张吉喜：《论自白补强证据规则》，载《西南政法大学学报》2007 年第 2 期。

［57］马贵翔、柴晓宇：《论刑事品格证据规则之构建》，载《山东警察学院学报》2012 年第 4 期。

［58］陈瑞华：《论相对独立的量刑程序——中国量刑程序的理论解读》，载《中国刑事法杂志》2011 年第 2 期。

四、工具书

［1］《牛津高阶英汉双解词典》，商务印书馆 1997 年版，第 225 页。

［2］《辞源》，上海辞书出版社 1999 年版，第 1996 页。

［3］《牛津法律大词典》，光明日报出版社 1988 年版，第 920 页。

五、英文材料

［1］James Fitzjames Stephen, A Digest of the Law of Evidence, 12th ed, London: MacMillan Co. 1948.

［2］Ratanlal Ranchhoddas & Dhirajlal Keshavlal Thakore, The Law of Evidence (Act I of 1872), 23rd ed. (2010) LexisNexis Butterworths Wadhwa Nagpur.

［3］Wigmore, Evidence in Trails at Common Law, Tillevs Rev. Boston, 1983.

［4］Paul F. Rothstein, Evidence in a nutshell: State and Federal Rules, 2nd ed. 1981.

［5］Bryan A. Garner, Black's Law Dictionary, 8th ed, editor in chief. West c2004.

［6］J. B. Thayer, A Preliminary Treatise on Evidence at Common Law, Sweet and Maxwell, London, 1983.

［7］R. O. Lempert and S A Saltzburg, A Modern Approach to Evidence: Text, Problems, Transcripts and Cases (2nd ed. 1982).

［8］E. W. Cleary, McComick on Evidence, (3rd ed. 1984) 584 n 45.

［9］Peter Murthy, A Practical Approach to Evidence, Blackstone Press Led. 4th Ed, 1992.

［10］Peter Murthy, Murphy on Evidence, 7th Edition, Blackstone Press Limited, 2000.

［11］Christopher Allen, Practical Guide to Evidence, 2nd Edn, Cavendish Publishing Limited, 2001.

［12］Paul C. Giannelli, Understanding Evidence, Matthew Bender &Company, Inc. 2003.

［13］S. Barker, The Elements of Logic, 3rd Ed. McGraw – Hill Humanities, 1980.

［14］I. Copi, Introduction to Logic, 4th Ed. Prentice Hall College Div, 1972.

［15］Adrian Keane, The Modern Law of Evidence, Butterworths, 2000.

［16］Paul C. Giannelli, Edward L. Imwinkelried: Science Evidence, 4th Ed, Lexis Nexis, 1986.

[17] J. Inciardi, Criminal Justice, Harcourt Brace College Publishers, New York, 1999.

[18] Alan Taylor, Principles of Evidence, Cavendish Publishing Limited, 2000.

[19] R. J. Allen, R. B. Kuhns, An Analytical to Evidence: Text, Problem, and Cases, Boston, Toronto, London, 1989.

[20] Christopher Allen, Practical Guide to Evidence, 2nd Edn, Cavendish Publishing Limited, 2001.

[21] Douglas N. Walton, Legal Argument and Evidence, Pennsylvania State University Press, 2002.

[22] Richard May, Criminal Evidence, 4th Edn, Sweet & Maxwell, London, 2002.

[23] Julius Stone, The Rule of Exclusion of Similar Fact Evident: England. Harvard Law Review, Vol. 46, No, 6 (Apr., 1933).

后　　记

　　本书是在博士学位论文的基础上修改而成。弹指一挥间，博士毕业已有三年。初入职场，我曾想当然地认为自己可以充分利用业余时间多看资料、多思考，进而对博士论文所述理论作进一步探究。然而，工作后的生活毕竟有别于象牙塔里的悠闲，空闲来临之时往往也是惰性产生之刻，多少次的等待推脱导致自己的学术思想停滞不前。这三年，我对"莫等闲，白了少年头"有了更深的体会。当再次翻看博士论文时，发现自己只剩下对表面文字的机械识别，那些曾经的学术灵感倏忽急逝。鉴于此，我认真地通读了论文，并对其中不尽完善的地方作了修改，也将我对工作的体会贯穿其中。将文稿交付出版，不仅是为了实现自己之前想做而没有付诸行动的计划，更是为了抛砖引玉，希望能够与同行们进行学术交流。

　　本书名为《刑事证据关联性研究》，所涉内容却不限于刑事证据。书中关于证据关联性的基本理论普遍适用于三大诉讼的证据，如关联性的概念、构成以及判断逻辑，对刑事、民事、行政证据关联性判断同样适用。之所以将题目限定于刑事证据，一方面是因为本人所学专业为刑事诉讼法学，日常接触的多为刑事证据，研究刑事证据更有底气；另一方面则是为了与书的内容相照应，作为本书重要内容的关联性规则构建部分，主要是以刑事证据为对象加以阐释，没有涉及民事、行政证据关联性规则，在证据关联性前面加个刑事予以限制，更符合内容结构。随着证据理论的发展，学界会逐步加强民事、行政证据关联性的研究，从而达到证据关联性认知上的融会贯通。

　　公平正义是政法工作的生命线，满足人民群众对民主法治公平

后 记

正义的需求，司法人员必须办对案、办好案。证据是认定案件事实的基本依据，办对案必须依法准确适用证据，即必须保证所用证据客观、关联、合法。近来发现的刑事错案，所反映出来的证据问题不仅表现为取证上的非法，也突出体现为关联性判断上的恣意，从而造成了事实认定上的错误。即便证据合法，关联性出现问题，也难以得出准确的事实认定。理论上的清醒才会有行动上的自觉，必须从理念上重视关联性，了解关联性的概念、逻辑构成及判断方法，将证据关联性作为审查判断证据的必要环节；司法行为的规范离不开科学的制度，必须依据司法现实构建规范意义上的证据关联性规则，让规则约束司法人员的证据关联性判断。本书对关联性的理念及规则进行了解读与构建，希望有助于司法人员树立凡定案证据必须具有关联性，关联性判断必须依法进行的司法理念。

本书能够出版，离不开我的博士导师樊崇义教授的悉心指导，樊教授深厚的学术造诣、严谨的治学态度、精益求精的工作作风，严于律己、宽以待人的崇高风范，朴实无华、平易近人的人格魅力对我影响深远。参加工作以来，老师仍以饱满的热情教导我学习进步，让我深受感动，师恩似海，刻骨铭心！感谢师母韩象乾教授一直以来对我学习生活的关心，让我在异乡体会到了家的温暖，使我在求学路上多了一份精神支持。本书能够不断完善，也得益于指导过我的各位老师及师兄师姐，感谢你们一直以来的支持和帮助！中国检察出版社杜鸿波老师及其同事为本书顺利出版付出了辛劳，在此一并表示感谢！

赵培显
2018 年 5 月 16 日